그림과 함께 읽는
서양문화의 역사 Ⅱ

THE HUMANITIES IN WESTERN CULTURE by R. Lamm

Copyright ⓒ 2004, by The McGraw-Hill Companies, Inc.
All rights reserved.
Translation copyright ⓒ 2007 by Sagoonja
Korean translation rights arranged with McGraw-Hill Companies, Inc.,
New York, USA through Eric Yang Agency, Korea.

이 책의 한국어판 저작권은 에릭양 에이전시를 통한
McGraw-Hill Companies, Inc.사와의 독점 계약으로 한국어 판권을
도서출판 사군자가 소유합니다. 저작권법에 의하여 한국 내에서
보호를 받는 저작물이므로 무단 전재와 무단 복제를 금합니다.

THE HUMANITIES IN
WESTERN CULTURE

그림과 함께 읽는
서양문화의 역사 II

옮긴이 이희재
서울대학교 심리학과를 졸업했고 성균관대학교 독문학과 대학원을 수료했다. 현재 영국에서 번역을 하고 있으며, 주요 역서로는 《문명의 충돌》《마음의 진화》《몰입의 즐거움》《소유의 종말》《지적 사기》 등이 있다.

그림과 함께 읽는
서양 문화의 역사 Ⅱ
중세·르네상스편

개정 초판 인쇄 2007년 6월 11일
개정 초판 발행 2007년 6월 16일

지은이   로버트 램
옮긴이   이희재
펴낸이   유 중

펴낸곳   도서출판 사군자
등 록   1999년 4월 23일 제1-2484호
주 소   서울시 마포구 상수동 363-1 김해빌딩 403호
전 화   323-2961
팩 스   323-2962
E-mail   SAGOONJA@netsgo.com

가격 20,000원
ISBN 978-89-89751-28-1   04920
ISBN 978-89-89751-26-7   (전4권)
파손된 책은 서점에서 바꿔드립니다

그림과 함께 읽는
서양문화의 역사 Ⅱ

중세 · 르네상스편

로버트 램 지음
이희재 옮김

사군자

 믿음의 시대

- 읽기 전에   10

제12장   중세의 형성

초기교회   18
봉건제   26
장원제   28
이슬람의 부상   30
샤를마뉴와 카롤링거 르네상스   46
문화의 동화   50
북유럽의 영웅 서사시   55

제13장   후기 중세 : 확장과 종합

새로운 세기   67
대학   83
중세의 종합   86

제14장 중세 미술의 종합

히베르노-색슨시대 112
카롤링거 미술 115
로마 양식 117
초기 고딕 양식 130
전성기 고딕 양식 136
후기 고딕 양식 151

제15장 중세의 음악과 무용 : 성과 속

종교 음악 162
세속 음악 171
다성 음악 177
중세 무용 184

 **제6부** 르네상스 : 1350~1600

제16장 새로운 세계관

인본주의의 부각   192
르네상스 시대의 과학과 기술   200
탐험과 발견   202
종교개혁 : 새로운 신관과 인간관   206
반종교개혁   212
개인과 집단의 관계   215

제17장 르네상스 예술 : 새로운 황금 시대

이탈리아의 초기 르네상스   225
북유럽의 초기 르네상스   249
이탈리아의 전성기 르네상스   265
16세기 이탈리아의 후기 르네상스와 매너리즘   284
이탈리아와 스페인의 후기 르네상스와 매너리즘   293
북유럽의 전성기/후기 르네상스   300

제18장　르네상스 음악 : 궁정과 교회

북유럽에서 발원한 르네상스 음악　309
프랑스 플랑드르 전통　315
이탈리아 음악가　319
기악　326
영국의 세속 성악　328

제19장　르네상스 시대의 문학

르네상스의 작가들　334

문헌 6 성모의 마술사　100
문헌 7 궁정의 사랑술　103
문헌 8 중세 여인의 목소리　105
문헌 9 음유시인의 노래　175
문헌 10 인간의 존엄성에 대한 연설(1486)　196
문헌 11 시-페트라르카　356
문헌 12 시-미켈란젤로　358

읽기 전에

 40년 전 여러 명의 저자들에 의해 《개인의 자유를 향한 탐색》이라는 제목으로 나온 이 책의 10판을 읽는 독자 여러분을 환영한다. 원래의 제목은 7판까지는 그대로 유지되다가 그 다음부터는 필자가 유일한 저자로 남았고 제목도 《서양 문화의 역사》로 바뀌었다.
 이 책은 예술이라는 이름으로 묶을 수 있는 모든 분야, 곧 문학, 회화, 음악, 조각, 사진, 건축, 영화, 철학을 통합적으로 다룬다. 엄밀한 의미에서 철학은 예술이 아니지만 웬만한 철학 사상 치고 개별 예술 안으로 일관성 있게 스며들어 있지 않은 경우가 드물어서 철학도 함께 짜넣지 않을 수 없었다. 이 책에서 인문학의 구성 요소들—철학과 각종 예술—은 따로 구분된 전문 분야로 제시되는 것이 아니라 인간이 펼쳐온 창조적 활동의 서로 연계된 다양한 표현들로 소개된다. 더욱이 이것들은 과학, 기술, 경제, 정치에서 이루어진 중요한 발전의 맥락 안에서 검토된다. 요컨대 이것은 사람들에 대한, 그리고 앙드레 말로의 말처럼 "인간 조건을 딛고 선 예술의 궁극적 승리"에 대한 책이다.
 어떻게 우리가 지금의 자리에 서게 되었는가를 더 잘 이해하기 위해서 우리는 메소포타미아, 이집트, 그리스, 로마에서 오늘에 이르기까지의 문화적 유산을 집중적으로 분석했다. 이 책 어디에서나 과거의 업적들은 박물관의 소장품이 아니라 복잡다단한 삶 앞에서 사람들이 끈질기게 내보였던 반응의 살아 있는 증거로 다뤄진다. 이런 업적들은 이제 우주를 이해하려는 우리 노력의 밑바탕을 이루고 있다.

이 책은 연대순으로 배열되었고 전체 네 권은 모두 아홉 부로 나뉘어 있다. 예술가들은 본능적으로 자기 당대의 문제에 반응했으므로 각 부의 앞머리에서 그 시대의 사회적, 과학적, 종교적, 철학적 분위기를 개괄적으로 짚었다. 이 책에서 핵심을 차지하는 것은 1차 자료, 다시 말해서 예술 작품 그 자체다. 희곡, 시, 단편소설, 장편소설, 수많은 미술 작품과 음악 작품이 여기에 해당한다. 지도와 연대표도 덧붙였다. 이 책은 강의를 위한 교재로도 알맞지만 혼자서 읽기에도 부담이 없도록 꾸며졌다.

문화는 모두 남다른 개성이 있고 그래서 어느 문화든 연구할 만한 가치가 있지만 이 책은 특히 서양 문명의 발전과 그것이 미국 문화에서 어떤 자리를 차지하고 있는가를 탐구하는 데 초점을 맞추었다. 서양 문명은 다른 어느 문명보다도 다양한 문화들에서 영향을 받았다. 서양 문명은 외부 사상과 외부로부터의 영향에 대해 남들보다 더 열려 있었다. 서양 문화는 메소포타미아, 이집트, 그리스, 로마, 게르만 문화의 유산만 물려받은 것은 아니다. 서양 문화는 수천 년 동안 이 세상에 존재한 모든 문화의 영향을 받고 작용을 받으면서 확대되었다고 해도 과언이 아니다. 다양한 기원을 가진 서양 문화를 공부하는 것은 이 지구상에서 가장 다양한 문화들로 이루어져 있는 미국에서 특히 남다른 의미를 갖는다. 식민지 시대부터 미국은 수많은 이민자들을 받아들였다. 정치적 망명지로 이곳을 선택했건 더 나은 생활을 찾아서 이곳에 왔건 지구 전역에서 수많은 사람들이 모여들었고 앞으로도 모여들 것이다. 일찍이 문화의 '용광로'라고 불리기도 했지만 아닌

게아니라 미국은 풍요하고 독특한 문명을 만들어냈다. 조상이 누구이건 간에 미국인이라는 사실에는 어떤 특이한 점이 있다.

수많은 비서구 국가 출신의 이민자들은 인구 분포를 빠르게 변화시키면서 서구의 문화적 유산을 공부해야 할 필요성을 절감시킨다. 결국 이민자들이 서구 문명에 매력을 느끼는 것은 교육을 받고 직업을 구할 수 있는 기회가 많고 생활 수준이 높기 때문인데 이것은 서구 국가들의 정치, 경제, 과학이 발전했기 때문이다. 하지만 새로운 이민자들이 자신들의 문화를 포기해야 하는 건 아니다. 절대로 그렇지는 않다. 국제적 교류가 활발해지는 시대일수록 다른 문화들에 대한 공부를 게을리해서는 안 된다. 하지만 미국에서 태어났건 최근에 미국에 이민을 왔건 학생들은 우선 서구 문명의 유산을 잘 이해한 다음에 다른 문화를 공부하는 것이 훨씬 유익할 거라고 나는 믿는다. 서구 문명이라는 준거틀을 세우고 나서 전세계의 다양한 문화를 공부하는 것이 가장 실용적이고 효율적인 방법일 것이다. 왜냐하면 서구 문명의 영향을 받지 않은 문화는 현실적으로 존재하지 않기 때문이다.

이 새로운 판은 내용과 체제가 모두 크게 바뀌었다. 문화 전반을 다루는 책은 끊임없이 변하는 세상에 적응하는 살아 있는 기록이라야 한다. 과거에 대해 새로운 사실들도 계속 쏟아져나오고 오늘날의 세계도 정신 못 차릴 정도로 휙휙 달라지고 있기 때문에 현실의 전모를 파악한다는 것은 정말이지 힘에 부치는 일이다.

이 책에서 가장 많이 달라진 것은 흥미로운 사상, 다른 문화의 영향, 의미심장한 사건에 초점을 맞추어 별도의 칸에 실었다는 것이다. 사진과 지도의 수도 많아졌고 질도 좋아졌다. 그리스 음악에 관한 장은 예술과 철학에 관한 장에 집어넣었다. 예술 작품과 귀금속에 대한 설명도 자세해졌다. 중세를 다룬 단원에서는 이슬람 예술에 대한 자료를 덧붙였고 중요한 작가이며 여성 운동의 선구자였던 크리스틴 드 피장의 글을 추가했다. 특히 예술과 문학에서 주목할 만한 업적을 남긴 여성들의 작품을 전보다 많이 소개하는 데 주력했다. 마지막 장의 문헌에는 아르헨티나, 프랑스, 그리스, 이스라엘의 시와 단편소설을 실었다. 그리스도교, 유대교, 이슬람교만이 아니라 현대 사회에서 점점 비중이 높아지는 힌두교, 불교, 선불교 같은 중요한 종교도 새롭게 소개했다. 종교적 신념의 다양성은 현대인의 삶과 문화를 더욱 다양하게 만들어주고 있다.

  변하지 않은 것은 글의 수준이다. 교수, 서평자, 편집자, 그밖의 수많은 관련 당사자들로부터 수없이 많은 조언을 듣고 나서 저자는 학생들의 수준에만 맞추어 글을 쓰는 것은 누구에게도 도움이 되지 않는다는 결론을 내렸다. 김빠진 글은 학생은 물론 교사와 식자층 일반을 무시하는 것이다. 필요한 부분은 표현을 명료하게 다듬었다. 본문 중간중간의 제목과 소제목도 글의 내용을 명확하게 담아낼 수 있도록 뜯어고쳤다. 전체적으로 저자는 그리스인이 교훈과 재미를 동시에 주는 드라마를 요구했던 점을 염두에 두면서 정확하면서도 흥미진진하고 알기 쉬운 책을 만들려고 노력했다.

  이 책은 어렵고 추상적인 개념을 다루기 때문에 내용이 그리 만만하다고 볼 수는 없다. 하지만 중요한 것은 이 책이 부단히 변하는 복잡한 세계에서 펼쳐지는 삶을 어떻게 준비하고 알차게 꾸려나가는 것인가 하는 본질적 문제를 표현하고 있다는 사실이다.

로버트 램

제5부

믿음의 시대

중세시대 500~1453

주요 연대		사람과 사건	미술/건축/음악/문학	종교	철학/과학/교육
500	527-565 최초의 비잔틴 황금기	527-565 유스티니아누스황제 통치 529 유스티니아누스, 플라톤 아카데미 폐쇄령 533 유스티니아누스 법전 590-604 그레고리우스대교황, 권력과 의전의 확립 597 성 아우구스티누스 영국 선교	500 《니벨룽겐의 반지》 초기 기록 526-547 산비탈레 교회 (라벤나) 530-539 산트아폴리나르 교회(라벤나) 532-537 하기아소피아 (이스탄불)	529 베네딕투스 수도회 설립 570-632 마호메트	500 7개 자유과목 도입
600	600-800 아일랜드 황금기	622-732 이슬람의 중동, 서아시아, 북아프리카, 이베리아 정복	698-721 《린디스파른 복음서》	622 헤지라(마호메트의 메카 탈출) 630 마호메트 메카 장악	
700	750-900 카롤링거 시대	732 푸아티에 전투 : 회교도의 팽창을 마르텔이 저지 751- 피핀, 프랑크 왕 768-814 샤를마뉴 통치(카롤링거 제국)	740 《베오울프》 760-820 《켈스의 책》 785-990 코르도바의 모스크 792-805 샤를마뉴 예배당(아헨)		781 샤를마뉴의 궁전학교 설립. 카롤링거 르네상스
800	800-1000 봉건제 발전	800 샤를마뉴, 교황 레오 3세에 의해 신성로마황제로 등극 820 바이킹의 잉글랜드, 프랑스, 이탈리아, 시칠리아 침공 개시			
900	900-1100 제2의 바티칸 황금기	955 독일의 오토 왕, 마르의 침공 저지 987 프랑스의 카페 왕조 출범		900 키에프 러시아, 동방정교 개종	
1000	1000-1200 로마네스크시대	1000 바이킹 레이프 에릭슨, 북미 상륙(?) 1042-66 증성왕 에드워드, 앵글로색슨 왕 1061-91 노르만족, 시칠리아 점령 1066 정복왕 윌리엄, 잉글랜드 정복 엘레오노르 드 아키텐 1122-1204 프랑스왕 루이 7세와 잉글랜드왕 헨리7세의 부인	1000 《롤랑의 노래》 기록 1004-1218 생 브누아쉬르루아르 수도원 1017- 몽생 미셸 수도원 1037-67 쥐미에주 수도원 1056- 웨스트민스터 수도원 1063-1272 피사 대성당 1064 생테티엔 교회 1070-80 베이유 융단 1080- 런던탑 1080-1120 생세르냉 교회 1104-32 생트마들렌 교회	1054 교회의 동서분열 1095 1차십자군 1096-1291 대규모 십자군 원정	1000-1100 보편논쟁(실재론·유명 1079-1142 아벨라르두스 철학자/신학자
1100	1140-1200 초기 고딕시대	1152-90 신성로마황제인붉은수염왕 프레데리크 1154-89 잉글랜드왕 헨리 2세 1189-99 사자왕 리처드	1140-4 생드니 고딕 성가대석 1160 《트리스탄과 이졸데》 기록 1163-1250 노트르담 1174- 켄터베리 대성당 1183? 페로탱, 노트르담 성당의 작곡가 1194-1260 샤르트르 대성당 1200 《니벨룽겐의 반지》 기록	1147-9 2차십자군 1182-1126 아시시의 성 프란체스코 1198-1216 교황인노첸티우스 3세 : 막강한 권력	1150 이슬람에서 아리스토텔레스의 전 저작 입수 : 파리대학 설 1163 옥스포드대 설립
1200	1200-1300 전성기 고딕시대	1215 존 왕, 마그나카르타에 서명 1220-50 신성로마황제 프레데리크 2세 : 교권과 왕권의 대립 1226-70 프랑스 루이 9세 1295 에드워드 1세, 의회 강화	1220-88 아미앵 대성당 1225- 보베 대성당 치마부에 1240-1302 화가 생트샤펠 1245-8 두초 1255-1319 화가 단테 알리기에리 1265-1321 조토 1266-1337 화가 필리프 드 비트리 1291- 1361 아르스 노바 (음악)	1210 프란체스코 수도회	로저 베이컨 기록 1214-94 과학자 토마스 아퀴나스 1225-74 스콜라 철학자 오캄의 윌리엄 1270-1347 유명론 철학자
1300	1300-1500 후기 고딕시대 – 국제 양식	1322-8 샤를 4세(카페 왕조의 마지막 왕) 1328-50 필리프 6세(발루아 왕조 출범) 1337-1453 백년전쟁 : 영국-프랑스 1347-9 흑사병 창궐 1377-99 리처드 2세(잉글랜드 앙주 왕조의 마지막왕) 1399-1413 헨리 4세(랭카스터 왕가)	*페트라르카 1304-74 *보카치오 1313-75 《데카메론》 *초서 1340-1400 《켄터베리 이야기》 1354-1427 알함브라 *크리스틴 드 피장 1365-1431 작가 *젠틸레 다 파브리아노 1370-1427 화가 *브루넬레스키 1377-1446 건축가 *프라 안젤리코 1387- 1455 화가	1305-76 아비뇽 교황청 1378-1417 로마교회의 대분열	
1400	1453 콘스탄티노플 함락 : 동로마제국멸망		1485 〈인간〉		1400 아랍의 나침반과 천문의를 유럽에 소개

* 이 예술가와 작가는 낡은 시대를 밀어내고 새로운 시대를 연 초기 르네상스의 정신을 대변한다.

제12장
중세의 형성

로마의 '몰락'을 비시고트족에게 패배한 410년으로 잡을 것이냐 마지막 로마 황제가 폐위된 476년으로 잡을 것이냐는 별로 중요하지 않다. 로마의 국력은 3세기부터 기울기 시작했으며 5세기에 들어와 가속도가 붙었을 뿐이다. 하지만 로마 문명은 결코 사라지지 않았다. 많은 유물들이 이민족의 약탈로 파괴되었지만 상당수는 온전하게 남았고 이것은 1,000년 뒤 르네상스 문화가 만개하는 데 촉매 역할을 했다. 더욱이 로마인의 법, 언어, 조직, 실용적 권력관은 힘의 공백을 메꾸며 빠르게 팽창한 로마 교회의 틀 안으로 통합되었다. 예전에는 암흑 시대로 오인받았지만 중세 초기(대략 500~800년)는 서양 문명에서 가장 중요하고 오래된 제도의 밑바탕이 서서히 다져진 시기였다.

초기 교회

그리스도교는 예수의 가르침에서 나왔지만 교회라는 제도적 기틀을 마련한 사람은 바울로, 베드로, 아우구스티누스였다. 베드로는 새로운 신앙을 유대인에게 국한시키고 싶어했지만 그리스도교는 온누리에 복음을 전해야 한다는 바울로의 신념이 더 큰 설득력을 얻었다. 이교도들에게 활발한 전도 활동을 편 것은 바울로였지만 맨 먼저 로마 주교가 되었고 따라서 명실상부한 초대 교황으로서 로마 제국의 유산을 계승한 안정된 토대 위에서 새로운 교회의 지도력을 굳혀놓은 사람은 베드로였다. 바울로와 베드로, 뒤이어 활동한 교황들은 부지런히 활동했지만 신앙의 수호와 전파를 위한 제도적 수단으로서 교회가 폭넓게 수용되기 위해서는 좀더 명료하고 체계적인 교리가 있어야 했다. 이런 과업을 성공적으로 해낸 사람이 바로 아우구스티누스였다.

진리의 탐구자 아우구스티누스

북아프리카의 타가스테에서 태어난 아우구스티누스는 훌륭한 교육을 받은 다음 카르타고로 가서 학업을 계속했다. 굳건한 신앙을 찾아나섰던 젊은 아우구스티누스는 어머니 모니카의 그리스도교 신앙에 처음에는 솔깃했지만 이내 실망을 느꼈다. 장성한 아우구스티누스는 처음에는 마니교에 심취했다. 마니교는 3세기에 페르시아의 마니라는 사람이 세운 엄숙한 종교였다. 마니교의 핵심 교리는 선한 힘과 악한 힘이 이 세상과 사람들 속에서 세력 대결을 벌인다는 2원론이었다(이것은 부분적으로는 조로아스터교에서 영향받은 내용이다). 금욕적인 마니교에서 '선택받은' '완전한' 사람들은 죽은 다음에 곧바로 행복을 만끽할 수 있도록 엄격하고 청빈한 독신 생활을 고수했다. 아우구스티누스는 마니교의 모든 교리를 받아들일 수는 없었다. 특히 독신이라는 교리는 그를 불편하게 만들었고 뒷날 로마로 간 아우구스티누스는 아무것도 믿지 않고 심지어는 자기 자신의 존재마저 인정하지 않는 지독한 회의론자가 되었다.

아우구스티누스는 잠시 신플라톤주의에 이끌렸는데 이것은 그가 나중에 그리스도교의 초석을 까는 데 아주 중요한 뜻을 갖는다. 아우구스티누스는 그리스의 합리주의를 빼놓고 신플라톤주의의 상당 부분을 그리스도교 교리 안으로 끌어들였던 것이다. 시(市)에서 위촉한 교사로서 밀라노에서 활동하던 아우구스티누스는 암브로시우스 주교의 설교를 듣고 강한 충격을 받았다. 암브로시우스와 어머니의 영향 아래 그는 《고백록》에 나오는 유명한 신비 체험을 통해 마침내 회심을 한다. 387년 암브로시우스한테 세례를 받고 명상자로서 살아가다가 히포의 주교로 임명받은 뒤 그곳에서 마니파와 아리우스파 같은 이단에 맞서서 교회를 적극적으로 옹호했다.

제도의 강화

아리우스파와 도나투스파는 반대자를 용납할 의사가 없었던 아직 연륜이 짧은 교회의 입장에서는 눈엣가시와도 같았다. 로마 제국의 가혹한 탄압을 받고 일부 사제들은 성서 사본을 당국에 넘기면서 협조했다. 콘스탄티누스의 칙령으로 종교의 자유가 허용되면서 이 '배교자들'이 다시 사제로서의 활동을 재개하자 카르타고의 주교였던 도나투스는 여기에 반기를 들었다.

도나투스는 이 배교자들이 주도하는 성사는 무효라고 주장하면서 로마 제국의 부역자들을 몰아붙였지만 이것은 정치적으로 위험한 입장이었다. 신자들에게 사제의 권위에 도전할 수 있는 길을 열어주었기 때문이다. 논란이 정치적 차원으로 비화되자 콘스탄티누스는 일단 교회로부터 서품을 받은 사제는 아무리 괘씸한 행동을 저질렀다 하더라도 성사를 주관할 수 있다는 판결을 내려 황제로서의 특권을 휘둘렀다.

알렉산드리아의 사제였던 아리우스를 추종하던 아리우스파는 아버지는 아들보다 우월하며 시간적으로도 앞설 수밖에 없기 때문에 성자(聖子)와 성부(聖父)가 동일한 본질을 갖는다는 것은 말이 되지 않는다고 주장했다. 이런 견해는 그리스도의 신성을 약화시키고 삼위일체설을 뒤흔드는 것이라고 아리우스의 집요한 비판자였던 알렉산드리아의 주교 아타나시우스는 강조했다. 아타나시우스와 그의 추종자들은 논리를 깔보고 신비를 드높이면서 그리스도교도들은 성부, 성자, 성령이 동등하며 한몸이라는 삼위일체설을 굳건한 신앙의 기초로 삼아야 한다고 주장했다. 이 문제가 원만히 해결될 기미를 보이지 않자 콘스탄티누스는 325년 모든 교회가 참여한 회의를 열었다. 콘스탄티노플과 바다를 사이에 두고 있던 니케아에서 열린 공의회에 참석한 주교들은 아타나시우스를 지지했고 여기서 채택된 유명한 니케아 신조("나는 오직 한 분의 하느님을 믿는다")를 콘스탄티누스는 황제의 직권으로 제국 전체에 관철시켰다. 하지만 아리우스파 운동을 완전히 누르는 데는 몇 세기가 걸렸다.

히포의 주교로 활동하면서 아우구스티누스는 이단 신앙을 가졌거나 타락한 사제들에 의해 수행되던 성사(사람은 성사를 통해서만 구원받을 수 있었다)를 어떻게 처리할 것인가 하는 문제에 끊임없이 부딪쳤다. 그는 성사의 효험은 사제직에 달려 있는 것이지 사제의 품성에 좌우되는 것이 아니라는 결론을 내렸다. 아우구스티누스는 사람들이 신의 은총을 심판해서는 안 된다고 생각했다. 이렇게 해서 사제직은 오류를 저지르지 않는다는 원칙이 생겼으며 이것은 다시 교회의 무오류성이라는 원칙이 자리잡는 데 기여했다. 교회의 힘은 바로 사제직에서 나왔기 때문이다. 교회의 힘은 교회를 이끌어간 최초의 주교들이었던 사도들의 권위로부터 곧바로 나온 것이라는 논리가 먹혀들었다. 사도들로부터 후대의 교황들에 넘어온 힘을 다시 사제들이 이어받았다는 것이었다. 따라서 성사를 주관하는 사제의 권위는 누구도 넘보아서는 안 되었다.

신학

아우구스티누스에 대한 우리의 논의는 신, 창조, 자유의지에 대한 그의 견해와 역사철학과 교회의 무오류성에 대한 그의 생각을 알아보는 데 치중할 것이다. 아우구스티누스의 사상은 중세 후기까지 유럽 문명의 골간을 이루었다.

새로운 현실

로마 제국이 사망 선고를 받으면서 현실을 새로운 눈으로 바라보려는 움직임이 무르익었다. 아우구스티누스에 따르면 무에서 이 세상을 창조한 신이 유일한 현실이었다. 이 신은 신플라톤주의에서 말하는 지적 원리가 아니라 신비적 존재였다. 따라서 철학자건 아니건 신과 신 안에 깃든 생명에 대한 지식은 사람이면 누구나 알 수 있었다. 아우구스티누스는 자기 신앙의 밑바탕에는 철학적 성찰이 깔려 있다고 보았지만 자기의 회심은 인간적 노력에 의해서가 아니라 어느 누구에게나 주어지는 신의 은총에 의해서 얻어진 것이라고 생각했다. 아우구스티누스도 그랬고 중세의 모든 신앙인들도 그랬고 그들이 한결같이 갈구한 것은 신과의 합일이었다. 내세에서 이루어지는 이 신과의 합일에서만 사람은 참다운 행복을 맛볼 수 있다고 믿었다.

아우구스티누스에 따르면 무로부터 창조가 이루어질 수 있는 것은 신의 정신이 두 가지 측면을 가지고 있기 때문인데 이것은 플라톤이 말한 이데아와 비슷하면서도 또 상당히 다르다. 한 가지 측면은 영원한 진리에 해당하는데 가령 삼각형의 세 각의 합은 언제나 180도라는 사실이다. 이 세상이 창조되기 전부터 있었고 이 세상이 멸망한 다음에도 변치 않을 이런 진리들은 우주의 근본을 이루는 조화이며 양상이다. 신의 정신이 갖는 또 한 가지 측면은 피조물의 '번식 이유'에 해당한다. 이것은 물리적 실체가 있고 시각적 실재성을 갖는 사람의 몸, 나무, 흙, 그리고 우리의 감각에 자명한 것으로 나타나는 숱한 사물들이다. 감각에 자명한 것으로 나타나는 이런 사물들은 시간 속에서 존재한다. 그것들은 성장하고 분해되고 소멸하는 일시적 성격을 갖기 때문에 신의 창조물 중에서 가장 낮은 자리에 있다.

시간과 영원

마지막 말에서 시간에 대한 아우구스티누스의 이원론적 견해가 드러난다. 그는 시간은 직선적으로 흐르며 이 시간 안에서 펼쳐지는 인류의 활동은 궁극적으로 신의 완전함으로 나아간다고 믿었다. 시간의 흐름과 그 안에서 일어나는 모든 변화는 현세의 특성이다. 하지만 신은 영원 속에서 산다. 이 영원은 시간을 넘어선 순간을 말한다. 여기서 과거와 미래는 아무런 뜻을 못 갖는다. 모든 것은 현재다.

아우구스티누스는 신이 앞으로 벌어질 모든 사건과 인간의 자유의지를 훤히 내다보고 있는데 어떻게 사람이 자유의지를 가질 수 있겠는가 하는 문제와 씨름했다. 사람의 행동이 미리 알려져 있는데 어떻게 숙명론과 예정설에서 벗어날 수 있는가? 아우구스티누스가 내놓은 답은 이렇다. 신은 만물을 눈앞에 펼쳐진 대로 보기 때문에 우리가 시간이라고 부르는 것 속에서 사물이 어떻게 나타날 것인가에 대해서 미리 알 수는 있지만 그건 어디까지나 '보는' 것이지 사물에 영향을 미치는 것이 아니다. 신의 눈으로 보면 모든 사건은 동시에 일어나는 것이라, 신은 사건들을 알 수는 있지만 영향을 끼칠 수는 없다.

물질 세계

아우구스티누스는 육체와 물질 세계에 대해 상반된 태도를 보였다. 이 세상을 신이 창조한 것이라면 세상은 선할 수밖에 없다. 그렇지만 세속의 재물을 손에 넣는 데 급급하다 보면 사람은 신으로부터 멀어질 수 있고 이것은 죄악이다. 육체적 쾌락의 문제는 특히 골치아픈 것이었다. 회심을 하기 전까지만 하더라도 아우구스티누스는 육체적 쾌락을 누리면서 방탕하게 살았다. "주여, 저를 순결하게 하옵소서. 하지만 아직은 아니옵니다." 그가 했다던 유명한 기도에서 그런 기질이 솔직하게 드러난다. 그런데 회심을 한 다음부터는 정반대의 극으로 치달아서 성적 쾌락을 맹렬하게 질타했다. 그가 금기시한 대상에는 음악도 포함되었다. 성행위처럼 음악도 신을 명상하는 삶으로부터 멀어지게 만들기 때문이다.

플라톤의 이론은 물질 세계에 대한 아우구스티누스의 견해에 커다란 영향을 미쳤다. 아우구스티누스는 이 세상에 있는 물질적 대상은 모두 덧없이 사라지고 변화한다고 믿었다. 가령 《신국》에서 그는 410년 이민족이 로마를 약탈했을 때 수많은 사람들이 재산을 잃었지만 그리스도교도들은 영혼이 재산이었기 때문에 아무것도 잃지 않았다는 점을 강조한다. 아우구스티누스가 육체와 재산을 깡그리 무시하지 않았다는 점에서 그를 철저한 이원론자로 보기는 힘들지만 그런 성향이 다분히 있는 것은 사실이다. 나중에 일부 그리스도교 사상가들은 현세와 육체로부터 완전히 등을 돌리고 이것들은 인간의 마음과 영혼을 속박하는 덫이라고 플라톤과 아우구스티누스보다 훨씬 단호한 어조로 못박았다. 서양 문명의 역사에서 나타나는 청교도적 사상은 주로 이런 논리에 기대고 있다.

역사철학

아우구스티누스는 그리스도교의 역사철학을 처음으로 완전하게 집대성하면서 인류의 역사를 두 나라의 갈등으로 요약했다. 하나는 신국 곧 하느님의 나라고 또 하나는 인국 곧 사람의 나라다. 시간이 처음 만들어진 태초에 모든 것은 하느님의 나라에 들어가 있었지만 천사들이 반란을 일으키고 사탄이 천국에서 추방된 다음부터 사람의 나라가 등장했다. 이때부터 예수가 탄생할 때까지 거의 모든 인간은 사람의 나라 곧 세속 세계에 머물러 살았다.

구세주가 나타나리라는 믿음을 잃지 않았던 소수의 히브리 예언자들만이 하느님의 나라에서 살고 있었다. 인간의 죄를 대신 갚아주기 위해 예수가 이 세상에 오고 교회가 세워지면서 두 나라는 더욱 극명하게 갈라졌다. 하느님의 나라에 속한 사람들은 모두 교회에 다니는 사람들이었기 때문이다. 하지만 그 역은 성립하지 않는다고, 다시 말해서 교회에 다니는 사람이라고 해서 반드시 하느님의 나라에 속한 것은 아니라고 아우구스티누스는 조심스럽게 덧붙였다. 역사의 종말은 최후의 심판과 함께 이루어지며 이때 두 나라는 최종적으로 완전히 갈라서게 된다. 구원받은 사람들은 다시 완전한 육체의 옷을 입고 하느님과 함께 살아갈 것이고 저주받은 사람들은 사탄과 함께 영원한 고통에서 헤어나오지 못할 것이다. 아우구스티누스에 따르면 하느님은 누가 선한 나라에서 살아야 하는지 훤히 알고 있다. 아우구스티누스의 이런 생각은 뒷날 종교개혁 시대에 칼뱅 등이 부르짖은 예정설의 밑바탕이 되었다.

아우구스티누스의 역사철학에는 중요한 함의가 적어도 하나는 숨어 있었다. 하느님 나라에 처음 속했던 사람들이 히브리인뿐이었다면 오직 그들만이 진리를 안다. 따라서 다른 모든 가르침 – 가령 그리스인의 학문 – 은 거짓이고 연구할 만한 값어치도 없다. 그리스 로마의 유산에 대한 이런 묵살은 그 뒤 서양 문명이 걸어간 길에 깊은 흔적을 남겼다.

로마 교회

아우구스티누스가 죽고 얼마 뒤부터 로마의 주교들은 로마에 있는 교회가 결국에 가서는 가장 큰 권위를 가져야 한다는 논리를 펴면서 다른 주교들보다 우위에 서려고 했다. 이들은 현실론으로 보아도 성서의 근거를 보아도 자신들이 맞다고 주장했다. 그리스도의 정신을 이어받은 베드로가 교회를 세운 곳이 바로 로마였다는 것이다. 그러면서 그들은 성서에 나온 예수의 말 곧 "나는 이 반석(예수는 베드로를 반석이라고 불렀다) 위에다 나의 교회를 세울 것이다"는 대목을 내세웠다. 로마 주교 레오(재위 440~461년)는 교회의 권위를 확립하기 위해 처음으로 이런 주장을 폈고 외교에 능했던 그레고리우스 대교황(재위 590~604년)은 서로마 제국에서 교황의 우위가 보편적으로 받아들여지게 만들었다. 이런 노력 덕분에 교회 제도는 차차 안정되었고 중세 초기의 어수선한 상황에서 교황은 유럽 전역에서 권위와 질서의 유일한 원천으로 남아 있을 수 있었다.

봉건제

로마 교회는 이제 로마 제국의 뒤를 이어 서양 문명을 통합하는 힘을 갖게 되었지만 방대한 영토를 조직하고 통치할 수 있는 교황에 맞먹는 세속적 권력은 찾아보기 힘들었다. 대신 중세 유럽은 자잘이 쪼개진 작은 봉토(영지)들이 이어진 조각보처럼 되었다. 이런 통치 방식을 봉건제라고 부른다. 봉건제는 10세기에 이르러 완성되지만 여기서는 중세에 서서히 발전해간 정치 제도로서 봉건제를 논의하겠다.

제12장 중세의 형성

봉건제의 핵심은 제국의 거대한 영토를 한 사람이 충분히 다스릴 수 있는 크기의 작은 단위들로 쪼개는 데 있었다. 봉건제는 사회의 호전성을 부추겼다. 영주들은 자기들끼리 끝없는 다툼을 벌였을 뿐 아니라 게르마니아와 스칸디나비아에 거주하던 북방 민족들로부터도 대규모 침공을 받기 일쑤였다.

로마 문명은 무너졌지만 많은 왕들은 여러 왕국을 하나로 결집시킬 수 있는 경제력도 군사력도 없었다. 오히려 살아남기에 급급했던

농노제

농노와 영주는 그물처럼 복잡한 상호관계로 얽혀 있었다. 농노는 노역과 충성, 일부 생활 물자를 제공하는 조건으로 영주한테 살아가는 데 필요한 최소한의 땅을 빌렸고 보호를 받았다. 토지에 예속되어 있었던 농노와 그의 가족들은 영주와 그의 후계자들에 의해 상속되었다. 농노는 노예와는 달라서 일정한 권리도 누렸지만 장원을 떠날 수 있는 자유는 없었다. 물론 돈을 지불하면 자유의 몸이 될 수도 있었지만 그런 돈을 모은다는 건 불가능에 가까웠다. 자유를 얻으려면 장원에서 도망가는 수밖에 없었다. 도시에서 일 년하고 하루 이상을 살아낼 만큼 의지가 강한 농노들은 장원제의 모든 의무를 면제받았다. 11세기부터 유럽 전역에서 조금씩 형편이 나아진 농노들은 미천한 신분을 벗어던지고 토지에 예속되지 않은 농민으로 성장했다. 16세기가 되면 대체로 장원제는 시대의 뒷전으로 밀려나지만 아직 완전히 명맥이 끊긴 것은 아니었다. 오스트리아 제국에서는 1781년에 가서야 농노들이 해방되었고 프랑스에서는 1789년 프랑스 혁명 때 비로소 농노제가 근절되었다. 러시아의 농노들은 1861년 차르의 명령으로 자유의 몸이 되었지만 중세 장원제의 요소는 1917년 러시아 혁명이 일어나기 전까지 그대로 남아 있었다.

12. 중세의형성 **27**

그들은 귀족에게 영토를 나누어주었다. 왕으로부터 땅을 받은 봉신들은 그 대가로 군주에게 충성을 다짐했으며 외적이 왕국을 침공했을 때는 군대를 파견해서 도왔다. 이렇게 해서 봉신은 왕의 가신이 되었다. 하지만 봉신도 자기 땅을 혼자서 다스리기에는 벅찼으므로 다시 자기의 가신들을 만들어서 땅을 나누어주었다. 이런 식으로 토지 분할이 이루어져서 나중에는 기사에게까지 몫이 돌아왔는데 기사는 마을 하나와 주변의 농지를 거느렸다. 영주는 자신이 영토 안에서는 절대 권력을 휘둘렀다. 영주는 자기 눈으로 적법하다고 판단하는 대로 재판권을 행사했고 자기 바로 위에 있는 군주에 대해서는 충성을 다짐했다.

장원제

토지 분할의 가장 낮은 수준에서 봉건제와 공존한 것이 장원제였다. 중세의 시골 공동체는 장원제라는 틀 안에서 생활을 꾸려나갔다. 장원제의 뿌리는 농민들이 강제로 토지에 속박되어 농노 생활을 해야 했던 로마 제국 말기로 거슬러 올라간다. 10세기와 11세기에 전성기를 맞이했던 장원제는 그 뒤로 서서히 허물어졌지만 그 뿌리는 근세까지도 끈질기게 남았다.

한 곳의 마을에서 펼쳐지던 생활 양식을 묶어서 장원제라고 불렀다. 영주는 전쟁터에 나가지 않은 동안은 장원을 떠나지 않았다. 사제는 마을 한복판에 세워진 교회와 사제관에서 살면서 마을 주민들의 신앙 생활을 이끌었다. 장원 안에는 교회 말고도 마을 사람들이 공동으로 이용할 수 있는 제분소, 양조장, 제빵소 같은 건물이 있었다. 농지는 크게 세 구역으로 나누어서 두 곳에는 해마다 여름 작물과 겨울 작물을 심었고 한 곳은 휴경지로 묵혀두었다. 영주는 영지의 절반(가장 비옥한 곳)에서 나오는 수확물을 개인 소유로 가졌다(농사는 농노들이 지었다). 사제에게도 땅의 일부가 돌아갔고 마을 사람들이 공동으로 관리하는 숲과 목초지도 있었다. 농노 한 사람에게는 세 구역의 땅 중에서 각각 한 뼘씩 떼어주었다. 땅 한 뼘의 넓이는 폭이 5미터, 길이가 200미터였다. 농노와 그의 가족은 땅에 예속되어 있었다. 그들은 거주 이전의 자유가 없었지만 함부로 그들을 내쫓을 수도 없었다. 농노는 자기 수확물의 일부를 다시 영주에게 바

12.1 **에그모르트(프랑스)**. 지중해 연안의 이 완벽하게 보존된 중세 도시는 십자군을 위한 집결지와 보급기지로 세워졌다. 이런 성벽은 중세 유럽의 도시에서 공통적으로 볼 수 있었다.

제12장 중세의 형성

쳐야 했으며 정해진 일수만큼 영주에 땅에서 일을 해주어야 했다. 영주는 그 대신 마을 주민들을 적으로부터 보호해주었고 분쟁이 있으면 판결을 내려주었다. 영주는 장원에서 유일한 심판자였다. 그의 말은 곧 법이었다.

장원제는 그런 대로 든든한 보호막이 되었지만 대신 주민들은 가난에 찌들렸고 바깥 세상과는 완전히 담을 쌓고 살아갔다. 장원제에서 나오는 수확으로는 간신히 입에 풀칠이나 할 정도였고 농노들은 여행도 마음대로 못 다녔다. 어쩌다가 들른 도붓장수나 전쟁터에서 돌아온 영주의 입을 통해서만 바깥 세상이 어떻게 돌아가는지 알 수 있었다. 공식 교육은 상상도 할 수 없었고 농노는 물론 영주 중에도 문맹자가 부지기수였다. 장원 생활은 힘겨운 노동과 탄생과 혼인과 죽음의 연속이었고 교회 명절에만 잠시 숨을 돌릴 수 있었다. 중세의 성벽(12.1) 뒤편에서 사람들은 굶어죽지 않는 것으로 만족하면서 살았다. 성벽은 외적을 막아주기도 했지만 교회와 영주가 강요하는 엄격한 질서를 무너뜨릴 가능성이 있는 사상도 차단해주었다. 사람들이 이 세상을 눈물의 골짜기로 여기면서 천국에서 펼쳐질 영광스러운 내세만을 꿈꾸면서 살았던 것도 무리는 아니었다.

이슬람의 부상

서구 그리스도교권, 비잔티움, 이슬람은 그리스 로마 문명이라는 공동의 유산을 갖고 있지만 세 문화는 자신들의 차이점을 부각시키는 데 역점을 두었다. 중세 초기만 하더라도 가장 미개하고 낙후된 문명이었던 서구는 이슬람을 '이교도'라고 비난했고 비잔티움을 '타락자' 또는 '배신자'로 여겼다.

사실 동방 그리스도교와 서방 그리스도교, 이슬람교는 모두 유일신을 받들며 그들의 깊은 뿌리는 유대교로 뻗어 있다. 내키지는 않았겠지만 중세 유럽은 이슬람과 비잔티움으로부터 배울 것이 많았고 이들의 영향을 강하게 받으면서 그리스 로마, 그리스도교, 게르만 전통이 독특하게 종합된 문화를 발전시켰다.

12세기가 넘는 오랜 기간 동안 이슬람교와 그리스도교의 관계는 불신과 공포에서 노골적인 전쟁에 이르기까지 그야말로 다양한 양상으로 전개되었다. 회교도의 스페인 정복과 프랑스 침공, 십자군 원정, 그리스도교도의 스페인 탈환은 수많은 전쟁 중에서 극히 일부분에 지나지 않는다. 그렇지만 두 문화의 적대감과 소외감을 더 부추긴 것은 이념이 아니라 정치와 경제다. 여러 세기 동안 두 문화를 갈등으로 몰아넣은 주원인은 회교도가 팔레스타인을 차지하고 극동 지방으로 가는 무역로를 장악했기 때문이었다. 지금도 팔레스타인, 무역, 석유, 이스라엘의 문제를 놓고 그리스도교권과 이슬람권은 대립을 벌이고 있다.

이슬람교는 세력이 큰 일신교 중에서는 가장 후발 주자였지만 질풍 같은 교세 확장으로 잃어버린 시간을 만회했다. 622년 아라비아 반도에서 출발한 이 호전적 종교는 불과 한 세기도 못 되어 동쪽으로는 중국 국경까지 서쪽으로는 북아프리카와 이베리아 반도까지 뻗어나갔다. 전성기의 로마 제국보다 더 넓은 지역을 이슬람교는 장악했다(지도 12.1).

이슬람교가 등장하기 전의 아라비아는 초자연적 힘이 깃들어 있다고 여겨 나무와 돌을 숭배하던 유목민 베두인족만이 살던 무덥고 건

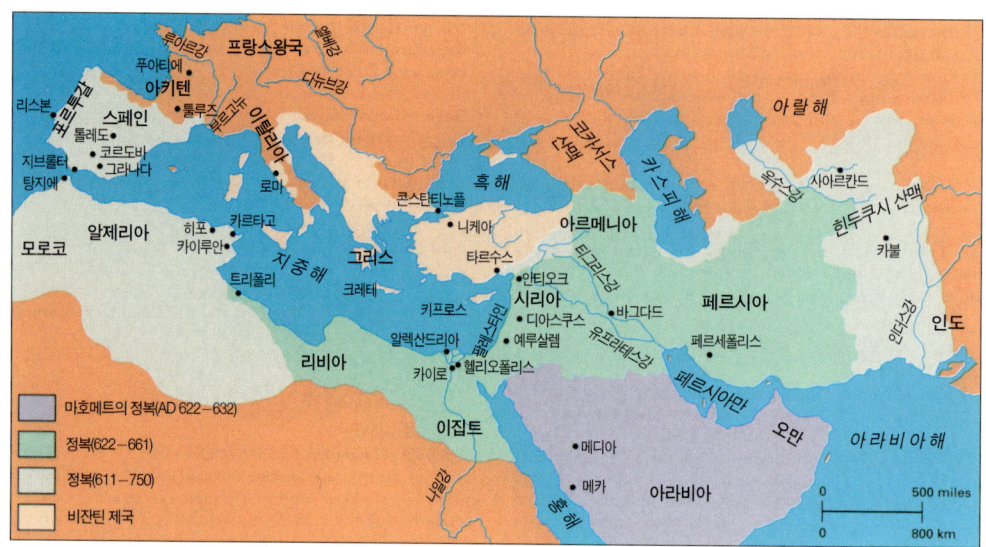

지도 12.1 이슬람의 팽창(622-750년).

조하고 황량하고 낙후된 땅이었다. 베두인족이 중시했던 인간적 가치는 용기, 남자다움, 충성, 관용이었다. 아라비아에서 가장 규모가 큰 도시는 낙타 대상들의 집결지였으며 모든 회교도가 숭배하는 카바 신전이 있었던 메카였다.

마호메트

마호메트는 이 번잡한 도시에서 570년에 태어났다. 처음에는 양을 치다가 그리고 다시 장사를 하다가 돈많은 과부를 만나서 무역에 손을 댔고 나중에는 그녀와 결혼을 했다. 마호메트가 유대교와 그리스도교를 알게 된 것은 사업을 위해 각지를 여행하던 중이었을 것이다. 마흔 살이 되었을 때 마호메트는 깊은 산 속의 동굴로 들어가서

명상 생활을 시작했고 바로 여기서 그가 나중에 '동이 트는 것'에 비유한 영적 깨달음을 얻는다. 그는 천사의 모습을 보았다. 곧 이어 천사장 가브리엘이 그의 앞에 나타났다. 세상으로 나가 사람들에게 경고를 던지라는 계시를 받고 마호메트는 613년 메카에서 전도를 시작했다. 마호메트의 설교는 메카의 부자와 권력자를 격분시켰다.

마호메트는 생명의 위협을 느낀 나머지 메디나로 피신했다. 이때가 622년으로 회교도들은 이 해를 새로운 종교의 원년으로 삼았다.

이슬람교의 주요 강령

다음은 이슬람 신앙이 믿는 것이다.
1. 유일신 알라.
2. 가브리엘을 비롯한 천사들.
3. 예언자들(마호메트, 아브라함, 노아, 모세, 예수).
4. 성전(구약과 신약, 시편, 코란).
5. 카다르(인류 모두에게 집단적 이익을 안기려는 신의 계획).
6. 최후의 심판일에 이루어지는 부활.

회교도에게 요구되는 최소한의 종교적 의무를 신앙의 다섯 기둥이라고 부른다.
1. "신은 오직 알라이며 마호메트는 그의 예언자다." 회교도는 앞에 나온 여섯 가지 강령이 이 말에 모두 들어 있다고 믿는다. 이슬람 신앙의 알맹이라고 할 수 있는 이 대목을 정확히 외우는 사람은 누구든지 이슬람 신자로 받아들여질 정도로 중요하다.
2. 하루에 다섯 번 하는 기도(새벽, 한낮, 오후, 해질녘, 저녁).

3. 가난한 사람 돕기(한때는 자발성이 강했지만 지금은 의무적으로 요구된다).
4. 이슬람 음력으로 9월에 해당하는 라마단 기간 동안에 이루어지는 금식. 이슬람 신앙에서는 이때 알라가 마호메트에게 계시를 내리라고 가브리엘에게 코란을 주었다고 믿는다.
5. 메카 순례. 형편이 안 되는 사람도 많았지만 수많은 신도들이 같은 신도들끼리 어울리는 과정에서 회교도로서의 일체감을 경험했다.

이슬람교의 초창기에는 건장한 사람들에게 또 하나의 의무가 부과되었다. 그것이 '지하드' 곧 성전(聖戰)이었다. 모하메트의 '후계자'를 자처하던 칼리프들은 알라의 이름을 내걸고 무력 정복을 통해 이단자의 영토를 줄여야 한다는 강박 관념에 빠져 있었다. 무력으로 개

인도 수학

바빌로니아와 그리스가 이룩한 성과를 발판으로 인도 수학은 아주 수준 높은 산수와 대수를 발전시켰다. 일반 산수의 정수와 분수 말고도 대수에서는 음수와 무리수까지 쓰였다. 분수로 표현될 수 없는 원주율 파이나 2의 제곱근 같은 무리수는 기원전 1세기 그리스 수학자들에 의해 처음 발견되었다. 음수는 6세기에 인도의 아리아바타라는 수학자가 체계적으로 발전시켰다. 덕분에 수학자들은 $x + 4 = 2$ 같은 방정식의 근 $x = -2$를 구할 수 있었다.

바빌로니아의 수학에는 수자 안에서 빈 자리를 가리키는 0이라는 기호가 없었다. 이 중요한 기호는 아라비아 숫자를 사용하던 인도인들에 의해 10진법 안으로 도입되었다. 10세기에는 이 모든 혁신들이 이슬람 과학에 수용되었고 이슬람의 수준 높은 과학은 스페인을 정복한 무어인을 통해 유럽으로 전파되었다.

종되었던 모든 땅은 스페인과 포르투갈을 제외하고는 지금도 이슬람권으로 남아 있다.

코란

이슬람교는 모하메트의 가르침을 집대성한 코란과 모하메트의 언행을 기록한 하디트(진위가 의심스러운 대목도 있다)에 바탕을 두고 있다. 신자는 오직 알라의 뜻에만 복종해야 한다. 복종을 뜻하는 아랍어가 바로 '이슬람'이며 복종하는 사람을 '무슬림'이라고 한다. 이슬람 신도는 전지전능한 신에게 무조건적으로 복종하면서 일상 생활의 수칙을 자세히 규정한 코란의 가르침대로 하나의 종교 공동체를 이루며 살아간다. 예언자 마호메트가 타계한 지 20년 만에 그가 남긴 글을 모아 엮은 코란이 유일한 권위를 갖는다. 신학, 법, 모든 사회 제도의 종국적 기반은 코란이다. 이슬람 대학에서 가장 역점을 두고 가르치는 것이 코란이다. 뿐만 아니라 코란은 원래 모습 그대로 아랍어로만 읽혀져야 한다. 아랍어는 이슬람 신자의 유일한 언어다.

이슬람 문명은 일종의 중동 르네상스를 연출하면서 10세기에 전성기를 맞이했다. 문화적으로 낙후되어 있던 아랍인은 아랍어를 통해 중요한 기여를 했다. 이 코란의 언어는 한때 라틴어가 로마 교회의 공용어였던 것처럼 이슬람 신앙을 통합하는 역할을 했다. 아랍어의 필기 체계도 중요한 구실을 했다. 그것은 이슬람 미술에서 한없이 변화무쌍한 추상적 장식이 발전할 수 있는 밑바탕을 제공했다.

이슬람 문화

이슬람 문화는 그리스, 시리아, 페르시아, 인도의 전통을 종합했다. 그러나 이슬람은 이것들을 단순히 빌려온 것이 아니라 나름대로 소화해서 인간 활동의 거의 모든 분야를 풍요하게 살찌웠다. 특히 의학, 천문학, 항해술, 수학은 최고의 수준을 자랑했다. 페르시아의 천문학자이며 시인으로 《루바이야트》라는 작품을 썼던 오마르 하이얌은 놀라우리만큼 정확한 달력을 만들었다. 철학자들은 플라톤과 아리스토텔레스를 연구하고 시리아어에서 아랍어로 이들의 작품을 번역했다(시리아의 학자들이 그리스어에서 시리아어로 번역해놓은 작품이 이미 있었다). 무역로는 인도를 거쳐 중국까지 트여 있었기 때문에 풍부한 물자와 사상이 이슬람 세계 구석구석으로 자유롭게 흘러들어갔다. 카이로와 톨레도의 규모가 큰 대학에서는 학문이 꽃을 피웠다. 바그다드와 코르도바 같은 호사스러운 도시에서는 여유롭고 우아한 삶을 가꾸어나가는 요령이 정교하게 발전했다. 서유럽이 진창에서 허우적거리는 동안 모스크의 땅에서는 수준 높은 문화가 만개했지만 유럽인은 십자군 원정이 시작된 11세기 후반 이전까지는 그런 사실을 까맣게 모르고 있었다.

미술과 건축은 이 수준 높은 문화가 특히 내세울 만한 분야였다. 이슬람교 이전까지 아랍 민족이 발전시켜온 양식도 나름대로 기여는 했지만 이슬람의 예술적 성취는 특정한 민족이나 국가의 울타리에 가둘 수 없는 성격의 것이다. 종교를 통해 하나로 묶이고 다듬어진 이슬람 미술과 건축은 문명 전체의 수준을 한 단계 끌어올렸다고 말할 수 있다.

이슬람 건축

모스크

　이슬람교에서는 기도를 하면 신에게 곧장 다가설 수 있다. 전례(典禮)나 성사(聖事)도 없고 사제 계급도 없는 이슬람교에는 사실 특별한 건축물은 필요하지 않았다. 기도는 어디서든 할 수 있었다. 마호메트도 장소에 구애받지 않고 집에서 설교도 하고 기도도 했다. 역설이라면 역설이지만 건축물이 갖추어야 할 조건을 까다롭게 요구하지 않았던 이슬람교에서 드넓은 이슬람 세계 그 어디를 가건 기본적으로 구조가 똑같은 모스크가 발전했다.

　모스크의 뜰이 밖으로 트인 것은 원래 정복 전쟁에 나선 이슬람군의 야영지로 쓰였기 때문이었다. 야전 모스크는 들판에 도랑을 파고 키블라(메카를 향한 벽) 쪽으로 투박한 예배단을 만들어놓았다. 정식 모스크는 넓은 뜰의 세 면을 지붕이 얹힌 아케이드로 두르고 키블라 쪽에다 지붕이 달린 기도실을 만들었다(아케이드는 뜨거운 사막의 태양을 피할 수 있게 그늘을 만들어 주었다). 기도실 안으로 들어가면 반원형으로 움푹 들어간 미라브라는 기도 벽감이 키블라 벽에 뚫려 있다. 미라브 오른쪽은 미니바르라는 설교단인데 여기서 코란을 낭송하거나 금요 설교를 한다. 기도에 들어가기 전에 손을 깨끗이 씻을 수 있도록 뜰 안에 물웅덩이를 일찍부터 만들어놓았다. 기도 시간은 높은 곳이면 어디서든지 신자들에게 큰소리로 알릴 수 있었지만 미나레트라는 높고 가느다란 탑이 모스크 안에 마련되어 주로 거기서 기도 시간을 알렸다.

　파란 모스크라고도 불리는 술탄 아메트 1세의 모스크(12.2)는 가장 위대한 터키의 건축가였던 코카 시난의 제자가 설계한 듯하다. 초기 이슬람 건축물에서 독창적으로 등장한 기도실은 여기서 돔 모양의 모스크로 발전했다. 이것은 오토만 터키가 이룩한 가장 섬세한 건축학적 성과라 할 수 있다. 모스크의 네 귀퉁이와 아케이드의 두 모서리에는 미나레트가 들어섰다. 미나레트의 수는 일률적으로 정해놓지는 않았지만 메카의 거대한 모스크에 있는 미나레트의 수자인 일곱을 넘어서는 안 된다는 불문율은 있었다.

12.2의 왼쪽에는 유스티니아누스 황제가 6세기에 지은 눈부신 하기아소피아 교당(지금은 박물관)이 있다(11.15와 11.16 참조). 천장이

12.2 **술탄 아메트 1세의 모스크.** 이스탄불(터키).

높고 내부 장식이 별로 없는 하기아소피아 교당은 파란 모스크의 화려한 내부 장식과 확연히 다른 느낌을 준다. 12.2의 왼쪽에는 전차 시합이 벌어지던 로마식 원형경기장도 있었고 테오도시우스 황제가 카르낙 신전에서 콘스탄티노플로 가져온 오벨리스크라는 기둥도

12.3 술탄 아메트 1세의 모스크 내부.

있었다. 이스탄불은 그리스, 로마, 비잔틴, 그리스도교, 이슬람 문화의 영향을 돌아가면서 받았다. 모스크의 내부(12.3)는 이슬람 양식의 근본이라 할 수 있는 '물질의 용해'를 보여준다. 일단 모스크 안에 들어오면 누구든지 알라 앞에서 하나라는 느낌을 가져야 했다. 아울러 세속의 삶을 무시하고 영원함을 갈망하는 마음 자세가 중요했다. 현란하게 장식된 표면은 물질을 가리고 '용해'하는 데 도움이 된다. 견고한 벽은 끝없이 반복되는 '무한 무늬'와 아라베스크로 장식된 타일과 벽토로 효과적으로 위장된다. 이슬람 건물의 이런 특성은 하중을 견디는 역할을 강조하기 위해 기둥의 가운데를 약간 부풀린다든지 하는 식으로 건축 자재가 갖는 기능성을 강조했던 고대 그리스의 건축과는 성격이 많이 다르다.

대모스크

10세기의 칼리프였던 아브드 아르-라만이 짓기 시작한 스페인 코르도바의 대모스크(12.4)는 얼마나 규모가 컸던지 16세기에 그리스도교 교회를 그 속에 지을 수 있을 정도였다. 이곳에는 중심축도 없고 초점도 없다. 모두 856개나 되는 기둥들의 숲은, 기둥 하나하나처럼 개별자로 존재하지만 함께 드리는 기도 속에서 거대한 신앙 공동체의 일부로 통합되는 참배자들을 상징한다. 줄이 그어진 아치는 이슬람 방식이지만 기둥 자체는 로마의 양식과 그리스도교 건물에서

12.4 **대모스크(아브드 아르-라만 1세의 아케이드).** 코르도바(스페인). 내부. 기둥 높이 2.9m.

그대로 빌려왔다. 회교권의 모스크가 다 그렇지만 대모스크에도 조각은 없고 조형 장식도 찾아볼 수 없다. 조형 미술을 만들어서는 안 된다는 말은 코란 어디를 뒤져봐도 없지만 우상 숭배는 명백한 금지의 대상이었으므로 쓸데없는 구설수에 휘말리지 않기 위해 모스크는 살아 있는 형상의 표현물을 아예 안으로 들이지 않았다.

알함브라

스페인의 그라나다에 있는 알함브라 궁전의 육중한 외벽은 졸졸 흐르는 물소리와 어우러져 동화 같은 세계가 펼쳐지는 내부의 공간을 감싸고 있다. 사막에서 생긴 이슬람교는 천국과 지옥도 자연 환경의 연장선에서 이해한다. 지옥은 화염이 솟아오르는 뜨거운 불구덩이고 천국은 시원하고 촉촉하고 울창한 오아시스와 같다. 시에라네바다 산맥의 눈녹은 물을 마음껏 쓰면서 칼리프들은 이곳에 지상 낙원을 건설했다. 섬세하고 포근하고 궁전을 관통하면서 흐르는 수로와 발랄한 분수에 식혀져 시원스러운 알함브라 궁전은 아라비안나이트의 분위기가 물씬 감돈다. 하지만 알람브라 궁전의 주인공은 건물로 둘러싸인 안뜰들이다. 도금양 안뜰(12.5)은 기둥과 아치가 연못에 떠 있는 듯한 착각을 불러일으킨다. 색색깔의 타일과 회벽의 여닫이창은 우아한 무한 무늬로 장식되어 있다.

유명한 사자 안뜰(12.6)에서는 리본처럼 가느다란 수로들이 안뜰을 가로질러 흐르면서 내부 공간을 아늑하게 결합시킨다. 이곳은 군주, 규방의 여자들, 왕족, 시종들만이 드나들 수 있는 구역이었다. 양식화된 사자상들의 호위를 받으면서 솟아오르는 분수의 물소리는 타일과 치장 벽토로 장식된 정교한 기둥과 아치를 거느린 환상적인

12.5 알함브라 궁전의 도금양 안뜰. 그라나다(스페인). 1354-91년.

제12장 중세의 형성

12.6 알함브라 궁전의 사자 안뜰.

동양의 궁전

시와 역사가 하나로 어우러진 낭만적인 스페인의 연대기에 흠뻑 빠져들어간 여행자에게 알함브라 궁전은 모든 회교도가 우러러받드는 카바 신전처럼 흠모의 대상이다. 사실 여부를 떠나서 얼마나 많은 전설과 전통이 이 동양의 궁전과 연결되어 있고 이 궁전을 배경으로 얼마나 많은 사랑과 전쟁과 기사도의 노래와 발라드가 스페인어로 아랍어로 씌어졌는가!

워싱턴 어빙(미국의 작가: 1783~1859)

안뜰을 흐르는 물과 절묘한 조화를 이룬다. 레이스 같은 아라베스크와 날아오를 듯 경쾌한 천장은 투명하고 리드미컬한 문양의 진가를 보여준다. 완벽하게 가늘어지고 정확하게 수직을 이루는 기둥이 단 하나도 없는 것은 지상적 존재의 불완전성을 상징한다. 이 인공의 낙원도 앞으로 천국에 세워질 낙원에 비하면 여러 모로 결함이 많다는 것이다. 스페인을 점령한 이슬람계의 무어인이 만든 가장 뛰어난 건축물로 손꼽히는 알함브라 궁전은 1492년 페르디난도와 이사벨라의 손에 넘어갔다.

인도의 회교도

1947년 영국에서 독립한 인도가 파키스탄과 인도로 갈라졌을 때 힌두교도와 회교도의 충돌이 빚어져 백만여 명이 죽었다. 그 뒤로도 회교국가 파키스탄과 힌두교도가 다수를 차지하는 인도는 두 번이나 전쟁을 치렀다. 영국이 처음 진출했을 때 인도는 이슬람 제국이었다. 투르크인, 페르시아인, 아프간인, 몽골인을 중심으로 아시아인이 대거 이슬람으로 개종하면서 1206년 델리에도 술탄국이 들어섰고 독재와 부패와 유혈극이 끊이지 않았음에도 불구하고 술탄이 34대 동안이나 이어졌다. 1526년 몽골의 정복자 칭기즈칸과 티무르의 후예인 페르시아 출신의 장군 바부르가 술탄국을 무너뜨리고 무굴 왕국을 세웠다. 유능한 왕들이 잇따라 등극하면서 무굴 왕국은 번영을 누렸다. 그들은 행정 기구를 발전시키고 미술, 건축, 문학, 음악에서 힌두교와 이슬람교의 주제를 결합시켰다. 무굴의 예술, 특히 타즈 마할에서 정점에 오른 건축 기술은 인도 문화에 지속적으로 영향을 미쳤다.

제12장 중세의 형성

이슬람 미술

13세기에서 16세기까지 시리아와 이집트에서는 장식 미술가들의 기량이 비길 데 없이 뛰어났다. 도공, 상아와 나무를 새기는 기술자, 회벽과 금속을 잘 다루는 장인들이 흘러 넘쳤다. 시리아에서 만들어진 이 환상적인 병(12.7)은 섬세하고 풍부한 장식이 감탄을 금치 못하게 만든다. 병 아래쪽의 전사들과 목 부분의 봉황에서는 몽골의 영향도 보이지만 그 나머지는 파란 아라베스크에서 기하학적이고 자연적인 모티프에 이르기까지 모두 이슬람 미술 특유의 것이다.

12.8은 이슬람 서적에 그려진 아름다운 삽화다. 화가는 꼭대기의 좁은 공간에 시를 몰아넣고 자연을 묘사하는 데 전념하면서 정원의 나무와 꽃부터 별이 총총한 하늘까지 아름답게 그렸다. 노련한 솜씨로 곡선을 적절히 섞어넣어 그림 전체가 넘실거리는 듯하다. 하늘색, 황금색, 주황색, 녹색, 감청색, 담홍색은 신

12.7 병.
말을 탄 전사들이 그려진 넓은 띠 위로 아라베스크 세 개가 장식되었다.
시리아 출토. 13세기 말.
높이 43.5cm. 뉴욕 메트로폴리탄 미술관.

12.8 〈정원의 비자드〉. 크와주 키르마니의 시집에서. 페르시아. 1396년. 삽화. 런던 대영 박물관.

비롭고 서정적인 분위기를 연출한다. 앙리 마티스가 페르시아의 세밀화에 흠뻑 빠져든 것은 바로 이런 그림 때문이었다.

샤를마뉴와 카롤링거 르네상스

이슬람의 프랑스 진출을 막은 것은 피핀 왕조의 프랑크 왕국 '궁재(宮宰)'였던 카를 마르텔(688?~741년)이었다. 왕국의 최고 관리인 마르텔('망치')은 카롤링거 가문의 시조가 되었다(샤를의 라틴어는 카롤루스). 스페인을 점령한 회교도 무어인(사라센족이라고도 불렸다)과 남부 프랑스의 푸아티에에서 맞선 그는 짜임새 있는 기병대를 앞세워 적을 스페인으로 몰아냈다.

회교도가 유럽에서 북쪽으로 가장 높이 치고 올라온 곳이 푸아티에였기 때문에 732년의 푸아티에 전투는 유럽사에서 중요한 자리를 차지한다.

카를 마르텔의 아들이었던 단신왕 피핀(751~768년)은 자신이 프랑크 왕국의 왕임을 선언하고 정력적으로 왕국을 병합하여 아들 샤를마뉴(재위 768~814년)에게 물려주었다. 중세 초기에서 정치적으로 문화적으로 가장 중요한 시기인 샤를마뉴의 재위기에 로마의 몰락 이후 침체되었던 유럽의 문화는 모처럼 기지개를 켰다. 샤를마뉴가 주도한 카롤링거 르네상스는 문명의 빛은 쉽게 꺼지지 않는다는 사실을 입증했다.

우선 샤를마뉴는 스페인의 무어인, 덴마크 국경선의 스칸디나비아인, 이탈리아의 게르만 계열 롬바르드인과 싸우면서 프랑크 왕국을 넓히고 기틀을 다졌다. 778년의 롱스보 전투에서 사라센 군은 기습 작전을 감행하여 샤를마뉴의 기사인 롤랑 백작을 죽였다. 그 뒤로 샤를마뉴의 무용담을 그린 노래와 이야기가 쏟아져나왔다. 빈틈없는 작전으로 이교도들을 무찌른 데 대한 보상으로 교황은 800년 크리스마스날 샤를마뉴를 '로마 황제'로 임명했다.

학문의 부흥

정치 말고도 샤를마뉴는 학문을 숭상했으므로 유럽 전역에서 학자들을 엑스라샤펠(지금의 아헨)에 있는 자기의 궁전으로 불러들였다. 이 궁전의 건축 양식도 유럽 문화에서는 중요한 분수령을 이룬다. 샤를마뉴는 라벤나에서 웅장한 건축물과 휘황찬란한 모자이크를 보고 놀라움을 금치 못했다. 아헨의 예배당(12.9)은 라벤나에 있는 산비탈레 교회(11.10과 11.11)를 본땄으며 이때부터 로마의 석조 건축술과 동로마의 미의식이 서양 세계로

12.9 아헨의 궁전 예배당. 792-805.

지도 12.2 샤를마뉴 제국(814년).

들어왔다.

　샤를마뉴는 궁정 학교를 세우고 요크 신학교에 있던 영국 학자 알쿠인을 초빙하여 책임을 맡겼다. 궁정 학교는 독창적 사상을 많이 내놓지는 못했지만 고전 문명이 붕괴한 뒤 처음으로 학문의 중심지가 되었다는 점에서 후대의 지적 발전에 의미 심장한 역할을 했다.

　샤를마뉴는 북부 이탈리아, 북부 스페인의 일부, 프랑스 전체, 남부와 서부 독일을 다스렸다(지도 12.2). 이 다양한 민족들에게 단 하나의 성문 법전을 강요하지는 않았지만 샤를마뉴는 모든 속주들을 정기적으로 감사하여 통치에 문제가 없는지 정의가 제대로 집행되고 있는지를 확인했다. 뿐만 아니라 모든 피정복민을 그리스도교로 강제 개종시킴으로써 교회의 권력을 강화시켰다. 샤를마뉴가 교황에 의해 황제로 임명되면서부터 교회는 세속 권력보다 우위에 있다는 발상이 싹텄는데 이것은 두고두고 수많은 분쟁의 불씨가 되었다. 샤를마뉴 자신도 만약 교황의 의도를 알았더라면 성탄절에 성 베드로 교회에 가지는 않았을 거라고 말했을 때 문제의 심각성을 알아차리고 있었다.

 814년 샤를마뉴가 죽고 그의 무능력한 아들 루이가 잠시 왕권을 이어받은 다음 제국은 자신들이 물려받은 전통을 이어나갈 만한 역량이 모자랐던 세 명의 나약한 손자에게 계승되었다. 제국은 급속히 와해되었다. 특히 스칸디나비아에서 온 바이킹족은 유럽 전역을 휩쓸었고 지금의 북아메리카까지 진출하여 한때 식민지를 잠시 두기도 했다.

문화의 동화

'중세'는 르네상스의 인문주의자들이 그리스 로마 문명의 종결과 본인들이 의식한 고전 세계의 '부활' 사이에 가로놓여 있던 천년의 세월을 부르는 데 썼던 썩 만족스럽지 않은 호칭이다. 인문주의자들에게 이 중세는 조금 더 늘려잡는다면 영광스러운 고전 문명과 그리스 로마 문화의 재생 사이에 가로놓인 별로 흥미롭지 않은 중간기에 불과했다. 하지만 그들은 남부의 그리스 로마 문화와 북부의 켈트 게르만 문화가 융합하면서 발전한 새로운 문화를 감지하지 못했다.

앞에서 우리는 그리스 로마 시대의 세련되고 균형잡히고 지적인 문화를 살펴보았다. 수평선을 중심에 오는 건축술과 미적 기준은 그리스 로마 문명이 이성적 문명이었음을 웅변한다. 3세기부터 6세기까지 수많은 북유럽 사람들이 혹은 초빙객으로 혹은 침략자로 대거 제국으로 쏟아져 들어왔다. 이들의 기질은 판이하게 달랐다. 문명화된 남부인에 견주어 원시적이고 거칠었던 그들은 건축의 선도 역동적이고 수직적이었고 장식도 뒤얽히고 뒤틀리고 불규칙했다. 미술과 건축의 규준 따위는 생각조차 할 수 없었다. 대략 500년부터 1000년까지 이질적인 문화들이 충돌하면서 공포와 의혹과 혼돈과 투쟁의 과도기가 이어졌다. 그렇지만 전부가 암흑은 아니었다. 로마 교회는 꾸준히 성장했고 농업 기술도 발전했으며 바다를 누비는 바이킹의 범선들은 탁월한 설계술을 보여주었다. 콜럼버스보다 몇 세기 먼저 대서양을 건너 신세계를 발견한 이 용감한 뱃사람들은 과연 어떤 사람들이었을까?

북유럽인

이 북방 민족들의 사회 조직은 아주 특이했다. 한 무리의 전투원들이 지휘관을 중심으로 뭉쳐 다녔다. 전투원들은 지휘관에게 열과 성을 다하여 충성을 바쳤고 지휘관은 그 대신 약탈한 물건을 그들에게 분배했다. 그래서 스칸디나비아의 전설에 바탕을 둔 앵글로색슨족의 고대시 《베오울프》에서 주인공 베오울프와 또 다른 지휘관 흐로트가르는 전사들에게 황금을 나누어주는 역할을 맡는다고 해서 '반지 주는 사람'으로 불린다. 바이킹의 용선(龍船)은 영국과 유럽 전역에 출몰하면서 공포를 불러일으켰다. 그 배 안에는 공격과 생포, 약탈에만 혈안이 되어 일사불란하게 움직이는 전사들이 타고 있었기 때문이다.

하지만 그들의 종교는 이들 민족의 또다른 성격을 드러낸다. 루이스 멈포트라는 20세기의 사상가는 그리스 로마 민족을 "육체에 대해서 비관적이고 정신에 대해서 낙관적인" 사람들로, 켈트 게르만 민족을 "육체에 대해서 낙관적이지만 정신에 대해서는 비관적인" 사람들로 묘사했는데, 이것은 일리 있는 지적이다. 고전기와 그리스도교 시대의 남유럽인들은 고통과 슬픔으로 얼룩진 짧은 지상의 삶이 마감되면 천국에서 즐거운 내세를 맞이할 수 있다고 믿었다. 켈트 게르만인들은 술을 즐겼고 살인과 강간을 밥먹듯이 저질렀지만 내세에 대해서는 굉장히 비관적이었다. 선한 신들이 악과 어둠의 세력에게 결국 패배한다는 생각을 가졌던 종교는 아마 그들의 종교밖에 없었을 것이다.

북유럽인은 발할라라고 불리는 천계(天界)에서 사는, 사람과 비슷한 한 무리의 신들을 숭배했다. 신들의 왕은 오딘이었지만 가장 왕성한 활동력을 보여준 것은 천둥의 신 토르였다. 발두르는 미의식, 봄, 온기를 대변했고 로키는 술수에 능했다. 천계에서도 이 신들의 비관적 성격은 드러난다. 로키의 술수로 발두르가 죽은 것이다. 북유럽의 전사들에게는 죽으면 신들 속에서 살게 된다는 약속이 주어졌지만 그것은 그리스도교나 이슬람교에서 말하는 내세와는 성격이 달랐다. 싸움터에서 전사가 죽으면 신과 인간의 중간쯤에 있는 발키리에라는 처녀들이 그를 발할라로 데려갔고 거기서 영웅은 다시 싸우고 먹고 마셨다.

그러나 신과 영웅에게는 어두운 운명이 예고되었다. 그들은 북유럽의 춥고 어두운 기후를 대변하는 거인족들의 땅으로 둘러싸여 있었기 때문이다. 신들과 거인들은 끊임없이 다투고 서로를 속였다. 그렇지만 결국 두 세력 사이에 전면전이 벌어져서 신들은 모두 죽고 거인들이 승리를 거둘 것이라고 사람들은 믿었다. 이처럼 켈트와 게르만 사람들은 아주 비관적인 세계관을 가지고 있었다.

보에티우스 – 475~524년

앞에서도 그리스 로마 문화와 켈트 게르만 문화가 미술과 건축 분야에서 상당히 다르다는 것을 보았다. 문학을 비교하면 그 차이가 한결 두드러진다. 로마 제국이 공식적으로 멸망한 다음에도 50년 가까이 로마 집정관을 지낸 보에티우스의 《철학의 위안》만큼 그리스 로마 문학의 성격을 잘 보여주는 작품도 드물다. 이 책은 불운에 시달리는 저자와 당당한 여인으로 의인화된 철학이 철저하게 이성적으로 주고받는 대화로 구성되어 있다. 토론은 행운, 우연, 행복, 악의 존재, 자유의지 같은 주제를 건드린다. 오가는 대화가 소크라테스의 대화를 연상시키는데 실제로 보에티우스는 소크라테스의 제자인 플라톤의 사상에 심취해 있었다. 다음의 발췌문에 담긴 생각을 새롭다고 보긴 어렵지만 삶의 정념으로부터 위엄 있게 물러서서 고전적 평정을 유지하려는 저자의 냉철한 의식을 거듭 확인할 수 있다.

"최고선은 행복이라고 했었지요?"
"맞습니다." 내가 말했다.
"그렇다면," 그녀가 말했다. "신은 행복 그 자체라고 말하지 않을 수 없겠네요."
"지금까지 당신이 전제로 삼은 것을 나는 부정할 수 없습니다. 그리고 이것은 그 전제들로부터 나온 것임을 알겠어요."
"그럼, 다음과 같은 주장, 그러니까 서로 다른 두 개의 최고선은 있을 수 없다는 말로 똑같은 명제가 더 강력하게 입증되는 건 아닌지 한번 따져보기로 하죠. 두 개의 서로 다른 선이 있을 경우 한쪽 선은 다른쪽 선이 될 수 없다는 건 분명하죠. 따라서 상대쪽에서 보았을 때 결함이 있는 것이 완전한 선이 될 수는 없잖아요. 그리고 완전하지 않은 건 분명히 최고가 아니죠. 따라서 만약 두 개의 사물이 최고선이라면 그것들은 절대로 달라서는 안 돼요. 거기다가 우린 신과 행복은 모두 최고선이라고 결론내렸잖아요. 그렇다면 최고의 신성은 최고의 행복과 동일할 수밖에 없는 거죠." "신에 관련된 그 어떤 결론도 이것보다 더 사실에 부합되고 이론적으로 강력하고 가치 있지는 않을 겁니다." 내가 말했다.
"그 이상이랍니다." 그녀가 말했다. "기하학자들이 자신들이 증명한 명제들로부터 연역하고 싶어하는 그런 방식으로 제가 추론을 해 보겠어요. 사람은 행복을 얻음으로써 행복해지고 행복은 신성과 동일한 거니까 사람은 신성을 얻음으로써 행복해진다는 논리가 성립하죠. 사람이 정의를 얻음으로써 정의로워지고 지혜를 얻음으로써 지혜로워진다면, 같은 이치로 사람은 신성을 얻음으로써 신과 비슷해진다고 보아야겠죠. 그럼 행복한 사람은 모두 신과 비슷해요. 신과 비슷한 사람은 얼마든지 많을 수 있겠지만 본질적으로 신은 오직 한 분이죠. 사람은 참여를 통해서 신과 비슷해질 수 있는 겁니다."

북유럽의 영웅 서사시

제12장 중세의 형성

《철학의 위안》 같은 도시적이고 문명화된 토론은 행동 지향적이었던 북유럽 민족에게는 당혹스러웠을 것이다. 베오울프와 롤랑 같은 영웅들을 그린 서사시를 보면 켈트와 게르만 세계의 사람들이 얼마나 다른 생각을 가지고 살았었는지를 알 수 있다.

베오울프

서기 1000년 무렵에 기록되긴 했지만 베오울프는 1939년 런던 북동쪽의 서포크 서튼후에서 이루어진 놀라운 고고학적 발견에서 나온

12.10 **영국 서튼후에서 출토된 무덤배에서 나온 지갑 덮게**. 655년경. 금과 에나멜. 길이19cm. 런던 대영 박물관

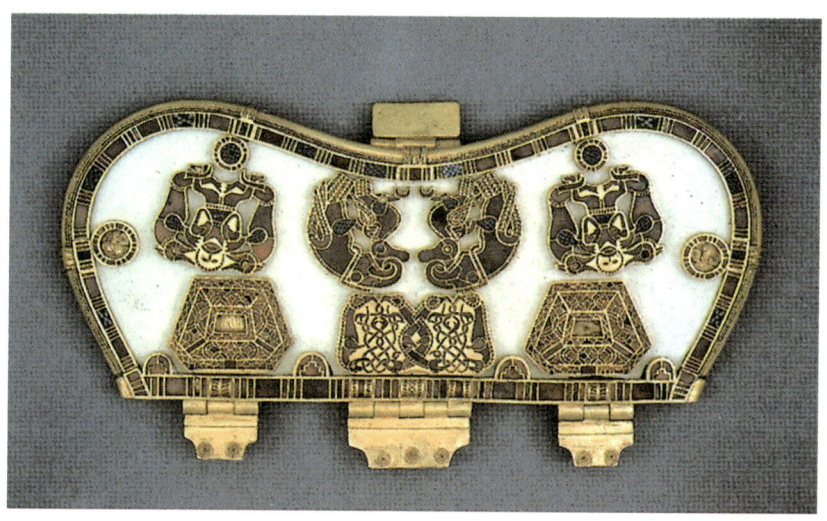

12. 중세의형성

증거로 미루어볼 때 680년경에 이미 사람들에게 알려져 있었던 것으로 보인다. 7세기경에 묻힌 이스트 앙글리아의 한 왕의 이 무덤에는 하프, 장신구, 보석, 그리고 베오울프에 묘사되었던 갑옷이 들어 있었다(12.10). 공들여 장식한 이 정교한 지갑 덮개에는 역동적이고 활기찬 문화의 숨결이 배어 있다. 베오울프 서사시에는 베오울프 자신의 선상 장례식 장면도 묘사되어 있다.

베오울프는 남부 스웨덴 출신의 전사로 덴마크의 궁전까지 배를 타고 와서 괴물 그렌델을 죽인다. 베오울프는 전리품으로 그렌델의 상반신에서 뜯어낸 팔과 어깨를 갖고 고향으로 돌아간다. 승리를 기념하는 술판이 벌어지고 사람들은 곤드레가 되어 바닥에 쓰러져 잠이 든다. 모두들 잠이 든 사이 그렌델의 어머니가 몰래 들어와서 잠자는 사람들을 죽이고 피에 젖은 '전리품'을 들고 음산한 늪의 물 속에 있는 자기 집으로 돌아간다. 다음날 아침 베오울프는 그렌델의 어머니를 늪까지 쫓아간다. 갑옷을 입고 그녀가 사는 동굴 입구로 뛰어든다. 노파와 치열한 싸움을 벌인 끝에 베오울프는 거인족들이 만든 무기로 그녀를 죽인다. 다음은 〈그렌델의 어미와 베오울프가 싸우는 장면〉의 끝대목이다.

뚜렷한 목표 의식과 확고부동한 의지가 있었기에
히겔라크의 백작 베오울프는 명예를 잊지 않았다.
하여 두려움 따위는 잊고 분노에 치를 떨면서
소용돌이 무늬와 보석이 박힌 칼을 바닥으로 던졌다.

그러나 히엘락의 친척인 베오울프는 용기를 누그러뜨리지 않고
명예를 마음에 상기하며 다시 결의를 굳혔노라.

제12장 중세의 형성

분노가 치민 용사가 장식물이 박힌,
물결 무늬가 새겨진 그 칼을 내던지자
강철 날로 된 그 칼은 땅에 떨어졌노라.
그는 자신의 막강한 힘, 막강한 악력에 의존했노라.
전투에서 영원한 명예를 얻으려는 자는 마땅히 그래야 하나니,
목숨 따위에 연연해서는 아니 되느니라.
그리하여 격투를 후회하지 않는 예이츠의 장수는
그렌델의 어미의 어깨를 붙잡았노라.
싸움에 굳센 그가 화가 치밀어 그 지독한 원수를 내던지니,
괴물은 바닥에 떨어졌노라.
그러자 이번에는 즉시 괴물이 무서운 악력으로
그의 공격에 보복하기 위해 손을 뻗어 그를 붙들었노라.
그리하여 보병들 중에서도 가장 용맹한 그는
이내 지쳐 비틀거리며 쓰러졌노라.
그녀는 자기의 처소로 찾아온 손님 위에 올라앉아
넓고 밝게 빛나는 칼날이 달린 단검을
뽑아서 자신의 유일한 자손인 아들의 원수를 갚으려 했노라.
손으로 엮어 만든 쇠사슬 갑옷이 그의 어깨를 덮어
칼날이 뚫고 들어오는 것을 막아내
그의 생명을 보호했노라.
만일 쇠그물로 엮어진 그 단단한 전투용 가슴갑옷이 돕지 않았다면,
그리고 영험하신 하느님께서 전쟁의 승리를 주관하지 않으셨다면
그는 넓은 땅 밑으로 죽음의 여행을 떠났을 것이다.
그가 다시 일어섰을 때 천국의 통치자이시며 현명하신 하느님께서
쉽고 공정하게 일을 처리하셨느니라.

그때 베오울프는 여러 무기 중에서
거인들이 만든 견고한 칼날이 달린 옛 검,
용사들의 명예인 승리의 축복을 간직한 검을 발견했노라.
거인들이 만든 훌륭하게 장식된 그 검은 최상의 무기로서,
여느 사람이 전장터에 가지고 갈 수 있는 것보다 더 큰 것이었노라.
덴마크를 위해 싸운 그 용사는
고리 장식이 달린 칼자루를 쥐고
소용돌이 무늬가 새겨진 그 칼을 휘둘렀노라.
생명 따위는 개의치 않고
무섭고 성난 기색으로 그 칼을 내리치자
그것이 그녀의 목을 세게 강타하여 척추를 부러뜨렸노라.
칼날이 죽을 운명에 놓인 그녀의 몸을 관통하자
그녀는 바닥에 쓰러졌으며
칼은 피투성이가 되었고 용사는 기뻐하였노라.
빛이 반짝거렸고 하늘의 촛불인 태양이
하늘에서 밝게 빛나는 것같이
괴물의 홀 안에서는 불빛이 퍼져나왔노라.
그는 물의 궁전을 둘러보았노라.
화가 치민 히옐락의 신하는
단호한 마음으로 칼자루를 쥐고
단단한 검을 높이 쳐든 채 벽을 따라 움직였노라.
그 검은 용사에게는 무용지물이 아니었노라.
그는 그렌델이 서쪽 덴마크인들에게 행한
숱한 습격의 복수를 당장 하고 싶었노라.

제12장 중세의 형성

그렌델은 흐로트가르의 총애하는 신하,
잠자고 있는 열다섯 명의 덴마크 용사를
살해하여 먹어 삼켰고 또한 같은 수의 사람들,
소름끼치는 노획물을 가져갔노라.
맹렬한 용사는 그에 대한 복수를 그렌델에게 했노라.
그는 일전에 헤오로트 궁전에서
전투중에 부상을 입고 그로 인해 목숨을 잃어
죽음의 침상에 누워 있는 그렌델을 보았노라.
그 시체는 베오울프의 일격,
잔인한 검의 가격을 받자 크게 파열되었노라.
그는 머리를 잘라냈노라.
흐로트가르와 함께 호수를 바라보던 현인들은
갑자기 소용돌이치는 물결이 더욱 세차게 동요되며
피로 물드는 것을 보았노라.
백발의 노련한 용사들이 그 영웅에 대해 서로 말했으니,
이는 승리의 기쁨 속에 귀환하여
군주를 다시 뵐 수 없으리라 여겼던 때문이었노라.
아홉 시가 되자 용감한 덴마크인들은 갑을 떠났고
보물을 하사하시는, 용사들의 벗이신 군주도
그곳을 떠나 집으로 향했노라.
이국의 낯선 용사들은 슬픔에 젖어
그곳에 앉아 호수를 주시하며
그들의 벗이자 통솔자인 그를 다시 보고 싶었지만
희망을 품지는 않았노라.
그때 위대한 검이 싸움에서 흘린 피로

쇠의 고드름이 되어 점점 줄어들기 시작했노라.
때와 절기를 관장하시는 진정한 창조주 하느님께서
서리의 속박을 푸시고 물의 족쇄인 얼음을 벗기심과 같이
검이 얼음처럼 완전히 녹게 된다는 것은 참으로 기이한 일이었노라.
베오울프는 비록 괴물의 은둔처에서 많은 것을 보았지만
그렌델의 머리와 보석으로 장식된 칼자루 이외의
다른 보물은 취하지 않았노라.
물결 무늬의 검은 완전히 타서 이미 녹아버렸으니,
그 피는 그 정도로 뜨거웠으며
그 안에서 죽은 이방의 넋은
그리도 강한 독성을 품고 있었노라.

　이 서사시의 마지막 일화에서 부족의 우두머리가 된 베오울프는 자신의 땅을 위협하는 용과 최후의 결전을 벌인다. 이번에도 베오울프는 배를 몰고 가서 용을 죽이지만 자신도 치명상을 입었다. 시는 바이킹의 족장으로서 베오울프가 화장용 장작 더미 위에 놓이고 바다를 제패한 바이킹의 상징으로서 무덤배가 건조되는 장면으로 끝난다.
　베오울프는 푸근함과는 거리가 멀었고 따뜻하지도 정겹지도 않았다. 동료들이 싸움터나 궁전에서 죽었을 때도 눈물 한 방울 흘리지 않았고 그들이 세운 공을 칭송하지도 않았다. 그렇지만 복수를 다짐하면서 칼을 높이 들고 앞으로 돌진했다. 그는 막강한 전사, 지칠 줄 모르는 모험가, 진정한 게르만의 영웅이었다.
　이것은 모험과 용기, 죽음과 복수로 가득 찬 전사의 세계였다. 10세기가 되면서 두 문화가 융합하여 이런 정신은 서서히 바뀌기 시작한다. 많은 북유럽인들이 남부로 옮겨와서 그리스도교로 개종했고 자

제12장 중세의 형성

신들의 야만적 습속을 포기했다. 독일의 앵글로족과 작센족이 영국에 정착했다. 북유럽인은 북부 프랑스에도 뿌리를 내려 이곳에 노르망디라는 이름을 남겼다. 자리를 못 잡고 불안하게 떠돌던 게르만 민족이 땅에 정착했다.

북유럽의 족장제는 봉건제로 발전하여 남작이나 백작이, 공작이나 후작이 나왔고 이들은 영주로부터 땅을 하사받아 다시 자기들이 거느리는 사람들에게 나누어주었다. 여전히 전쟁은 생활화되어 있었지만 확실히 전보다는 안정된 사회였고 과거의 족장은 나무로 지은 집을 포기하고 돌로 지은 성에 들어가 살았다. 가장 높은 미덕은 그러나 여전히 군주와 가신 사이의 상호 충성이었다.

롤랑의 노래

롤랑의 노래는 이 새로운 문명의 좋은 본보기다. 이 짧은 서사시는 1차 십자군 원정(1090년대)을 전후하여 프랑스어로 씌어졌지만 기록본은 3세기 전인 샤를마뉴 대제 시대에 일어났던 전설적 사건들과 관련하여 불려지고 암송되었던 영웅 이야기를 문자로 적은 데 지나지 않는다.

이야기에 나오는 인물들은 게르만 계열의 프랑크족으로서 프랑스라는 이름은 이들로부터 유래했다. 주인공은 황제의 조카였던 롤랑이었다. 이야기의 주된 사건은 프레네 산맥의 롱스보 고개에서 샤를마뉴 군의 후위를 덮친 사라센 군의 매복 공격이다(중세의 그리스도교도들은 국적을 불문하고 이슬람교도는 무조건 사라센인이라고 불렀다. 샤를마뉴 군을 공격한 사라센인은 스페인을 점령한 무어인이었다).

롤랑을 시샘하던 롤랑의 의붓아버지 가늘롱이 사라센 군의 매복 작전을 도왔다. 롤랑과 친구 올리비에, 호전적 대주교 튀르펭은 프랑크 군 중에서 유일하게 마지막까지 살아남았다. 그러나 압도적으로 불리한 형세 속에서 그들도 결국 전사했다. 전투가 시작되기 전에 샤를마뉴 군에게 상아 나팔을 불어 지원병을 요청하자는 올리비에의 거듭된 제안을 롤랑이 한사코 거부한 일화는 유명하다. 자신만의 힘으로 적을 막아내기에는 역부족이라는 사실을 깨닫고 결국 나팔을 세 번 힘차게 불었고, 나팔 소리는 160킬로미터나 떨어진 샤를마뉴의 진영까지 닿았다. 황제는 후방으로 돌아가서 사라센 군을 패주시키고 롤랑과 프랑크 병사들의 원수를 갚는다. 롤랑의 노래는 가늘롱의 재판과 처형을 묘사하면서 끝난다.

롤랑의 노래는 강건하고 힘차며 안주할 줄 모르는 북유럽 전사의 기백으로 충만하다. 롤랑은 전사이며 걸출한 야만인이며 압도적으로 불리한 형세에서도 천상의 군주인 신과 지상의 군주인 샤를마뉴에게 절대적으로 충성하는 용감한 남자였다. 그는 같은 북유럽 출신의 베오울프와 같은 피를 나누어 가졌다. 두 영웅은 모두 극단적이고 이판사판이고 깨부수어질 줄 알면서도 뒤로 물러서지 않았던 영웅 시대의 정신을 대변한다. 다음은 롤랑의 노래 가운데 일부분이다.

이제 롤랑 백작은 소나무 밑에 쓰러져
고개를 돌려 이교도의 땅 스페인을 바라보았다.
주마등처럼 스치는 기억들이 있었다.
용맹성을 앞세워 자기기 왕에게 바쳤던 수많은 땅들,
자신의 고향이며 자신과 피를 나눈 사람들이 사는 조국 프랑스,

제12장 중세의 형성

어릴 때부터 자기를 키워준 샤를마뉴 폐하,
그런 기억들을 떠올리면서 그는 눈물을 떨구고 한숨짓는다.
하지만 코앞에 닥친 죽음을 잊지 않으면서
그는 자신의 모든 죄를 용서해달라고 신에게 기도한다.
"결코 거짓을 모르셨던 저의 참 아버지시여,
라자로를 무덤에서 꺼내고
사자 소굴에서 다니엘을 구한 주님이시여,
이제 저의 영혼을 모든 위험으로부터 안전하게 지켜주시고
살면서 제가 지은 모든 죄를 사하여 주옵소서."
롤랑은 장갑을 공손히 신에게 바친다.
성 가브리엘이 와서 그것을 그의 손에서 거두어간다.
롤랑은 머리를 팔에 묻었다.
두 손 모아 기도를 드리면서 백작은 마지막을 맞이했다.
하느님은 하늘에서 천사 케루빈과
우리를 바다에서 구해준 거룩한 성 미카엘을 보내신다.
이 두 분과 함께 천사 가브리엘도 날아간다.
롤랑 백작의 영혼을 그들은 낙원으로 인도한다.

 롤랑의 노래와 베오울프의 유사점과 차이점은 첫눈에 확연히 드러난다. 그리스도교의 색채가 농후한 롤랑의 노래는 베오울프보다 한결 문명화되어 있다.
 그렇지만 롤랑의 노래도 전쟁과 용맹과 충성을 찬양하는 잔혹한 무훈시다. 롤랑의 노래의 마지막 장면에는 당시의 시대 정신이 실려 있다. 장갑을 신에게 바치는 행동은 봉건 영주에 대한 충성의 서약을 뜻한다. 샤를마뉴의 가신이었던 롤랑은 이제 하느님을 새로운 군주로 받

아들인다. 가브리엘이 장갑을 받는 것은 신이 롤랑을 하늘의 봉건제 안에서 그를 가신으로 승인했음을 상징한다.

제13장
후기 중세 : 확장과 종합

새로운 세기

한 사회의 총체적 해방 과정을 단 하나의 원인으로 설명할 수는 없겠지만 지난 역사를 돌아보면 그것은 11세기 유럽에서 시작되었음을 알 수 있다. 사람들을 공포로 몰아넣었던 최후의 심판일에 대한 강박 관념으로부터 벗어난 것도 변혁을 가능케 한 수많은 원인 가운데 하나였다. 서기 1000년의 신새벽이 시작되는 순간 세상은 멸망할 거라고 떠드는 사람들이 있었고 농민들 가운데는 이 예언을 믿는 사람이 적지 않았다. 그런데 막상 새해 아침이 밝았을 때 자신들은 살아 있었고, 거기다가 정신적 허기가 아니라 공복으로 인한 육체적 허기를 느꼈을 때 사람들이 얼마나 놀랐겠는가. 그런 일시적 모면은

바바리아의 이사벨에게 시를 바치는 크리스틴 드 피장. 필사본의 그림 일부. 런던 대영 박물관.

유럽의 전반적 각성을 나타내는 상징의 하나였다. 신은 여전히 현실의 중심에 놓여 있었지만 사람들의 생활과 생각은 조만간 엄청난 변화를 겪는다.

변화를 낳은 계기는 많았지만, 봉건제의 살기등등한 투쟁 정신이 좀더 누그러진 기사도의 이상으로 바뀐 것이 유럽 문명에 미친 영향력은 상당히 컸다. 기존 교회의 교리는 너무나 엄격하고 현실과는 동떨어진 것으로 여겨졌다. 그래서 좀더 친밀감을 주는 동정녀 마리아를 받드는 의식이 성행하기도 했다. 십자군 원정은 유럽인이 이슬람의 화려한 문명에 눈뜨게 만들었고 고대 그리스 문화가 그곳에 고스란히 보존되어 있었다는 놀라운 사실을 유럽인에게 알려주는 뜻밖의 소득을 낳았다. 옛날 도시는 더욱 커졌고 새로운 도시는 속속 만들어졌다. 유럽 전체에 막중한 영향을 미치게 될 대학도 각지에 설립되어 이곳을 중심으로 인문학이 부활하면서 여러 세기 동안 겨울잠을 자고 있던 지적 생활에 새로운 자극을 주었다. 유럽 사회의 총체적 변화는 현실 자체의 성격을 둘러싸고 열띠게 벌어진 철학적 공방으로 집약되는데 이것이 바로 '보편 논쟁'이었다.

도시의 성장

새로운 도시의 출현과 기존 도시의 팽창은 유럽을 가장 크게 변모시켰다. 동서고금을 막론하고 도시는 문명이 성장하는 데는 필수불가결한 요소다. 농업의 주무대가 농촌이었다면 문화의 주무대는 도시다. 중세의 도시들이 성장한 데는 많은 원인들이 있지만 늪지대의 물을 빼내어 농토로 바꾼 땅이 크게 늘어난 것도 빼놓을 수 없다. 도시가 커지려면 식량이 안정적으로 공급되어야 했기 때문이다. 사람들이 도시로 몰려든 또 하나의 원인은 점점 규모가 커지는 전쟁에 재빨리 동원할 수 있는 상비군의 필요성을 귀족들이 절감했기 때문이다. 그렇지만 도시의 발달을 촉진한 가장 큰 원동력은 무역과 교역의 증가였다.

장원에서 장원으로 돌아다니던 도붓장수들은 중세 초기에 어디서나 쉽게 찾아볼 수 있었다. 11세기부터는 이 도붓장수들이 교회나 대수도원의 보호 아래 노점을 열었다. 이것은 바퀴의 재발명에 비견할 만한 변화를 불러일으켰다. 이제까지는 물물교환이 주종을 이루었지만 돈이 교환 수단으로 다시 도입되었다. 여태까지 물건이나 농산물로 받았던 장원세를 돈으로 받으면서 귀족들은 자신들의 야심을 훨씬 자유롭게 실현할 수 있게 되었다. 세금을 돈으로 받는 대신 귀족들은 봉건적 의무를 다양한 방식으로 면제시켜주는 한편 도시들에게 특권을 부여했다. 이와 같이 그들은 인간의 정신을 전반적으로 고무시키는 데 핵심적 역할을 맡았던 도시들의 성장을 도왔다.

유럽 전역에 "도시의 공기는 자유로운 공기다"라는 구호가 퍼졌다. 도시에서 일 년에다 하루를 보탠 기간만 살면 농노는 자유인이 되었다. 이곳에서 장인들은 길드라는 동업조합을 결성하여 자기들이 만든 물건의 품질과 가격을 통제하고 회원들과 가족들에게는 물질적 안정과 사회 생활의 장을 제공했다. 이 길드－처음에는 수공업자들의 길드로 시작되어 나중에는 상인들의 길드까지 등장했다－들이 번창하면서 대성당 좌우에는 웅장한 길드 회관들이 들어서 야외 시장을 사각형처럼 둘러싸게 되었다. 교회와 길드 회관은 중세 도시의 전형적인 모습으로 자리잡았다.

십자군

변화의 중요한 원동력은 십자군에서 나왔는데 여기에는 여러 가지 이유가 있다. 1095년 교황 우르바누스 2세의 설교에서 시작된 1차 십자군 원정대는 1099년 예루살렘을 점령했지만 오래 버티지는 못했다(지도 13.1). 이것은 르네상스까지 계속된 여러 번의 십자군 원정 중에서 유일하게 승리를 거둔 예였다. 십자군은 서양의 순례자들이 참배할 수 있도록 그리스도교의 성지를 회교도의 손에서 탈환한다는 대의를 표면적으로 내걸었지만 그 이면에는 중동의 땅과 물자

지도 13.1 십자군의 경로

를 차지하려는 탐욕이 숨어 있었고 교황청에 대한 점증하는 비난을 외부의 적으로 전가시키려는 교황의 불순한 의도가 깔려 있었다. 서양은 이교도로부터 성지를 해방시키는 성전으로 십자군 원정을 정당화했지만 회교도들은 정당한 이유가 없는 야만족 이교도들의 침공으로 그것을 받아들였다. 그 여파는 아직도 남아 있다.

중동 지역에 대한 침략을 통해 서양은 장기적으로 의미 있는 소득을 몇 가지 거두었다. 유럽인은 이미 시칠리아와 스페인을 통해 이슬람 문화에 접하고 있었지만 십자군은 이 풍요한 문명의 심장부로 들어갔다. 그들이 거기서 발견한 것은 유럽인의 생활의 사실상 거의 모든 측면에 크나큰 영향을 미쳤다. 승리자들이 고대로부터 누렸던 전통에 따라서 십자군이 고향으로 실어온 화려한 전리품은 더 나은 생활을 바라던 유럽인의 점증하는 기대에 불을 질렀다. 처음에는 사치품으로 수입되었지만 설탕, 사프란, 쌀, 감귤, 멜론 같은 식료품과 비단, 다마스크 천, 모슬린, 면직물 같은 제품은 곧 생활필수품이 되었다. 그러나 식품이나 직물보다 더 중요한 것은 풍부하게 축적된 이슬람 과학과 세심하게 보존된 고대 그리스의 유산이었다. 아직 길은 멀고 험난했지만 야만에서 완전히 탈피하지 못했던 유럽은 드디어 개명된 생활 방식을 서서히 발전시키기 시작했다.

봉건제와 기사도

봉건제의 투사 윤리가 기사제의 좀더 세련된 행동 규범으로 바뀐 것도 중요한 변혁의 하나로 꼽을 수 있다. 중세 후기에 특히 프랑스에서는 남편을 전쟁터로 보낸 귀족 여성들이 자신들이 살아가던 세상을 변화시키는 데 두드러진 역할을 맡기 시작했다. 그들은 영지를 효율적으로 관리하는 한편 시와 음악을 저택에 끌어들였고 행동과 의상, 예의의 기준을 끌어올렸다.

이러한 변신의 본보기를 우리는 프랑스와 영국의 왕비를 잇따라 지낸 엘레오노르 드 아키텐(1122~1204)이라는 여성에서 찾을 수 있다. 첫 남편인 프랑스의 루이 7세가 이끌었던 1147년 2차 십자군 원정에 기를 쓰고 따라나선 엘레오노르는 콘스탄티노플의 세련미에 매료되어 그렇지 않아도 이미 풍부하던 자신의 교양에 비잔틴과 이슬람 문화의 요소를 덧붙였다. 그녀는 딸인 마리 드 샹파뉴와 손녀딸인 블랑슈 드 카스티야와 함께 사랑의 궁정을 세워 법률에 버금가는 권위를 누리게 되는 에티켓의 산실로 만들었다.

귀족 출신의 음유시인들이 작곡하고 연주하는 서정적인 사랑의 노래들이 피흘리며 싸우는 강건한 영웅들의 서사시를 몰아냈다. 이런 강조점의 이동은 롱스보 전투에서 죽은 프랑크 병사들 앞에서 봉건적 이상의 대변자였던 롤랑이 내뱉는 탄식과 기사도 시대의 전설적 영웅이었던 랜슬롯의 죽음 앞에서 튀어나오는 탄식을 비교하면 한결 명확해진다. 무장한 동료들이 쓰러져 있는 죽음의 전쟁터를 둘러보면서 롤랑은 이렇게 말한다.

> 영주들과 귀족들이여, 하느님께서 그대들에게 자비를 베푸시고 피로 얼룩진 꽃들 속에서 편히 쉴 수 있도록 그대들의 영혼을 낙원으로 인도하시기를. 그대들보다 더 훌륭한 군인을 우리는 일찍이 보지 못하였다. 오랜 세월 동안 변함없이 그대들은 나를 받들었고 샤를마뉴 폐하의 영광을 드높이기 위해 드넓은 땅을 정복하였다. 폐하께서 그대들을 거두어주신 것은 이런 결말을 위해서였던가?

> 오 프랑스여, 티 없이 맑은 땅이여, 오늘 그대는 무도한 살륙으로
> 적막강산이 되었구나. 나로 인하여 죽어가는 그대들을 보면서도
> 나는 그대들을 구하고 지켜줄 수가 없구나.
> 거짓을 모르는 하느님께서 그대들을 지켜주시리라!

전설적인 기사 랜슬롯의 시신 앞에서 귀네비어는 이렇게 탄식한다.

> 지금까지 방패를 들었던 기사 중에서 당신만큼 우아한 기사는 없었고 지금까지 말을 탔던 사람 중에서 당신만큼 연인에게 진실한 벗이 되어주었던 사람은 없었습니다. 당신은 지금까지 여인을 사랑한 죄많은 남자 중에서 가장 신실한 사람이었고 지금까지 칼을 찼던 사람 중에서 가장 친절한 남자였습니다. 당신은 지금까지 기사들의 무리에 섞여서 온 사람 중에서 가장 선량한 사람이었고 여인들과 함께 궁전에 있었던 사람 중에서 가장 온순하고 점잖은 사람이었습니다. 당신은 지금까지 가슴에 창을 품었던 사람 중에서 원수에게 가장 준엄한 기사였습니다.

 이것은 투쟁의 규범이 인간적이고 정중한 행동 기준으로 바뀌었음을 보여준다. 랜슬롯의 죽음을 애도하는 목소리에는 두 가지의 윤리가 모두 배어들어 있지만 봉건제의 전사들은 일고의 가치도 두지 않았던 친절, 사랑, 겸손 같은 가치들이 다시금 중요한 덕목으로 부각되고 있다. 인간이 얼마나 변덕이 심한 동물인가를 감안할 때 기사도의 정교한 행동 수칙을 지키는 사람 못지않게 어기는 사람도 당연히 많았을 것이다. 그럼에도 불구하고 기사도 정신은 유럽을 다시 문명화시키는 지난한 과정에 이바지했다.

엘레오노르 드 아키텐처럼 힘이 있는 여성은 문명화 과정에 기여할 수 있는 위치에 있었지만 힘도 없었고 왕족도 아니었던 중세의 여성들은 어떻게 살았을까? 에게해의 레스보스, 에트루리아, 미노아 사회를 제외하면 서양 문명에서 여성의 역할은 언제나 부수적이었고 종속적이었다. 그렇지만 심지가 굳은 여성은 중세 사회에서도 여성의 역할에 변화를 가져오기 위해 애썼다. 궁정 바깥에서 여자들이 사회에 영향을 미치기는 쉽지 않았지만 프랑스 최초의 여류 작가로 평가받는 크리스틴 드 피장(1364?~1431?)은 상당한 영향력을 행사한 작가이며 사상가의 한 명이었다. 남성이 지배하던 사회에서 확고부동한 신념이 있으면서도 쾌활하고 예의바른 태도를 잃지 않았던 그녀는 이성과 절제, 용기의 목소리를 가지고 있었다.

베네치아에서 태어난 크리스틴 드 피장은 아버지가 궁정 의사로 일하던 파리의 샤를 5세의 궁전 그늘에서 주로 자랐다. 결혼을 해서 10년 정도 행복하게 살다가 스물다섯 살 나던 해 갑자기 과부가 되어 남자들의 세계에서 혼자 힘으로 헤쳐나가야 하는 상황에 놓였다. 피장은 자신의 뛰어난 학식을 앞세워 직업 문필가로 이름을 날리면서 세 아이와 어머니, 일가 친척을 부양할 수 있었다. 그녀가 남긴 마흔한 편의 글들은 여성의 권리 신장에 각별한 관심을 나타냈다.

성모 마리아

기사도의 발전과 밀접한 관련을 맺으면서 교회 안에서도 아름다움과 포근함을 중시하는 분위기가 서서히 무르익었다. 교회의 교리는 성부, 성자, 성령이 하나임을 천명한 삼위일체의 원리라는 지적 기념물에 바탕을 두고 있었다. 아우구스티누스가 묘사한 타협을 모르는 정의도 이 원리에서 나왔다. 죄의식에 물든 남녀에게 정의는 두려움의 대상이었다. 그들은 정의가 아니라 자비를 구했고 그래서 성자들 중에서 가장 지위가 높았고 하늘의 여왕이라고 할 수 있는 성모 마리아에게 의지했다. 그녀는 순결의 정수였으며 사랑과 포근함, 아름다움의 화신이었다. 여성에 대한 중세의 양극화된 의식을 드러내는 마리아 숭배는 영혼과 육체가 순결하고 여성다운 모든 덕성을 가진 한 여인을 우러러 받들었다. 마리아의 반대편에 있었던 여자는 사탄에게 속아넘어가 아담을 유혹한 타락한 요부 이브였다. 여성을 사탄시하는 이런 의식은 예나 지금이나 심각한 파급 효과를 낳고 있다.

성모 마리아는 신앙인을 위해 자비로운 마음씨로 개입하는 사랑의 어머니였다. 웅장한 교회의 상당수가 성모 마리아에게 헌정되었다. 실제로 프랑스에서는 교회가 어디냐고 묻지 않고 노트르 담, 즉 성모 마리아의 교회가 어디 있느냐고 묻는다. 성모 마리아는 교회와 거의 동의어로 쓰이고 있다. 19세기의 미국 역사가인 헨리 애덤스는 《몽생미셸과 샤르트르》라는 책에서 이렇게 썼다.

> (성모 마리아에 대한) 이런 헌신의 정도는 신앙심이 깊은 미국인이라면 누구나 첫눈에 알 수 있고 도저히 이의를 달 수 없을 만큼 진지하고 실질적인 모습이지만 거기에 투자된 비용에서도 확연히 알 수 있다. 통계에 따르면 1170년부터 1270년까지 단 한 세기 동안 프랑스인들은 80개의 대성당, 대성당급 규모의 거의 500개에 가까운 교회를 지었는데 1840년에 이루어진 계산으로는

---

01 이것은 1840년의 화폐 가치다. 지금의 화폐 가치로 환산하려면 여기에 100을 곱해도 턱없이 모자란다.

모두 50억 프랑의 자금이 들어갔다. 50억 프랑이면 10억 달러인데[01] 이 것은 한 세기 동안 지어진 커다란 교회들만 포함시킨 가격이다. 경제 용어를 동원하자면 성모 마리아에 투자된 자본이 경제 전체에서 차지하는 비중은 파악할 수 없지만 정신적 예술적 의미에서는 거의 전체를 차지했다고 보아도 좋을 것이다 ……

 이런 종류의 지출은 항상 경제 관념에 의존한다 …… 13세기 사람들은 자신들의 돈을 하늘의 여왕에게 맡겼다. 내세에서 그것을 갚아줄 수 있는 그녀의 힘을 믿었기 때문이다.

보통 사람에게는 멀기만 한 교회의 교리 체계 안에 인간미와 동정심을 끌어들인 데 바로 성모 마리아의 힘이 있었다. 신학자들이 유물론과 관념론을 두고 갑론을박을 벌이는 동안 서민들은 인간미와 포근함을 가진 한 인간을 상징하는 아름다운 마리아상이 교회 안에 있는 데서 위로를 받았다. 마리아 신앙은 성모 마리아의 이적(異蹟)을 기록한 수많은 이야기를 낳았다.

스콜라 철학

중세 교회는 절대 권력을 고집했다. 성 아우구스티누스는 처음에는 철학적 성찰에 잠기기도 했지만 결국에 가서는 "나는 알기 위해서 믿는다"고 말했다. 그래서 성서를 비롯 초기 교부들이 성서에 단 주석에 대한 믿음과 이런 문헌들에 대한 철저한 복종은 그리스도교 신자가 되려면 누구나 지녀야 할 기본 자세로 요청되었다. 지식은 부차적이었다. 교리가 불가해하거나 이성과 어긋날 때는 교리를 믿었고 이성을 부정했다.

학자들은 그리스도교 스콜라 철학의 정교한 구조를 이런 확고한 기초 위에 쌓아올렸다. 스콜라 철학은 복잡했지만 논증 과정은 단순했다. 스콜라 학자는 성서와 교부들이 남긴 글에서 자신의 연구 주제를 찾았고 거기서 발견한 구절들을 가지고 모든 질문에 답변했다. 그의 연구 자료는 오직 성서에서만 나왔다. 다른 문헌들을 조사하거나 감각 세계를 연구하는 것은 금지되어 있었다. 스콜라 학자는 또 아리스토텔레스의 논리학도 참고했다. 이 논리학은 삼단 논법으로 구성되었는데, "모든 사람은 죽는다"는 대전제와 "소크라테스는 사람이다"라는 소전제에서 "그러므로 소크라테스는 죽는다"는 결론이 나왔다. 이 결론은 다시 대전제나 소전제로 이용되었고 이런 과정을 되풀이하여 궁극적으로 정교한 답을 얻어냈다.[02]

신앙과 이성

벌써 9세기에 철학자 요한네스 스코투스 에리게나는 신앙과 이성 사이에 어떤 차이가 있다는 사실을 깨달았지만 이성과 신앙은 모두 성서로부터 나왔기 때문에 둘 사이의 갈등은 있을 수 없다고 주장했다. 그렇지만 교회는 신앙만을 고집했다. 11세기에 캔터베리의 안셀무스는 그 점을 재확인했다. 하지만 그 세기 말엽에 가서 이런 재확인은 보편 논쟁으로 알려진 철학적 논쟁에 의해 도전받기에 이르렀

---

[02] 요즘 학생들은 이런 유형의 추리법에 코웃음을 칠지 모르지만 그것은 어느 문화나 사유 과정에 이것과 비슷한 제한을 가한다는 사실을 몰라서 그렇다. 가령 20세기의 진리 추구자들은 물질 세계를 탐구하는데, 감각 자료를 정교하게 다듬고 우리가 살아가는 세계에 대한 지식을 얻기 위해 과학적 방법을 사용한다.

다. 이 논쟁은 (아주 단순화시켜서 말하자면) 현실의 본성을 두고 벌어진 논란이었다.

요즘 학생들은 이것을 상아탑에 갇힌 철학자들 사이의 이색적인 입씨름 정도로 여길 테지만 사실은 상당히 중요한 문제였다. 현실의 개념에 대한 공통된 이해가 문명의 성격을 결정짓는데, 이 개념에 변화가 생기면 사람들이 살아가고 생각하는 방식도 필연적으로 달라질 수밖에 없었기 때문이다. 이 철학자들은 요즘 식으로 말하자면 아인슈타인이나 스티븐 호킹처럼 당대의 주류 학문을 이끌어간 쟁쟁한 석학들이었다. 교회의 입장 변화는 왕에서 농노에 이르기까지 모든 사람들에게 영향을 미쳤다.

실재론

교회의 교리는 궁극적 실재를 구성하는 형상/이데아에 대한 플라톤의 믿음을 기본 골격으로 삼았다. 영구불변하며 물질적 실체를 갖지 않는 이데아는 신의 마음 속에 있다고 교회는 주장했다. 물질로 이루어진 사물은 변화할 수밖에 없으므로 플라톤이 '동굴의 우화'에서 묘사한 대로 사람을 현혹시키는 그림자에 지나지 않는다. 인간의 육체는 무시되어야 하며 물질 세계를 연구하는 데 아까운 시간을 허비할 것이 아니라 영원한 진리를 탐구해야 한다. 신플라톤주의/아우구스티누스는 실재론의 입장이었고 교회도 그 입장을 받아들였다.

유명론

프랑스의 철학자 요한네스 로스켈리누스는 오늘날 많은 사람들이 믿고 있는 것과 비슷한 유명론적 입장을 가지고 실재론에 도전장을 내밀었다. 물질로 이루어진 사물이 유일한 실재라고 주장하면서 그는 가령 감각에 자명하게 와닿는 한 그루 한 그루의 나무만이 실재하는 것이지 더 상위의 '나무다움'은 존재하지 않는다고 강조했다. 우리는 어떻게 나무의 관념을 알까? 우리는 구체적 예를 우리의 감각으로 지각하지 못할 때도 나무나 사람이나 코끼리나 정의에 대해서 말할 수 있다. 로스켈리누스는 이런 '관념들'은 이름에 불과한 것이며 우리는 낱낱의 사물을 아주 많이 경험한 다음에야 일반화를 통해 관념을 형성한다고 말했다. 우리는 느릅나무, 떡갈나무, 소나무 같은 나무의 개별 사례를 경험한 뒤 일반화를 통해 '관념'으로서의 나무를 만들어낸다. 그래서 사방 1000마일에 나무라곤 찾아볼 수도 없는 망망대해에서도 나무에 대해 토론하면서 상대의 말을 이해할 수 있는 것이다.

두 입장은 한 치도 물러서지 않고 악착같이 맞섰다. 샹포의 기욤 같은 사람들은 교회의 공식 원칙이었던 실재론적 입장을 열렬히 옹호했다. 실재론의 옹호가 실패로 돌아갈 경우 교회가 위태로워진다고 그들은 말했는데, 그것은 빈말이 아니었다.

개념론

초창기의 파리 대학에서 가장 인기 있는 교사였던 것으로 보이는 재기발랄한 사상가 페트루스 아벨라르두스(1079~1142)는 중간적 입장을 제시했다. 로스켈리누스와 샹포의 기욤에게 모두 배운 아벨라르두스는 절충안을 내놓을 수 있는 완벽한 위치에 있었다. 아벨라르두스의 개념론적 입장은 아리스토텔레스의 방대한 지식 체계가 유럽

13. 후기 중세 : 확장과 종합 **79**

에 알려지기 전이었음에도 이미 아리스토텔레스의 시각으로 문제를 풀어나가고 있었다. 개념론적 입장은 나중에 토마스 아퀴나스에 의해 더욱 발전되기 때문에 여기서는 간단히 짚고 넘어가겠다. 아벨라르두스는 관념은 실재하지만 개별물과 따로 떼어놓고 생각할 수 없는 것이라고 보았다. 그러니까 실재라는 관념도 감각에 자명하게 나타나는 사물 안에서만 존재한다. 아벨라르두스의 대담무쌍한 주장은 교회의 비난을 샀지만 그럼에도 불구하고 세 입장의 싸움은 한 세기 뒤 토마스 아퀴나스가 교회의 공식 교의가 될 종합안을 완성할 때까지 계속되었다.

상상력이 풍부한 아벨라르두스는 고분고분 물러나지 않았다. 그는 《찬부(贊否)》라는 책에서 종교적 사유에 직격탄을 날렸다. 알다시피 당시에는 지식의 타당성 있는 유일한 원천이 성서와 교부들의 주해서였다. 《찬부》에서 아벨라르두스는 상당수의 중요한 종교적 문제들을 나열한 다음 그 옆 줄에다 각 교부들의 대답을 인용해놓아 온갖 유형의 모순을 그대로 까발렸다. 교회는 경악을 금치 못했다. 지식의 원천이 모순으로 가득 차 있다면 거기서 도출된 결론을 어떻게 믿을 수 있겠는가? 이제 권위가 도전당하는 것을 누구도 막을 수 없었다.

제13장 후기 중세 — 확장과 종합

연금술

당신이 평범한 금속을 금으로 바꿀 수 있다고 가정하자. 만병통치약이나 불로장생약을 발견했다고 가정하자. 이런 헛된 추구를 가리키는 이름이 연금술이다. 기원전 3세기 중국과 이집트에서 출현한 연금술은 보통의 금속을 금으로 바꾸고 불로장생을 약속하는 영약을 낳는 이른바 "현자의 돌"이라는 미지의 물질을 찾아나섰다. 이 의사 과학은 메소포타미아에서 금속과 천체를 연결시킨 점성술과 결합했다. 그래서 태양은 금, 달은 은, 금성은 구리, 화성은 철 등이 되었다. 미신과 궤변으로 걷잡을 수 없이 몰락하던 연금술은 8세기에 알렉산드리아에서 아랍인에 의해 회생되어 중세에 유럽으로 전파되어 처음에는 열렬한 환영을 받았다. 연금술사들은 각종 신비주의 이론을 만들어냈고 포도주 증류, 화약 제조, 망원경 제작 같은 실용적 처방을 내놓았다. 실용적 연금술사였던 파라켈수스(1493~1531)는 금을 좇다가 약학의 터전을 닦아놓았다. 군주의 후원을 받았다가 금을 만드는 데 실패한 일부 연금술사들은 불행하게도 처형을 면치 못했다. 우발적으로 발견된 화학적 사실들은 몇 세기 동안 누적되어 근대 화학의 기초가 되었다.

아리스토텔레스의 재발견

12세기 말 아리스토텔레스의 저작이 모두 재발견되면서 교회 구조에 또 한 차례의 동요가 일어났다. 당시까지 유일하게 알려져 있던 아리스토텔레스의 논리학은 유일무이한 논증 방법으로서 단단히 뿌리를 내리고 있었기 때문에 아리스토텔레스는 중세 초기의 가장 존경받는 철학자였다. 철학자 하면 누구나 아리스토텔레스를 떠올렸다.
아리스토텔레스는 누구나 높이 평가했다. 덕분에 그의 저술은 16세기 동안이나 보존되었다가 우회로를 거쳐 다시 유럽으로 돌아올 수 있었다. 아리스토텔레스는 당연히 그리스어로 책을 썼고 시리아의 학자들이 이것을 다시 시리아어로 옮겼다. 나중에 아랍어로 번역된 이 책들은 스페인의 무어인을 통해 유럽으로 들어왔고 라틴어로 옮겨져 유럽 전역으로 퍼져나갔다. 이 보배로운 지식의 발견은 다른 무엇보다도 이 철학자가 단순히 이성에만 의존하지 않고 물리적 대상들을 탐구하고 분류하면서 지식을 넓혀나갔음을 드러냈다. 교회는 그런 방식에 반대했지만 성인들에 못지않은 존경을 한몸에 받았던 아리스토텔레스는 이 세상의 사물을 연구하면서 체험을 넓혀나갔던 것이다. 그 충격은 이를테면 아인슈타인이 마법사의 도움으로 상대성 이론을 발견했다는 사실이 밝혀졌을 때 우리가 받을 충격에 못지않게 컸다. 교회는 어떻게 대응할 수 있었을까?
첫째로 예상할 수 있는 반응은 금지시키기에는 이미 너무나 잘 알려진 것을 금지시키는 것이었다. 그래서 교회는 교리와 모순되는 내용은 쏙 빼버린 '정본'만을 보급시키려 했다. 하지만 논리학자 아리스토텔레스를 우상처럼 떠받들던 학자들은 끄떡도 하지 않았다. 아리스토텔레스의 저작은 모두 구할 수 있었고 활발히 연구되었다. 중세의 가장 존경받는 학자였던 이 철학자는 다른 건 다 접어두고라도 놀랍게도 동물을 절개하여 해부학을 연구했고 구조에 따라서 식물을 분류했다. 교회가 제도적 권위를 계속 유지해나가려면 합리적 해결책을 모색하지 않을 수 없는 입장이었다.

대학

그리스, 로마, 비잔티움, 이슬람 문명은 모두 유럽에서 대학이 생기기 이전에 이미 고등 교육의 중추 기관을 가지고 있었다. 그렇지만 대학의 성장은 서양 문명의 발전에서 각별한 의미가 있었다. 대학의 기원은 불분명하다. 우리가 대학에 대해 알고 있는 지식은 공식적으로 특허장(자치도시나 대학에 국왕이 부여하는 일정한 권한)이 발급된 이후의 역사에 국한되어 있기 때문이다. (회교권이었던 스페인과는 구별되는) 그리스도교권의 유럽에서는 의학을 가르치던 살레르노 대학이 11세기에 문을 열었지만 남부 이탈리아에 있었기 때문에 문화적 영향력은 미미했다. 법학으로 정평이 나 있던 볼로냐 대학은 1158년에 공식적으로 특권을 승인받았다. 파리 대학은 1200년에 국왕의 특허장을 발급받았지만 그보다 훨씬 전에 문을 열었다. 학생들과 시 당국 사이의 충돌로 (하늘 아래 새로운 건 정말 드물다!) 2년 동안 휴교했다가 1231년 교황의 승인으로 다시 학교 문을 열었다. 옥스포드 대학은 12세기에 파리 대학에서 떨어져나온 교수들과 학생들이 만들었고 케임브리지는 옥스포드의 비주류 세력이 주도적으로 세웠다. 대학은 빠르게 성장해서 중세 말엽에는 유럽 전역에 무려 80개의 대학이 들어서 있었다.

우니베르시타스

대학을 라틴어로는 우니베르시타스(Universitas)라고 하는데 이것은 원래 상인 길드 같은 단체를 뜻했다. 교사들과 학생들이 하나의 법인으로 뭉치면서 대학이 등장했다. 국왕이나 교황이 발급한 특허장의 보호 아래 대학은 전반적으로 자유를 누렸지만 대학 도시에서 고질적으로 발생하는 "주민과 대학인"의 갈등은 피할 길이 없었다. 대학은 길드와 운영 방식이 비슷했다. 길드의 명장(교수)은 교육 법인(대학)에서 명장이 되기 위해 공부하는 도제(학생)에게 자격증(학위)를 주었다. 도제는 대학을 졸업함과 동시에 자격을 갖춘 교사로서 출발했다.

인구 30만으로 중세의 가장 큰 도시에 들어섰고 온갖 지식을 가르쳤던 파리 대학은 당시 가장 앞선 대학으로서 의학, 법학, 신학 분야에서 쟁쟁한 교수진이 있었고 교양 과정도 우수했다. 전공 과정으로 들어가려면 필수적으로 먼저 교양 과정을 이수해야 했는데 대학의 교양 과정은 3과(문법, 수사, 논리)와 4과(산술, 기하, 천문학, 음악, 여기에 아리스토텔레스의 저작)를 더한 수도원 학교의 7과 교양 과정을 그대로 따랐다. 요즘 식으로 말하면 3과는 인문학에 가까웠고 4과는 수학에 가까웠다.

공부는 3과(철학, 문학, 역사를 포함하여)부터 시작되었지만 정해진 시간은 없었고 이수 단위도 없었다. 포괄적인 구두 시험으로 학업

성취도를 측정하여 합격자에게는 학사 학위를 주었다. 4과를 공부하기 위해서는 학사 학위를 따야만 했다. 2차 관문을 통과하면 석사의 자격으로 교양 과목을 가르칠 수 있었다. 박사 학위는 처음에는 법학, 의학, 신학 분야에만 주다가 나중에는 교양 과정을 심도 있게 공부한 사람에게 철학박사 학위를 주었다. 석사를 받은 다음 다시 4년을 더 공부해야 하는 박사 학위는 더 엄격한 시험들을 거쳐 심사위원들 앞에서 학위 논문을 성공적으로 방어한 사람에게 주어졌다.

플라톤의 아카데미아는 여자를 입학시켰고 헬레니즘 시대에는 학자로서 이름을 날린 여자들도 있었지만 중세의 대학은 철저하게 남성 중심으로 운영되었다. 여자는 교육을 받지 않아도 된다는 뿌리깊은 편견은 그리스 로마 시대 이래 고질화된 여성의 종속성을 더욱 고착화시켰다. 그리스도교가 지배한 유럽에서는 여성의 열등한 지위를 당연시하는 목소리가 어느 때보다도 높았다. 구약 성서는 아내는 남편의 소유물인 열등한 존재라는 히브리인의 생각을 표현했다. 신약 성서에 와서도 달라진 건 없었다. 교부들은 이구동성으로 여자를 업신여겼는데 특히 바울로, 히에로니무스, 테르툴리아누스, 아우구스티누스 같은 사람들이 심했다. 아담의 갈빗대에서 이브가 나왔다고 하는 신화는 성서에 나오는 이야기를 사실로 받아들였던 시대적 분위기에서 보편적으로 믿어졌다. 다시 발견된 아리스토텔레스의 저작은 여성을 억눌러온 교회의 입장을 정당화해주었다. 여전히 존경을 받고 있던 이 철학자가 여성을 우월한 남성에게 부속된 단순한 생식 수단으로 불렀던 것이다. 그 결과 인류 전체의 절반을 차지하는 아까운 두뇌를 중세의 대학은 그대로 썩혀두었다.

중세 초기에는 존재하지 않았던 학자들은 새로운 계급이었다. 그들은 온갖 종류의 지식과 경험을 열정적으로 추구했다. "의심함으로써 우리는 조사를 하고 조사를 통해 우리는 진리를 발견한다"는 아벨라르두스의 말은 학자들의 구호로 딱 어울리는 표현이었다. 이 열광적인 학자들 가운데 일부는 스스로에 대한 회의를 결코 용납하지 않았던 권위에 의해 지배되는 문화에서 점점 불편함을 느꼈다. 새로운 정신적 기운이 용틀임하기 시작했다.

중세의 종합

중세 말기의 갈등은 사유와 생활의 새로운 세속적 방식과 옛날의 종교적 방식 사이에서 일어났다. 새로운 종합으로 이것들을 묶을 수 있는 예술은 어디 있었는가? 인간과 우주, 인간과 신, 개인과 사회의 새로운 관계를 정의할 수 있는 사람들은 어디 있었는가? 전통적으로 내려온 삶의 목표가 쓰라린 도전을 받게 되었을 때 새로운 삶의 목표를 제시할 수 있는 예술가들은 어디 있었는가?

새로운 종합은 세 사람의 작업에서 볼 수 있는데 그 중 한 명은 이름을 모른다. 토마스 아퀴나스는 보편 논쟁의 다양한 입장들을 수용하는 새로운 철학 체계를 구축했다. 이름을 모르는 샤르트르 대성당의 건축가는 형태와 기능이 하나로 녹아든 건물을 설계했다. 문학에서는 단테 알리기에리가 《신곡》에서 새로운 균형을 표현했다. 이 사람들의 뛰어난 업적을 살펴나가자.

철학 : 토마스 아퀴나스 - 1225~74년

토마스 아퀴나스의 철학(줄여서 토미즘이라고 부른다)에서 우리는 중세의 모순들을 그가 어떻게 화해시켰는지에 초점을 맞추겠다. 토미즘을 논의할 때는 개인, 국가, 제국의 상징물로 그가 내세운 정삼각형을 끌어오지 않을 수 없다(13.1). 아퀴나스는 이 모양을 당연히 신중하게 골랐을 것이다. 정삼각형은 거룩한 삼위일체의 상징이기도 했으니까 말이다. 정삼각형은 또 견실함과 상승 운동을 모두 암시하면서 켈트 게르만의 활력과 그리스 로마의 안정성을 하나로 종합한다.

형상과 물질

토미즘은 물질과 형상(또는 관념)은 별개로 존재할 수 없다는 아리스토텔레스의 중심 원칙을 받아들임으로써 아리스토텔레스의 사상과 교회의 사상을 화해시켰다. 질료는 사물의 관념에 의해 침투당하기 전까지는 잠재성-자기 자신이 될 수 있는 가능성-만을 갖는다. 관념이 들어가야 비로소 그 사물이 된다. 가령 진흙은 벽돌이 아니지만 진흙 없이는 벽돌도 없다. 그렇지만 잠재성만 있는 진흙이 벽돌의 형상이나 관념과 결합되면 그때는 벽돌이 존재한다.

토미즘은 존재의 낮은 형상들은 더 높은 형상들을 만들어내는 데 쓰일 뿐이라고 주장한다. 모든 것은 움직이고 자라고 다른 것으로 바뀐다. 이 모든 운동은 신이라고 하는 완전성을 향한다. 제1동인(動因)으로서의 신은 배후에서 사물을 움직이는 것이 아니라 그것을 향해 모든 사물이 움직이는 목표다. 사물은 자신이 가까이 접근하려는 것을 욕망할 수밖에 없으므로 일차적 동인은 신의 사랑이다. 부동의 동인이라고도 불리는 제1동인은 신의 존재에 대한 토미즘의 다섯 가지 증명 중에서 가장 중요하다. 만일 운동이 있다면 최초의 인력이 있어야 하는데 그 힘이 바로 신이다(이런 증명은 나중에는 논파되었지만 당시에는 받아들여졌다).

　토미즘의 현실관에서 형상과 질료는 모두 반드시 필요하다. 그래서 토미즘은 보편 논쟁의 갈등을 봉합할 수 있었다. 문제는 형상(관념)이 구체적 사물 '이전에' 존재하고 있었는가 혹은 구체적 사물 '안에'만 존재하는가, 또 구체적 사물이 사라진 '다음에'도 형상은 존재하는가였다. 토미즘은 세 가지가 다 맞다고 주장했다. 관념은 (잠재성으로서) 구체적 사물 이전에 존재하고 구체적 사물 안에 존재하며 자꾸만 위로 올라가기 때문에 구체적 사물이 사라진 다음에도 존재한다는 것이었다. 이처럼 개념론자의 시각에서 많은 내용을 끌어왔으면서도 세 입장을 조화로운 전체 안에 결합시켰다.

지식과 교리

　낮은 형상과 높은 형상이 완성을 향해 움직인다는 교리는 현세적 지식을 포함해서 지식은 무용하며 헛된 것이라는 교회의 입장 사이에서 빚어진 갈등을 해소하는 데 도움이 되었다. 토미즘의 교육관을 집약한 삼각형 그림(13.1)에서 알 수 있는 것처럼 철학과 법학은 최고의 인간 학문이다. 철학은 인간이 알 수 있는 정신의 수련을 위한 법칙을 공부하는 것이고 법학은 우리의 육체적 본성을 지배하는 규칙을 연구하는 것이다. 아리스토텔레스의 영향을 받은 토미즘의 현실관에 따르면 철학과 법학은 모두 필요하고 동등한 것이다. 이런 공부를 시작하려면 먼저 모든 형상과 질료를 연구하지 않으면 안 된다. 사람들은 지식을 통해서 가장 완전한 인간성에 이른다. 소크라테스가 18세기 전에 말한 대로 지식은 덕이다.

신에 근원을 두고 있는 신학은 토미즘에 따르면 철학을 보완할 수 있는 또 하나의 지식 영역이다. 신학은 배움이 아니라 계시를 통해서만 이해할 수 있지만 이 둘이 대립하는 것은 아니다. 철학의 지식은 계시의 가능성으로 이어지고 계시는 철학의 지식을 전제로 한다. 진정한 지식은 죽은 다음에야 찾아온다. 사후에 신의 마지막 계시를 제대로 받아들일 수 있도록 살아 있는 동안 자연에 대한 지식을 최대한으로 습득하는 것은 모든 사람의 의무다.

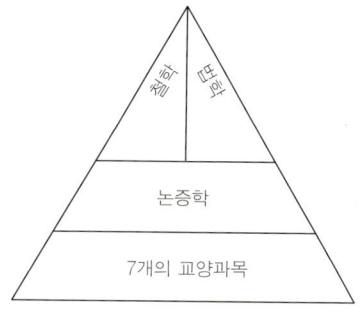

토마스의 교육체계

교회와 국가의 분리되고 동등한 역할

13.1 토미즘의 교육의 삼각형과 교회와 국가의 분리되고 동등한 역할을 나타내는 삼각형.

육체와 영혼

삶과 죽음 중에서 어느 것을 더 중시할 것인가 하는 심각한 문제도 형상과 질료는 서로 공존할 때만 존재할 수 있다는 전제에 힘입어 해결되었다. 오감을 통해 얻어진 자연에 대한 지식은 인간의 완성에 필요한 것이었기 때문에 육체와 영혼은 함께 있으며 동등하다는 결론이 나왔다. 이렇게 해서 토미즘은 아우구스티누스 이후 신의 나라와 인간의 나라로 갈라져 있던 이원론을 내몰았다. 육체(질료)와 영혼(형상)은 현세의 완성을 위해 모두 필요한 것으로 여겨졌다. 도시들이 성벽 너머로 자꾸자꾸 팽창했던 것처럼 이 거대한 지적 종합은 사람들에게 자기 개발의 새로운 길을 열어주었다. 대학 안팎에서 과학 연구가 활발히 이루어지면서 과학도 영향력을 넓혀갔다. 토미즘은 점점 많은 지식인을 끌어들인 효율적인 신학 체계였지만 서민에게는 딴세상 이야기였다.

대성당 : '돌로 된 성서'

대성당은 실제적으로도 상징적으로도 일반인의 생활 중심에 놓여 있었다. 도시 한복판에 우뚝 버티고 선 대성당은 성(聖)과 속(俗)의 진수를 대변했다. 성모 마리아의 교회이면서 극장, 학교, 법원, 공연장, 공회당이었던 고딕 대성당은 교회와 국가의, 영적 갈망과 세속적 야심의 삼차원적 종합이었다.

언제 보아도 힘차게 치솟아 있는 것이 고딕 대성당이다. 역동적인 아치의 상승 곡선에 자극받은 감상자의 시선은 아득히 솟아오른 첨탑 꼭대기까지 올라가고 다시 첨탑은 무한히 높은 천국을 가리킨다. 건물에 새겨진 풍부한 조각 덕분에 고딕 대성당은 '돌로 된 성서'라고 불려지기도 했다. 조각은 교훈적인 내용이 대부분이지만 고딕 대성당에는 부분들의 합을 넘어서는 무엇인가가 있다. 그것은 힘과 영광과 영성의 구현물이다. 스테인드글래스 창을 통해 들어오는 형형색색의 빛과 그레고리오 성가의 미끄러지는 듯한 소리, 향불에서 피어오르는 그윽한 향기, 엄숙한 미사 집전 의식은 사람들의 생활에 아름다움과 위엄과 즐거움을 더해주었다. 이런 거대한 건물을 짓는 것은 많은 사람들에게 창조적 출구를 제공했다. 귀족, 중산층, 하층민이 모두 참여하여 공동체 전체의 노력으로 이런 건물을 지었기 때문이다. 대성당은 진정한 의미에서 그것을 지은 모든 사람과 그것을 이용한 모든 사람의 공동 재산이었다.

단테의 신곡 : 지적 세계관

《신곡》은 오래 전부터 내려온 구속을 제거했다는 점에서 중요한 의미를 갖는다. 궁극의 목표는 여전히 천국이었지만 토미즘과 단테에 따르면 이제는 누구나 자신의 의지에 따라 사후의 축복받은 삶을 이루어낼 수 있는 자유가 모든 사람에게 어느 정도는 주어졌다. 구태의연한 권선징악극은 이제 한물 갔다. 신은 선악의 대차대조표를 작성하는 회계사가 아니었기 때문이다. 단테의 세계관에서 신은 완전한 지혜요 사랑이었다. 질료가 형상을 얻어 스스로를 완성해가는 아리스토텔레스의 '엔텔레케이아(생명력)' 처럼 신과 하나가 되는 것이 인간의 목표가 되었다. 단테가 보기에 천국은 아담의 타락 이후로 거듭 새롭게 추구되어야 할 인간의 궁극적 고향이었다. 사람은 살아 있는 동안 신의 사랑을 완전히 알지는 못하지만 신의 은총을 통해 구원을 얻을 수 있다. 신앙과 선행만으로는 충분치 않다.

자신의 노력만으로 신과의 합일을 이룰 수 있는 건 아니지만 사람은 토미즘이 강조하는 현세의 지혜에 수반하는 원숙의 경지에 도달함으로써 거기에 대비할 수 있다. 단테는 이 원숙한 상태를 순수라 일컬으면서 이것이 바로 아담과 이브가 타락하기 이전의 행복한 상태였다고 말했다. 그래서 단테는 신이 사람을 천국으로 끌어올리기 직전 단계인 연옥의 꼭대기에 에덴 동산을 두었다.

지옥

무엇을 선택해야 했을까? 신의 길은 규율과 질서였고 사탄의 길은 혼돈이었다. 신은 완전한 자유이며 신에게 다가서는 길의 특색은 자유가 점점 커진다는 것이다. 악은 반대로 자유 의지를 상실하는 것인데 흡연으로 인한 니코틴 중독이 좋은 예가 된다.

처음에는 담배에 무감각하다. 담배를 피워도 왜 좋은지 모르고 담배를 피우면 어디가 해로운지도 모른다. 사람이 담배를 피운다 하더라도 그 행위 자체는 죄악이 아니고 그 다음에 담배를 계속 피워도 마찬가지다. 그러다가 담배를 안 피우면 견딜 수 없는 순간이 온다. 선택할 수 있는 자유를 잃어버리는 것이다. 단테는 이것이 바로 죄악이라고 본다. 자유 의지는 그렇다고, 아니라고, 혹은 그 중간의 무엇이라고 주장할 수 있는 능력이다. 악은 그런 능력의 상실을 말한다. 단테의 지옥에서 악의 정도는 자유 의지에서 얼마나 멀리 떨어져 있는가로 측정된다. 더이상 자유롭게 선택할 수 없는 사람은 지옥을 면하지 못한다. 지옥의 입구 위에다 단테는 이런 말을 적어놓았다. "이곳에 들어오는 자, 모든 희망을 버릴지어다." 저주받은 자의 돌이킬 수 없는 운명이 여기 있다. 지옥에 떨어진 영혼들이 받는 벌은 그들이 지은 죄에 비례한다. 지옥의 원뿔을 따라 한 걸음씩 밑으로 내려갈수록 죄악의 도가 심한 영혼들을 만나게 된다. 한 계단 한 계단 내려갈수록 영혼들의 예속의 도는 점점 심해져서 맨 밑바닥에는 자신의 죄로 인해 옴짝달싹할 수 없게 된 사탄이 얼음 속에 영원히 얼어붙어 있다.

연옥

단테와 함께 연옥의 산 밑자락에 도착하면 전혀 다른 광경이 펼쳐진다. 여기 있는 영혼들은 지혜의 길에서 벗어나 헤매고 있지만 그들에게는 아직 희망이 있다. 뼛골이 빠지도록 애를 써야 속죄할 수 있지만 그들은 지혜와 성숙과 천국을 기대하기 때문에 표정은 밝다. 더 높은 곳으로 올라갈 수 있을 만큼 충분히 죄를 씻었는지는 영혼이 독자적으로 판단한다. 단테가 안내자인 로마의 시인 베르길리우스와 함께 라틴 시인 스타티우스를 만났을 때 스타티우스는 한 단계 높은 곳으로 올라온 직후였다. 이따금씩 모든 영혼이 〈영광송〉을 부르면 산 전체가 우르르 흔들린다.

천국

마지막으로 천국에 온 단테는 베아트리체의 안내를 받으면서 신학의 정수에 접한다. 단테는 우주의 완벽한 질서를 거기서 본다. 교회와 성직자들이 인간 영혼의 수호자임을 보게 되고 세속적 질서를 유지하는 왕들도 신에게는 중요한 존재임을 알게 된다. 지옥에서는 속박의 정도가 갈수록 심해졌지만 이곳에서는 자유를 발견한다. 천국의 영혼들은 기쁨과 사랑의 능력이 서로 다르기 때문에 다른 구역에 상징적으로 배치되어 있지만 누구나 다른 구역으로 들어갈 수 있고 신의 옥좌에도 가까이 갈 수 있다. 천국편의 마지막 곡에서 단테는 영혼과 신의 합일을 그 누구보다도 실감나게 표현했다.

오늘날의 단테

가톨릭, 개신교, 이슬람교, 불교, 혹은 무신론을 믿을 수도 있는 오늘날의 독자들에게 단테가 들려줄 수 있는 말은 무엇일까? 모든 위대한 문학 작품이 그렇듯이 《신곡》도 모든 시대에 공감을 줄 수 있는 보편적 호소력을 갖는다. 단테는 "우리는 누구나 자유 의지가 있기 때문에 무질서와 혼란 대신 질서와 규율을 선택할 수 있다"고 말한다. 그는 균형잡혀 있으면서도 포부가 큰 삶을 보여주었다. 그것은 철저한 이해를 추구하는 과학처럼 폭넓은 현세적 지식을 추구하는 삶이었다. 《신곡》은 자신이 살아가는 세계에서 스스로 선택한 삶 속에서 육체와 영혼이 어떻게 하나가 되는가를 보여주었다. 《신곡》과 그것의 건축학적 대응물인 고딕 대성당에서 우리는 인류의 절박한 물음들 앞에서 예술가들이 내놓은 답변을 본다.

자유

13세기와 14세기의 안정기에는 어떤 자유가 어느 만큼 보장되었을까? 이 두 세기 동안 세파에 지친 현대인들이 그리움을 느낄 만한 종류의 자유가 나타났다.

이 시기의 근본적 특징은 인간의 행동에 규제를 가하면서도 개인적 가치가 움틀 수 있는 여지를 주었던 균형 감각이었다. 공동체적 결속 안에서 이루어진 개인성의 추구는 역설이나 모순이 아니라 자유의 특수한 갈래라 할 수 있었다. 가령 고딕 대성당의 기본 구조는 아주 정형화되어 있었다. 참배자들이 예루살렘으로 향할 수 있도록 성당의 제단은 동향으로 지어졌다. 성당은 십자가 모양으로 지어져야 했는데 성당 안에는 예수, 마리아, 요셉, 예수의 탄생, 부활, 최후의 심판일을 묘사한 그림이 들어 있었다. 고딕 교회를 짓는 데 기여한 개인은 상당한 자유를 누릴 수 있었다. 서로 닮은 교회를 여간해서는 찾아보기 힘들기 때문이다. 석공이 자신이 보았거나 상상한 대로 토실토실한 어린 천사나 생동감 넘치는 동물의 모습을 새기기로 마음먹었다면 그것을 얼마든지 실천에 옮길 수 있었다. 까마득히 높은 주두나 합창석의 하단에서 그런 종류의 재량권이 발휘되었다. 가령 현악기를 연주하는 돼지의 모습을 새겨넣는 것이 재미있겠다고 생각하면 목공은 마음먹은 대로 했다. 입에서 떨어지기가 무섭게 실천에 옮긴 것이다! 평범한 서민의 모습을 그려놓고 싶은 충동을 느낀 조각가는 얼마든지 그렇게 할 수 있었다. 고딕 교회는 다양한 이미지와 상상으로 가득 차 있다.

이처럼 한계가 따르는 자유는 어디서나 볼 수 있다. 장인들은 물건의 품질과 가격을 관리하는 해당 분야의 길드에 속해 있었다. 뿐만 아니라 길드는 보험과 장례 상조회, 친목 단체, 주민들을 교육하고 계몽하고 즐거움을 안겨주었던 신비극과 기적극에 참가하는 연극 단체의 기능을 두루 맡았다. 길드 회관은 상업의 중심부였을 뿐 아니라 결혼식, 잔치, 무도회가 벌어졌던 만인의 사교장이었다.

길드는 회원을 관리하고 도제, 장인, 명장의 수준을 감독했지만 이 안에서도 구두수선공은 완전한 자유를 누렸다. 일에 쫓기지 않을 때는 구두수선공은 도제와 장인, 가족을 데리고 소풍을 가기도 했다. 그가 만든 모든 신발은 모두 개성이 있었고 그는 여기에 자부심을 느꼈다. 도제들의 수련이 끝났건 끝나지 않았건 완성된 제품의 질은 어디까지나 명장이 책임을 져야 했다. 이것은 그의 사활이 걸린 문제였다. 요즘처럼 한 개인은 작은 부품 역할만 하는 시대에 물건의 제작 과정을 처음부터 끝까지 전적으로 책임졌던 사람의 만족감이 어떠했을지 상상하기란 쉽지 않다.

〈성모의 마술사 이야기〉(100~102쪽)는 그리스도교라는 권위를 중시한 종교 안에서도 이와 비슷한 자유가 허용되었음을 보여준다. 교리는 엄격했고 규칙은 절대적이었지만 심성만 바르면 창조력을 발휘할 수 있는 여지는 남아 있었다. 자유는 신의 지혜, 질서, 사랑에 감응하는 능력이라고 한 단테의 말은 그 당시의 가치관에서는 최고의 권위를 누렸다. 비록 잘못된 선택을 했을지라도 그리스도교의 세계관에 따르면 은총으로부터 벗어나 방황하는 것은 너무나 인간적인 모습이었다. 오류는 당연히 벌을 받아야 했지만 의도적으로 저지른 악만이 영원한 저주를 받았다.

비록 짧긴 했지만 안정된 문화는 이 균형잡힌 시대에 자유의 관념이 뿌리를 내리는 데 기여했다. 자유, 개인성, 창조성은 사회의 규칙을 존중하는 모든 사람이 누릴 수 있는 권리였다. 그렇지만 균형은 지금까지 우리가 보았던 수많은 현상들처럼 지속되기에는 너무나 미묘한 것이었다. 중세 동안에 끓어올랐던 세속적 힘은 결국 승리를 거둘 수밖에 없었으며 단테와 토마스 아퀴나스, 대성당의 설계자들이 쌓아올렸던 장엄한 신학 체계는 허물어질 운명이었다. 대성당은 의연히 살아남았지만 중세 문화의 근본적 신념은 새로운 동요를 몰고 온 르네상스 시대에 획기적 변화를 겪게 되었다.

혼란에 휩싸인 교회

중세 전성기의 가장 큰 아이러니라면 로마 교회의 내부에 깃들어

제13장 후기 중세 – 확장과 종합

있던 아이러니였다. 대성당이 곳곳에서 들어서고 토미즘이 주류 이념으로 받아들여지던 와중에서도 막강한 권력을 손에 쥐고 무오류의 진리를 한 손에 쥔 것처럼 보였던 교회는 내란과 부패의 세기가 이어지면서 오류투성이로 판명났다. 교회와 왕권의 세력 다툼은 프랑스의 필립 4세(재위 1285~1314년)와 단테가 '검은 짐승'이라고 불렀던 교황 보니파키우스 8세(재위 1294~1303년)의 집요한 싸움에서 절정에 이르렀다. 싸움은 부패한 보니파키우스의 승리로 돌아갔지만 그가 죽고 나서 원한에 사무친 필립 왕은 물밑 공작을 펴서 고분고분한 교황(클레멘스 5세; 재위 1305~14년)을 선출한 다음 교황청을 남부 프랑스의 아비뇽으로 옮겼다. 이렇게 해서 프랑스 왕들이 로마 교회를 지배한 새로운 '바빌론 유수'가 1305년부터 1378년까지 계속되었다. 낯선 땅으로 자리를 옮긴 교황청은 부패와 타락의 온상으로 급속히 전락했다. '화형에 처해지는 것을 원치 않았'기 때문에 익명으로 쓴 글에서 궁정 시인 페트라르카는 몰락해가던 교황청을 이렇게 묘사했다.

> 인류의 수치요 악의 소굴, 세계의 모든 오물이 집결하는 하수구. 그곳에서 하느님은 경멸 속에 섬겨지며 오직 돈만이 떠받들어진다. 하느님과 인간의 법은 깔아뭉개진다. 공기건 흙이건 집이건 침실이건 그곳에 있는 모든 것은 거짓의 숨을 내쉰다.

바빌론 유수는 우르바누스 7세가 로마에서 교황으로 선출되면서 더욱 악화된 상황 속에서 끝났다. 새 교황이 대대적인 숙청 작업에 나서자 추기경들은 주네브의 로베르(대립교황 클레멘스 7세)를 뽑았고 이 대립교황은 우르바누스 7세의 탄압을 피해 아비뇽으로 도망가서 완전히 독립된 교황청을 세웠다. 1378년부터 1417년까지 계속된 이 대분열 기간에 로마, 아비뇽, 심지어는 피사에도 교황이 등장했다. 18세기의 영국 역사가 에드워드 기본은 피사의 대립교황 요한 13세를 이렇게 평했다. "가장 지독한 물의에 대한 비난은 탄압을 받아 공론화되지 못했고 이 그리스도의 대리자는 해적 행위, 살인, 강간, 수간, 근친상간에 대해서만 비난을 받았다."

부분적으로는 프랑스 왕들의 군림과 여러 교황들의 등장으로 유발되기는 했지만 현실 세계에 대한 사람들의 생각은 차츰 달라져갔다. 그들은 궁극적 실재는 하느님이라는 생각에서 조금씩 멀어졌고 인간의 세속 생활도 그 나름의 정당성을 갖고 있다는 생각으로 기울어갔다. 그렇다고 해서 광범위한 사회 불안이 조성되었다거나 그리스도교를 반대하는 기운이 거세졌다는 뜻은 아니다. 부패한 교회의 위계질서에 환멸을 느끼면서 사람들은 이 막강한 집단이 과연 하늘나라로 가는 지름길을 제공하느냐에 대해서 의구심을 품게 되었다. 교회 대분열은 많은 사람들로 하여금 두세 명의 교황 중에서 누가 천국의 열쇠를 쥔 진정한 문지기인가를 놓고 고민에 빠지게 만들었다.

제13장 후기 중세—확장과 종합

잔 다르크

우리는 중세의 왕들을 알고 귀족과 성직자의 이름도 알지만 농민들은 변함없이 익명으로 남아 있다. 그런데 예외도 있다. 열아홉 살의 나이로 조국을 위해 싸우다가 죽은 잔 다르크(1412~1431)다. 그녀의 짧은 인생은 널리 기록되었고 아직도 흠모의 대상으로 남아 있다. 잔 다르크는 글을 읽을 줄 몰랐다. 당시 프랑스에서는 그것이 정상이었다. 하지만 종교에 대한 지식은 아주 해박해서 비록 지기는 했지만 나중에 종교 재판에서 그 실력을 유감없이 발휘했다. 언제나 침착하고 흔들림이 없었던 그녀는 프랑스의 도팽(훗날의 샤를 7세)에게 프랑스에서 영국인을 몰아내는 것이 자신의 소명임을 설득시켰다. 군사 전략과 전술을 빠르게 습득한 잔 다르크는 정치 문제와 군사 문제에 대한 빈틈없는 지식을 과시하면서 오를레앙에서 영국군과 맞서 싸웠다. 부르군디의 포로가 된 그녀는 다시 영국군에게 팔렸고 영국군에 의해 다시 교회로 넘겨졌다. 교회는 이단자이며 마녀라는 날조된 죄목으로 그녀를 화형에 처했다. 그러나 한 세대가 못 되어 그녀의 순교는 샤를 7세와 프랑스 국민이 영국인을 몰아내고 백년 전쟁을 종식시키는 기폭제의 역할을 했다. 잔 다르크는 프랑스 농민을 상징했고 그 후로 누구도 프랑스 농민을 업신여기지 않았다.

문헌 6 성모의 마술사

　이 즐거운 이야기는 성모 마리아 숭배가 특히 기사도나 철학에서 이렇다 할 의미를 찾지 못했던 서민들에게 얼마나 큰 매력으로 다가왔는지를 보여준다.

　　루이 왕이 나라를 다스리던 무렵 콩피에뉴 태생의 바르나바라는 가난한 마술사가 있었다. 그는 갖가지 묘기와 차력 시범을 보이면서 도시에서 도시로 떠돌아다녔다.
　　장날이면 그는 사람들이 모이는 광장에다 다 떨어진 양탄자를 깔아놓고는 어떤 늙은 마술사한테서 배운 뒤로 토씨 하나 빠뜨리지 않고 그대로 울궈먹어온 익살맞은 말솜씨로 조무라기들과 하릴없는 사람들을 모은 다음 별의별 요상한 동작을 다 취하면서 코끝에다 양은 접시를 아슬아슬하게 올려놓았다. 처음에는 심드렁한 반응을 보이던 구경꾼들도 그가 손과 머리를 바닥에 댄 채로 햇빛에 반짝거리는 여섯 개의 구리공을 허공에 던졌다가 두 발로 받는다거나 코가 뒤꿈치에 닿을 때까지 몸을 구부려서 거의 동그란 바퀴처럼 만들고는 그 상태에서 열두 개의 칼로 묘기를 부리면 환호성을 보냈고 코로 깔아놓은 양탄자 위로 동전들이 수북히 쌓였다.
　　하지만 콩피에뉴의 바르나바는 곡예로 먹고 사는 처지에 놓인 사람이 대부분 그렇지만 형편이 넉넉치 않았다. 이마에 구슬땀이 송글송글 맺히면서 어렵게 빵값을 벌었지만 그는 아담이 죄를 지은 뒤부터 우리 모두에게 돌아가는 고생의 몫보다 더 많은 고생을 해야만 했다. 그는 사람은 왜 부자가 되는 것인지에 대해서는 생각해본 적이 없었고 왜 사람은 불평등한가에 대해서도 별로 생각한 적이 없었다. 그저 이 세상이 고약하다면 다음 세상은 더 나아질 수밖에 없지 않겠나 하고 소박하게 믿었고 그런 믿음 하나로 버텼다. 그는 자신들의 영혼을 악마에게 팔아넘긴 영악한 사람들과는 달랐다. 그는 함부로 하느님의 이름을 들먹이지 않으면서 정직하게 살았다. 아내가 없었지만 다른 사람의 아내를 탐하지도 않았다. 성서에도 삼손과 데릴라의 이야기가 적혀 있지만 자고로 여자는 강한 남자의 원수가 아니던가.
　　정말이지 그의 마음은 육욕으로 기울지 않았다. 여자와 잠자리를 포기하는 데서 오는 고통보다는 술을 절제하는 고통이 훨씬 더 컸다. 비록 술꾼은 아니었지만 그래도 날씨가 좋으면 술 한 잔 하는 것이 그의 낙이었다. 그는 하느님을 두려워할 줄 아는 선한 사람이었고 성모 마리아를 진심으로 숭배했다. 교회에 가면 어김없이 성모 마리아 상 앞에서 무릎을 꿇고 이렇게 기도를 드렸다.
　　"마리아님, 제가 죽어서 하느님께서 기뻐하시는 그 날이 오기 전까지는 저를 잘 보살펴주십시오. 그리고 제가 죽어도 천국에서 기쁨을 누릴 수 있게 거두어주십시오."
　　어느 날 저녁 그는 한바탕 비를 맞고 구리공들을 팔꿈치에 끼고 칼들을 낡은 양탄자에 둘둘 만 채로 끼니까지는 바라지 않지만 어디 하룻밤 묵어갈 헛간이라도 없나 하면서 힘없이 처량하게 걸어가다가 수도사가 보이길래 인사를 꾸벅했다. 두 사람은 걷는 속도가 비슷했기 때문에 자연스럽게 말을 나누게 되었다.

"형제님은," 수도사가 말했다. "죄다 녹색으로만 입었는데 무슨 곡절이라도 있소? 혹시 신비극에서 바보 역이라도 맡기로 되어 있소?"

"아닙니다, 신부님." 바르나바가 말했다. "제 이름은 바르나바이고 직업은 마술사입지요. 매일 끼니 걱정만 하지 않는다면 이 세상에서 이보다 더 좋은 직업은 없습니다."

"바르나바 형제님, 하나만 알고 둘은 모르시는군. 수도사보다 더 좋은 직업은 이 세상에 없거든. 하느님과 성모님, 모든 성자들의 덕을 찬양하는 게 바로 사제의 일이지. 수도사의 생활은 주님에게 드리는 끝없는 찬송의 나날이라 이 말이오."

그러자 바르나바는 이렇게 대답했다. "제 무식이 탄로났네요. 저 같은 놈의 신분은 신부님께는 감히 견줄 수가 없을 테고, 코끝에 막대기를 얹고 그 위에 다시 동전을 올려놓고 균형을 잡으면서 춤추는 것도 과히 나쁜 일은 아니지만 신부님께서 하시는 일에 비하면 쓸데없는 일일 테지요. 저도 신부님처럼 매일 성무 일과 찬송을 부르고 특히 제가 너무너무 존경하는 성모 마리아님의 노래를 부를 수 있으면 얼마나 좋을까요. 저도 수아송에서 보베까지 육백 개도 넘는 도시에서 이 짓으로 이름깨나 알려진 놈입니다만 수도원에 들어갈 수만 있다면 까짓놈의 기술, 하나도 아깝지 않겠습니다."

수도사는 마술사의 솔직담백함에 감동을 받았다. 그는 사람을 보는 눈이 있었기 때문에 이 마술사가 바탕이 무척 선하다는 것을 그 자리에서 알아차렸다. 그래서 이렇게 대꾸했다.

"바르나바 형제님, 그럼 나와 같이 갑시다. 내가 수도원장으로 있는 수도원에 들여보내줄 터이니. 성모 마리아를 이집트의 사막에서 인도해주셨던 그분이 당신을 구원의 길로 이끌도록 나를 당신과 만나게 한 모양이구려."

그렇게 해서 바르나바는 수도사가 되었다. 그가 들어간 수도원의 수도사들은 성모 마리아를 가장 극진히 받들고 있었다. 그들은 하느님이 자기들에게 내린 지식과 기술을 있는 대로 동원해서 성모 마리아를 찬양했다.

모두들 앞다투어 세련된 말과 손재주로 성모 마리아를 찬양하는 모습을 보면서 바르나바는 나는 왜 이리 지지리도 무식하고 못났나, 신세 한탄을 했다.

"휴!" 어느 날 그는 수도원 담장 밑의 그늘진 작은 정원을 걸어가면서 한숨을 내쉬었다. "마음속으로 아무리 사랑하면 뭐 하나, 남들처럼 근사하게 마리아님을 모시지 못하는 처지니. 난 아무 기술도 없는 바보 멍텅구리야. 거룩한 설교를 한 마디 할 줄 아나, 격식을 갖춘 세련된 논문을 한 편 쓸 줄 아나, 멋진 그림도 못 그리지, 조각을 잘 하는 것도 아니지, 운이 딱딱 맞아떨어지는 시 한 수 지을 줄 아나. 사람이 이렇게 무능할 수가 있나."

그는 자신의 무능력을 곱씹으면서 참담함에 빠져들었다.

어느 날 저녁 수도사들이 잡담을 하고 있을 때 그는 한 수도사의 입에서 〈아베 마리아〉밖에는 낭송을 할 줄 몰랐던 어떤 수도사의 이야기를 우연히 엿들었다. 그 수도사는 무식하다고 조롱받았지만 그가 죽자 입에서 장미 다섯 송이가 피어올랐다. 장미 다섯 송이는 성모 마리아의 다섯 글자를 상징했다. 이렇게 해서 그는 성인으로 추앙받았다.

이 이야기를 들은 바르나바는 성모 마리아의 자비로움을 다시금 절감했지만 이 행복한 기적담은 그의 마음을 위로해주지 못했다. 하늘에 계신 성모 마리아의 영광을 찬양하고 싶은 마음은 굴뚝 같았지만 그로서는 뾰족한 수가 없었던 것이다.

좋은 방법이 없을까 고민해보았지만 아무 소용이 없었다. 그의 슬픔은 나날이 깊어갔다. 그러던 어느 날 아침 그는 침대에서 벌떡 일어나더니 그 길로 예배당에 달려가서 한 시간 동안 혼자 있었다. 점심을 먹고는 다시 예배당으로 갔다. 그 날부터 예배당이 비었다 하면 곧장 그리로 가는 나날이 반복되었다. 다른 수도사들이 교양과목을 공부하거나 과학을 연구하는 동안 그는 주로 예배당에서 시간을 보냈다. 그는 이제 슬프지도 않았고 한숨을 내쉬지도 않았다. 하지만 그런 특이한 행동은 다른 수도사들의 호기심을 불러일으켰다. 그들은 바르나바 형제가 왜 걸핏하면 모습을 감추는지 궁금했다. 수도사들이 하는 일을 모두 알아야 했던 수도원장은 바르나바의 행동을 관찰하기로 결심했다. 그래서 어느 날 수도원장은 바르나바가 예배당에 있는 걸 알고 다른 고참 수도사 두 명을 데리고 가서 무슨 일이 벌어지는지 알아보려고 문틈으로 안을 엿보았다.

바르나바는 성모상 앞에서 머리를 바닥에 대고 두 발은 허공에 둔 채 여섯 개의 구리공과 열두 개의 칼로 실력 발휘를 하고 있었다. 그 옛날 자신에게 가장 큰 명성을 안겨주었던 묘기를 성모 마리아를 위해 선보이고 있었던 것이다. 성모 마리아를 공경하는 마음으로 그런 공연을 하고 있었다는 걸 알 리가 없던 나이든 수도사들은 불손한 짓을 당장 그만두라고 소리쳤다. 수도원장은 바르나바의 머리가 단순하다는 걸 예전부터 알았지만 이제는 아예 돌아버린 게 아닌가 생각했다. 바르나바를 예배당 밖으로 끌어내기 위해 다가서던 세 사람은 제단에서 천천히 내려온 성모 마리아가 파란 망토 자락을 들어 마술사의 이마에 맺힌 땀방울을 닦아주는 것을 보았다.

그러자 수도원장은 대리석 바닥에 머리를 대고 이 말만 되풀이했다.

"마음이 맑은 사람은 복을 받을지어다. 그들에게는 하느님이 보이기 때문이다."

"아멘." 수도사들도 복창을 하며 바닥에 머리를 댔다.

문헌 7 궁정의 사랑술

안드레아스 카펠라누스(1174~1186)

샹파뉴 드 마리 백작 부인은 트루아예에 사랑의 궁정을 세웠다. 안드레아스는 적어도 본인의 주장에 따르면 이 궁정의 사제였던 것 같다. 안드레아스는 뛰어난 문필가였다. 사랑에 관한 그의 글은 당시 궁정 생활의 실상을 생생하고 정확하게 우리에게 보여준다. 틀림없이 마리 백작 부인의 부탁을 받고 집필되었을 이 지침서는 사랑의 에티켓을 가르치는 일종의 교본이라 할 수 있다.

1권 : 사랑론 입문

먼저 우리는 사랑이 무엇인지, 언제부터 사랑이라는 말을 쓸 수 있는지, 사랑의 효과가 무엇인지, 어떤 사람들 사이에 사랑이 싹트는지, 어떻게 사랑이 생기고 간직되고 커지고 줄어들고 끝나는지, 상대가 보내는 화답의 신호가 무엇인지, 한쪽이 부정을 저지를 때 다른 한쪽은 어떻게 해야 하는지를 고찰해야 한다.

1장 사랑이란

이성의 아름다움을 눈으로 보거나 마음으로 지나치게 생각하기 때문에 발생하는 일종의 선천적 고통이다. 사랑의 감정이 생기면 사람은 상대를 끌어안고 싶은 욕망에 몸부림치며 상대를 끌어안고 사랑이 인도하는 모든 행동을 실천에 옮기고픈 욕망에 빠진다.

사랑이 고통이란 건 누구나 쉽게 알 수 있다. 두 사람이 서로를 사랑하기 전까지는 그렇게 고통스러울 수가 없다. 사랑하는 사람은 자신의 사랑이 상대방의 호응을 불러일으키지 못할 거라는 불안감, 자기의 노력은 헛수고로 끝날지 모른다는 불안감에 끊임없이 시달리기 때문이다. 그는 또 사랑의 소문이 퍼져나가서 일을 그르칠지도 모른다는 걱정을 한다. 일이 완전히 마무리되기 전까지는 사소한 말썽도 일 전체를 그르칠 가능성이 있기 때문이다.

가난한 사람은 여자가 자신의 가난을 비웃을까봐 두려워한다. 못생긴 사람은 여자가 자신의 용모를 경멸하면서 더 잘생긴 남자한테 사랑을 줄까봐 두려워한다. 돈많은 사람은 구두쇠처럼 살았던 자신의 과거가 걸림돌이 될까봐 전전긍긍한다. 솔직히 말해서 일방적으로 사랑에 빠진 사람의 공포는 누구도 헤아릴 수 없을 만큼 많다. 이런 종류의 사랑은 한쪽만 고통스럽게 만들며 이것을 짝사랑이라고 부른다. 하지만 서로를 사랑하게 된 다음에도 두려움은 전혀 줄어들지 않는다. 자기가 그토록 힘들게 얻은 사랑을 누군가가 빼앗아갈지도 모른다는 걱정이 앞서기 때문이다. 자신의 노력은 헛수고로 끝날 것이라고 생각하면서 아무런 기대도 하지 않는 사람보다는 이런 사람이 훨씬 마음 고생을 많이 한다. 감히 꿈도 꾸지 못할 이익을 빼앗길 때보다 현실적 가능성을 믿고 적극적으로 추구하던 것을 빼앗길 때 상처가 더 클 수밖에 없다. 사랑하는 사람은 또 상대를 자기가 혹시 기분나쁘게 하지 않을까 노심초사한다. 그 많은 걱정거리를 어찌 다 헤아릴 수 있겠는가.

이런 아픔은 선천적이라고 나는 분명히 말할 수 있다. 만일 그대가 진실을 바라보고 신중하게 구별한다면 그런 아픔은 행동에서 나오지 않는다는 걸 깨달으리라. 그런 아픔은 마음이 바라보는 것에 대한 마음의 성찰에서만 나온다. 이 사람이다 싶은 여자가 나타나면 남자의 가슴은 그녀를 향한 욕망으로 타오르기 시작한다. 그녀를 생각하면 할수록 그의 가슴은 더욱 뜨겁게 달아오르고 마침내 더 깊은 성찰에 이른다. 이제 그는 그녀의 옷매무새에 대해 생각하기 시작하고 그녀의 팔다리를 남다르게 받아들이기 시작한다. 그녀가 하는 일에 대해 생각하고 그녀의 육체에 깃든 비밀을 엿보기 시작한다. 그녀의 육체를 이루는 모든 부분을 한없이 열망한다.

일단 생각이 여기에 미치면 사랑은 더이상 묶어둘 수 없게 된다. 그는 당장 행동을 개시한다. 도와줄 사람을 구하고 다리를 놓아줄 사람을 찾으려고 애쓴다. 여자의 환심을 사기 위한 작전을 세우고 대화에 알맞은 장소와 시간을 물색하기 시작한다. 그에게는 한 시간이 일년처럼 길게 느껴진다. 마음 같아서는 일사천리로 진행되었으면 좋겠는데 현실은 그렇지 못하다. 이렇게 많은 것이 일어난다. 이런 타고난 아픔은 따라서 보는 것과 생각하는 것에서 온다. 하지만 모든 생각이 사랑의 원인은 아니다. 과도한 생각이라야 한다. 절도 있는 생각은 대체로 마음으로 돌아가지 않기 때문이다. 그래서 거기서는 사랑도 싹트지 못하기 때문이다.

문헌 8 중세 여인의 목소리

크리스틴 드 피장(1364~1431)

중세의 유명한 여류 문필가인 크리스틴 드 피장은 살아가면서 부딪칠 수 있는 숱한 문제들 앞에서 여자들이 어떻게 대처해야 하고 어떻게 자존심을 지켜나갈 수 있는지를 알려주는 계몽적 성격의 글을 많이 썼다. 중세의 다른 작가들과 마찬가지로 피장도 이성, 정직, 정의의 세 덕목을 중심으로 이야기를 전개한다. 신앙, 희망, 자애 같은 종교적 덕목과 비교할 때 이런 세속적 가치가 그녀의 세계에는 더 잘 어울렸다.

크리스틴 드 피장은 문필가로서 부와 명성을 모두 누렸다. 영국 최초의 인쇄업자였던 윌리엄 캑스턴은 그녀의 책 한 권을 번역본으로 내면서 그녀를 '지성의 정부(情婦)'라고 불렀다. 당시의 한 남성 작가는 피장의 수사법은 키케로에 버금가고 지혜는 카토에 버금간다고 주장했다. 피장은 "여자는 배우면 똑똑해지는데 여기에 반대하는 남자가 있다는 건 정말 이해할 수 없는 노릇"이라고 날카로운 지적을 했다. 여성을 대변하는 피장의 글은 진작에 나왔어야 할 글이었다. 수많은 남성들이 여성을 종교적 의무나 가정적 의무에 묶어두려는 의도에서, 즉 남성이 지배하는 사회에서 여성에게 부수적 역할만을 허용하려는 의도에서 수없이 많은 글을 써오고 있었기 때문이었다. 하지만 미혼녀, 유부녀, 과부가 어떻게 까다로운 사회적 문제를 해결하면서 세파를 헤쳐나올 수 있는지를 가르쳐준 글은 일찍이 없었다.

과부들에게

신분이 높건 낮건 모든 여성들에게 조금이라도 더 보탬이 될 수 있도록 지금부터는 과부들에게 말하겠어요.

살아 있을 때 어떻게 해주었건 남편을 잃은 여러분 한 사람 한 사람의 처지를 저는 가엾게 생각합니다. 우선은 본인의 마음 고생이 심하겠고 여기저기서 골치 아픈 문제까지 터질 테지요. 부자는 부자대로 가난한 사람은 가난한 사람대로 말이지요. 부자는 유산을 가로채려고 농간을 부리는 파렴치한 작자들 때문에 괴롭습니다. 가난한 사람들, 혹은 적어도 부자라고는 할 수 없는 사람들은 따뜻한 위로의 말 한 마디 해줄 사람이 없어서 상처를 받습니다. 배우자를 잃은 슬픔도 슬픔이지만 가난하든 부자든 여러분은 특히 세 가지 어려운 문제를 해결해야 합니다.

첫째는 야박한 세상 인심입니다. 누구도 여러분을 배려하지 않고 누구도 여러분을 동정하지 않습니다. 남편이 살아 있을 때 여러분을 높이 받들었던 사람들, 특히 관리나 힘깨나 쓴다는 사람일수록 여러분을 거들떠보지도 않을 것이고 여러분의 처지쯤은 아랑곳하지 않을 것입니다. 둘째로 고민스러운 것은 이런저런 소송과 빚을 갚으라는 요구입니다. 여러분의 재산과 수입을 내놓으라는 거지요. 셋째는 남말 하기 좋아하는 사람들의 험담입니다. 이런 사람들의 입방아에 오르내리지 않으려면 어떻게 해야 하는지도 모르는 상태에서 속수무책으로 당합니다. 여러분이 이런저런 몹쓸 일들에 휘둘리지 않는데 도움이 될 만한 충고를 몇 마디 드리렵니다.

먼저 누구한테서나 반드시 느끼게 될 냉담한 반응에 대해서는 세 가지 처방이 있을 수 있습니다. 인간을 위해 기꺼이 고통을 겪으셨던 하느님에게 기대세요. 하느님이 겪으셨던 고통을 생각하면 여러분은 지금 여러분에게 가장 절실히 요구되는 인내를 깨우칠 수 있을 것입니다. 인내는 세상의 보상과 명예에 울고 웃지 않는 경지로 여러분을 인도할 것입니다. 무엇보다도 여러분은 지상의 모든 존재가 얼마나 나약한가를 깨달을 수 있을 것입니다.

둘째 처방은 남들이 어떻게 나오건 여러분만은 말과 행동에 따뜻함과 친절함을 담으라는 겁니다. 조용한 기도와 겸손한 요청을 통해 여러분은 다른 사람들의 굳은 마음을 원하는 대로 구부릴 수 있을 겁니다.

셋째 말과 옷차림, 행동에서 겸손을 잃지 않는 것도 중요하지만 여러분을 등쳐먹으려는 못된 인간들 앞에서는 나를 지킬 수 있는 판단력과 행동력도 필요합니다. 여러분은 그런 사람을 가급적 피해야 합니다. 아예 상종을 말아야 합니다. 이웃과도 괜한 말싸움을 벌이지 말고 조용히 집 안에 있는 게 좋습니다. 하인들한테도 언성을 높이지 마세요. 자기 이익은 지키면서도 말은 항상 조용하게 하고 불가피한 경우가 아니라면 시정잡배와는 어울리지 마십시오. 여러분을 이용하거나 망쳐놓으려고 하는 사람은 절대로 피해야 합니다.

여러분을 골치 아프게 만드는 소송에 대해서는, 가급적 소송을 피하도록 애쓰세요.

소송은 과부에게 여러 가지로 피해를 줍니다. 여자는 법을 잘 모르니까 전문가에게 모든 걸 의뢰할 수밖에 없습니다. 그런데 이 전문가라는 사람들은 여자들 앞에서는 거드름을 피우면서 그렇게 게을러터질 수가 없어요. 속이고 바가지 씌울 생각만 해요. 또 하나 문제는 여자는 남자처럼 마음 편히 아무 때나 밖으로 나다닐 수 없다는 겁니다. 그러니 분쟁에 휘말리기보다는 손해가 막심하지 않으면 밑지는 셈 치고 재산의 일부를 내주는 것이 차라리 속 편합니다. 다른 사람들의 합당한 요구에 대해서는 신중히 검토하는 게 좋습니다. 본인이 소송을 걸어야 할 입장에 있을 때는 예의를 갖춰서 권리를 내세워야 하고 법이 아닌 다른 방법으로 해결할 수 있는 길을 모색하는 것이 좋습니다. 빚장이들의 독촉에 시달릴 때는 채무자들이 어떤 권리를 가졌는지 알아본 다음 적절한 대책을 세워야 합니다. 빚을 졌다는 기록이나 증인이 설혹 없다손 치더라도 객관적 정황으로 보아 빚을 졌다는 판단이 들면 남의 돈을 갚아버리는 게 좋습니다. 본인은 물론이고 남편을 욕되게 해서는 안 되니까요. 하느님께서는 정당하지 못한 재산을 가진 사람에게 나중에 몇 배의 불행을 내리십니다. 소탐대실이지요.

하지만 이유 없이 돈을 요구하는 간악한 사람들에게 여러분을 지키는 것은 현명한 처신입니다. 정 법정에서 판가름을 내려야 할 경우에는 다음 세 가지를 알고 있어야 합니다. 첫째 법을 잘 아는 전문가의 조언에 귀를 기울여야 합니다. 둘째 신중하고 부지런하게 재판에 대비해야 합니다. 셋째 재판을 끌고 나갈 수 있는 충분한 자금을 확보해야 합니다. 이 세 가지 중 하나가 결여되면 아무리 명분 있는 재판이라 하더라도 질 가능성이 다분히 있습니다.

따라서 그런 상황에 처했을 때 과부는 다양한 판례를 접한 경험이 많고 관습법을 잘 아는 노련한 전문가에게 도움을 청해야지 젊은 사람에게 의존해서는 안 됩니다. 일단 도움을 청했으면 전문가에게 모든 기록을 보여주어야 합니다. 자기한테 유리하건 불리하건 재판에 관련된 내용은 하나도 숨기지 말아야 하고 전문가가 하는 말을 귀담아 들어야 합니다. 변호사는 여러분한테 들은 말을 가지고 변호를 할 수밖에 없으니까요. 변호사의 조언을 듣고 재판을 끈기 있게 밀어붙이든가 상대측의 요구를 받아들이든가 해야 합니다. 일단 재판까지 갔으면 부지런히 쫓아다니고 돈을 아끼지 말아야 합니다. 그래야 재판에서 이길 수 있습니다.

부득이 재판까지 가더라도 더이상 분쟁에 휘말리지 않고 마무리를 잘 지으려면 남자처럼 강해야 합니다. 자기의 이익을 일관되게 굳세게 지혜롭게 추구해야 합니다. 쪼그리고 앉아서 아무 대책 없이 울기만 해서도 안 되고 다른 개들이 우르르 덤벼들면 구석으로 도망가는 가련한 강아지 신세가 되어도 곤란합니다. 만약 그렇게 나약하게 굴면 염치를 모르는 대부분의 사람들은 여러분의 손에 있던 빵을 나꿔채 갈 것입니다. 여러분을 철저히 무시하는 거지요. 빵을 빼앗겼다고 여러분을 동정해줄 사람은 아무도 없습니다. 그러니 혼자서만 끙끙대지 말고, 특히 자기가 잘 모르는 중요한 문제에 대해서는 돈을 아끼지 말고 최고의 조언을 구하십시오.

웬만큼 나이를 먹었기 때문에 이제는 재혼할 생각이 없는 여러분 같은 과부들은 일신상의 문제를 잘 처리해야 합니다. 젊은 과부들은 다시 재혼하기 전까지 친척이나 친구의 조언을 듣는 것이 좋고 특히 처신을 잘 해야 합니다. 앞날이 창창한데 괜한 구설수에 휘말리면 본인만 손해니까요.

과부라면 누구나 부딪치는 세 가지 어려움 중에서 마지막, 그러니까 사람들의 험담을 막기 위해서는 외모나 태도나 옷차림에서 조금이라도 꼬투리가 잡힐 만한 틈을 보여서는 안 된다는 겁니다. 이 모든 것에서 절대로 튀어서는 안 되고 소박하다는 인상을 주어야 합니다. 다소곳하고 신중하게 처신해야 뒷말이 없습니다. 과부는 또 친척이 아닌 이상 자기 집을 드나드는 남자를 너무 싹싹하거나 친밀하게 대해서도 곤란합니다. 누가 보면 오해를 할 수도 있으니까요. 가까운 친척이라 하더라도 너무 자주 드나드는 건 좋지 않습니다. 시아버지도 오빠도 사제도 예외는 아닙니다. 남자의 출입은 가급적 막는 것이 상책입니다. 여자가 아무리 신심이 깊다 하더라도 세상은 매사를 고운 눈으로 받아들이지 않습니다. 집안에서 일하는 사람들과도 너무 허물 없이 가깝게 지내는 건 피해야 합니다. 본인이 아무리 순수한 마음을 갖고 있어도 옆에서 보는 사람은 다르게 생각할 수 있으니까요. 생활비도 남들의 손가락질을 받지 않을 정도로 절제해야 합니다. 재산을 잘 지키기 위해서라도 하인이나 옷이나 음식에 쓸데없이 많은 돈을 들여서는 안 됩니다. 과부는 사치를 피하고 남의 이목을 끌지 않으면서 살아가야 합니다.

과부로 살아간다는 게 그렇게 힘들고 고달픈 일이라면 과부는 무조건 재혼해야 옳지 않겠느냐, 하고 생각하는 사람도 있을지 모릅니다. 여기에 대해서는 이런 답변을 할 수 있겠습니다. 만약 결혼 생활이 모두 평화와 안정을 가져온다면 재혼을 해야 마땅할 거라고요. 하지만 실상은 정반대가 아니던가요. 재혼은 신중히 생각해야 할 문제입니다. 젊어서 홀몸이 된 여자는 재혼을 할 필요가 있고 또 그것이 바람직합니다. 하지만 중년으로 접어들었고 경제적으로 여유가 있는데도 재혼을 한다는 건 너무나 어리석은 짓입니다. 여자 혼자서 무슨 재미로 인생을 살아가느냐는 재혼녀들의 변도 있습니다만 그건 그 사람들이 자신의 분별력을 그만큼 믿지 못해서 그렇습니다. 자신이 없으니까 자기 인생을 어떻게 꾸려나갈지 모르는 겁니다. 가장 어처구니없고 바보 같은 짓은 늙은 여자가 젊은 남편을 맞아들이는 겁니다. 그런 부부는 오래 가지 못합니다. 어리석음 때문에 치르는 대가야 누구나 같지만 이런 사람들은 동정도 못 받습니다.

명성과 영향력에 대한 중세인답지 않은 관심을 보이면서 피장은 말미에 가서 이렇게 썼다.

나는 비용이 아무리 많이 들더라도 이 책을 여러 권 만들어 세상에 번식시키리라 마음먹었다. 특별한 자리에서 여왕들, 공주들, 귀부인들에게 이 책을 소개하고 싶었다. 그들이 애를 써주면 이 책이 합당한 존중과 칭송을 받을 것이고 그렇게 되면 다른 여자들 사이에서도 널리 읽힐 테니까.

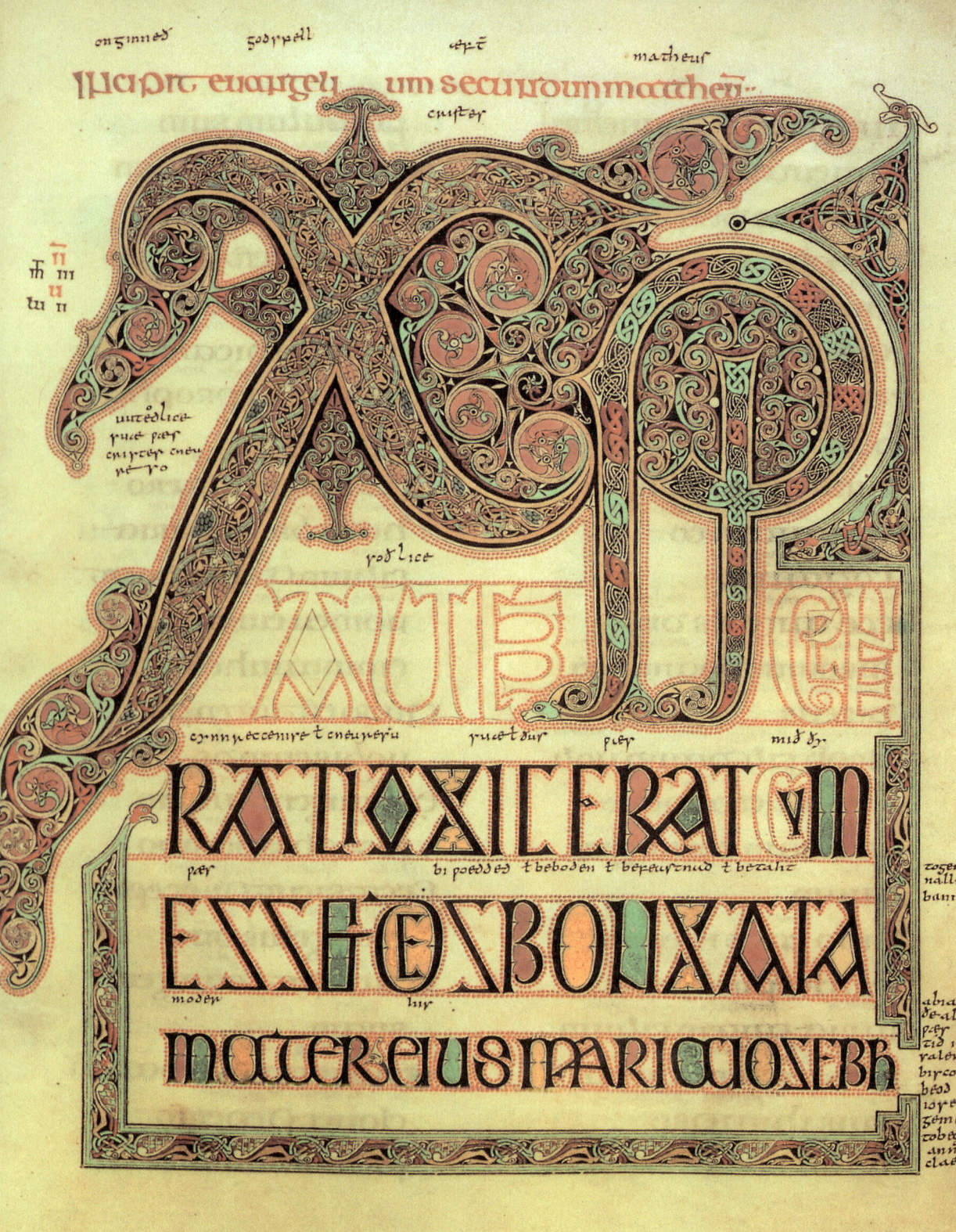

제14장
중세 미술의 종합

    중세 미술의 거장들은 단테와 초서에 버금가는 명작을 남겼지만 그들의 이름은 오늘날 전해지지 않는다. 신이 중심이었던 세상에서는 창조자보다는 창조물이 더 중요했다. 성모 마리아를 기념하고 하느님의 더 큰 영광을 위해 지어진 노트르담 대성당 앞에서 이 건물을 설계하고 감독한 건축가는 뒷전으로 밀려났다. 채색 필사본, 장식 융단, 스테인드글래스 창, 건축물의 부속 조각, 그리고 무엇보다도 유럽 전역에 솟아 있던 웅장한 로마네스크와 고딕 양식의 교회와 대성당 같은 개인의 힘만으로 하기는 힘든 일을 공동으로 해나가는 과정에서 미술가들의 개성은 집단 속으로 융해되었다.

    이런 미술과 건축이 워낙 복잡한 양상으로 전개되었고 우리가 다루는 시기가 워낙 광범위하기 때문에—7세기부터 15세기까지—이 장을 다음과 같이 세분할 필요가 있다.

《린디스파른 복음서》 안의 카이로 페이지. 698년경. 채색 필사본. 34.3×24.8cm. 런던 대영박물관.

중세 미술의 연대표	
600~800	히베르노-색슨 양식
750~900	카롤링거 양식
1000~1150/1200	로마네스크 양식
1140~1200	초기 고딕 양식
1200~1300	프랑스의 전성기 고딕 양식
	유럽 나머지 지역의 고딕 양식
1300~1500	후기 고딕 양식

히베르노-색슨시대 – 600~800년

아일랜드는 로마 제국의 일부로 편입된 적이 한 번도 없지만 로마인은 아득한 옛날부터 아일랜드를 히베르니아라고 불렀다. 이것이 뒤에 고대 켈틱어로 이베르닌이 되었고 고대 아일랜드어로는 에린이 되었다. 켈트인의 정복을 받고 골의 성 패트릭에 의해 그리스도교를 믿게 된 아일랜드는 잉글랜드를 점령한 앵글로색슨족 때문에 유럽 대륙으로부터 격리되었다. 이런 고립으로 인해 로마식의 도시화된 그리스도교보다는 이집트의 고독한 은둔자들을 본딴 독특한 그리스도교의 수도원 문화가 발전했다. 시골에 수도원을 세운 아일랜드의 수도사들은 엄격한 금욕적 원리를 수립했지만 사막의 성인들과는 달리 학문에 정진했다. 아일랜드의 수도원들은 주교의 힘이 뿌리를 내리기 한발 앞서서 영국과 서유럽을 무대로 주목할 만한 선교 활동을 후원하는 등 문화적 우위를 과시하면서 이른바 아일랜드 황금기 (600~800)를 이끌었다.

   이 선교 활동을 뒷받침하기 위해 필사본들을 넉넉하게 만들었는데 특히 성서가 대량으로 만들어졌다. 성서가 신성한 책이라는 것을 강조하기 위해 하나같이 섬세한 장식을 곁들였다. 수도사들은 로마 그리스도교의 조형미술에는 거의 관심을 두지 않고 켈트와 게르만의 요소를 종합하여 기하학적 무늬와 식물과 동물의 형상에서 끌어낸 유기적 추상화에 기초를 둔 풍요로운 장식 미술을 만들어냈다. 잉글랜드 동부 해안에서 떨어진 린디스파른 섬의 수도원에서 만들어진 《린디스파른 복음서》는 히베르노–색슨 장식 미술의 걸작이다. 전자회로처럼 정교한 〈카이로 페이지〉(14장 첫머리 표지그림)는 성서의 직선적 구조와 중요성을 부각시키는 탁월한 색채 감각을 자랑한다. 글자 안은 비비 꼬인 형상들과 대칭상들로 이

14.1 《켈스의 책》 안의 크리 페이지. 760–820년경. 채색 필사본. 33×25cm. 더블린 트리니티대 도서관.

제14장 중세 미술의 종합

루어진 세밀화들로 채워져 있다. 너무나 작은 그림이라서 돋보기가 있어야 보일 정도인데 어떻게 이런 그림을 그릴 수 있었는지 그저 놀랍기만 하다.

히베르노–색슨 시대의 탁월한 채색 필사본 중에서 가장 늦게 만들어진 《켈스의 책》도 눈부신 장식이 압권이다. 한쪽 페이지는 그리스도의 약자에 해당하는 그리스 문자 XPI(크리)가 동물과 추상적 문양의 교차, 기하학적 장식이 소용돌이치는 도안을 지배한다(14.1). 커다란 원 안에 있는 작은 원 안의 소용돌이는 눈을 핑핑 돌게 만들지만 자세히 보면 사람의 얼굴이 둘 보이고 X의 왼쪽 수직선 옆에 세 사람의 상반신이 그려져 있다. 같은 수직선의 바닥 가까이와 오른쪽에는 두 마리의 고양이와 네 마리의 쥐를 그린 익살맞은 풍속화의 단면이 보인다.

히베르노–색슨의 필사본은 금속 가공, 목각, 보석 세공, 상아 조각, 석각 같은 아기자기하고 정성이 깃든 초기 북유럽 공예의 진수를 보여준다. 11세기에는 스테인드글라스까지 가세했는데 이 새로운 전통은 고딕 시대의 웅장한 위업으로 이어졌고 다시 기계 설계와 산업 혁명으로까지 연결되었다. 북유럽에서 공예가 발달할 수 있었던 중요한 요인으로 우선 기후를 꼽을 수 있다. 공예는 아무리 혹독한 날씨가 이어지고 겨울이 아무리 음산하고 길더라도 실내에서 할 수 있는 활동이었기 때문이다.

카롤링거 미술 – 750~900년

768년에서 814년까지 프랑크 왕으로 군림하면서 샤를마뉴는 자신을 로마 황제의 계승자로 여겼다. 그런 신념은 800년 교황이 그를 신성 로마 제국 황제로 임명하면서 더욱 굳어졌다. 샤를마뉴는 고대 로마 문명을 회생시키기 위해 수도 엑스라샤펠(지금의 아헨)로 학자, 예술가, 기술자들을 대거 불러들였다. 비록 오래 가지는 못했지만 후대의 발전에 중요한 역할을 했던 카롤링거 르네상스는 켈트-게르만 전통과 지중해 전통을 끌어들였고 여기서 고전적 형식과 그리스도교의 상징, 주제가 결합된 카롤링거 미술이 나왔다.

건축은 어디까지나 구하기 쉬운 건축 자재를 가지고 발전하기 마련인데 당시 북유럽에는 풍부한 삼림이 있었기 때문에 여기서 나오는 목

14.2 《랭스의 에보 대주교의 복음서》 안의 성 마르코. 816-35년. 채색 필사본. 25.4×20.3cm. 프랑스 에페르네 시립도서관.

제14장 중세 미술의 종합

14.3 《린다우 복음서》의 십자가 표지.
870년경. 34.9×26.7cm.
뉴욕 피어폰트모건 도서관.

재를 가지고 개인 주택과 공공 건물을 많이 지었다. 그러나 샤를마뉴는 로마풍으로 지어진 으리으리한 궁전과 교회를 선호했다. 그는 남유럽의 석조 건축술을 도입하고 기술자를 수입하여 시공과 기술 교육을 맡겼다. 중세 대성당들의 뛰어난 석조 기술은 이런 교육의 결과였다. 샤를마뉴 시대에 지어져 지금까지 온전하게 남아 있는 몇 안 되는 건축물 가운데 하나인 아헨 샤를마뉴 궁전의 예배당(12.9)은 북유럽 석조 건축의 백미로 손꼽힌다. 당시의 시대적 여건으로 충분히 미루어 짐작할 수 있는 일이지만 기둥과 대부분의 주두는 기존의 로마 건물에서 그대로 빼온 것이었다. 그런 발상은 샤를마뉴의 머리에서 나왔는지도 모를 일이다.

샤를마뉴가 타계한 직후에 그려진 〈성 마르코〉(14.2)는 고전 양식을 받아들였다. 히베르노-색슨의 영향력은 아일랜드의 필사본처럼 생동감 있게 인물을 휘감고 도는 옷의 잔주름에서 드러난다. 마르코는 책을 쓰는 학자가 아니라 하늘의 인도를 받아 신성한 글을 전하는 사람으로 묘사되었다. 이것은 모름지기 시인은-가령 호메로스 같은-거룩한 영감을 받으며 초자연적 힘을 가지고 있다고 믿었던 고대인의 생각을 그대로 따른 것이다.

비잔틴 장식 미술의 영향을 다분히 받은 것으로 보이는 카롤링거 양식의 책 표지들은 귀금속으로 만들어졌고 보석으로 화려하게 장식되었다. 《린다우 복음서》의 〈십자가 표지〉는 카롤링거 왕조의 위세가 기울어가던 시절에 만들어졌는데 물결 치는 우아한 선들이 그리스도와 천사들의 형상을 뚜렷이 드러내고 있다(14.3). 황금으로 된 그리스 십자가를 황금 구슬과 보석 및 준보석으로 둘러싼 다음 십자가 모티프를 네 개의 패널과 가장자리에서 다시 반복했다. 휘황찬란한 반사광을 보태기 위해 황금 표면에 보석을 박아넣었다. 이런 표지 안에 들어 있는 글의 중요성을 그 누가 의심할 수 있었겠는가.

샤를마뉴의 위대한 통치가 끝난 뒤 신성 로마 제국의 위세와 영향력은 기울어갔지만 그리스와 로마의 학문이 부활하면서 고전 문명과 켈트-게르만 문화의 종합을 자극했다. 이런 요소들은 현대의 유럽과 미국에 지금도 남아 있다.

로마 양식

서기 1000년이 되면 유럽은 거의 다 그리스도교를 받아들였다. 수 세기 동안의 치열한 공방 끝에 한때는 안하무인이었던 야만적인 바이킹족과 마자르족도 결국 그리스도교로 동화되었다. 파괴된 건물을 재건하고 새로운 교회와 수도원을 건설하기 위해 유럽 전역에서 대규모 건설 공사가 시작되었다. 부락, 마을, 읍, 도시마다 새로운 교회가 적어도 하나씩 들어서면서 건축과 건축물을 장식하는 조각은 이 활기찬 새 시대의 지배적 예술 양식으로 자리잡았다.

14.4 **생브누아쉬르루아르 수도원(프랑스).** 내부. 11세기 말.

천장을 아치로 꾸민 교회

서기 3세기 이후로 그리스도교도들은 예수의 발자취를 따라 성지 순례를 해왔다. 특히 샤를마뉴가 등극하면서 성지 순례는 대규모로 이루어졌다. 10세기에 이르면 예수와 성인들의 거룩한 유물을 보면 하느님이 죄를 용서해주신다는 믿음이 널리 퍼져 있었다. 그런 유물을 간직한 교회들은 그런 믿음을 부추겼다. 플뢰리 대수도원(지금의 생브누아쉬르루아르 수도원)도 그런 곳의 하나였다. 성 베네딕투스의 유골을 보관하고 있다고 주장한 이 수도원은 단체 순례자들이 가장 즐겨 찾는 곳의 하나가 되었다. 9세기에 바이킹족의 잔인한 약탈을 겪은 뒤 11세기와 12세기에 개축된 플뢰리 수도원은 클뤼니 양식의 진수를 보여준다. 장식 서까래를 올린 신랑(身廊)의 천장은 둥그스름한 통 모양의 아치로 되어 있다(14.4). 로마네스크풍의 교회 안으로 풍성한 빛을 끌어들이는 꼭대기의 채광창은 벽 상단을 장식한, 창문이 안 달린 아케이드 위에 배치되어 있다. 채색화가 그려져 있지 않은 석벽은 로마풍의 반원형 아치로 연결된 거대한 기둥이 받쳐준다. 프랑스의 로마네스크풍 교회 내부는 모자이크, 벽화, 프레스코, 또는 이와 유사한 그림 장식에 의존하지 않고 기본 구조와 튀지 않는 건축 장식물의 통일에만 의존하므로 언제 보아도 절제된 느낌을 준다. 이런 이성적 구조는 외경심을 불러일으킨다.

순례자들은 수도원을 즐겨 찾았다. 이탈리아에서 프로방스를 거쳐 스페인의 산티아고 데 콤포스텔라에 이르는 순례의 여정에서 중요한 자리를 차지하는 툴루즈의 생세르냉 바실리카는 뛰어난 로마네스크풍의 건물로 순례자들이 교회 건축에 어떤 영향을 끼쳤는지를 알 수 있다. 반원형의 통처럼 된 천장은 신랑 위로 균일하게 배치된 아치

14.5 생세르냉 바실리카(프랑스 툴루즈). 1080–1120년. 신랑 길이 115m.

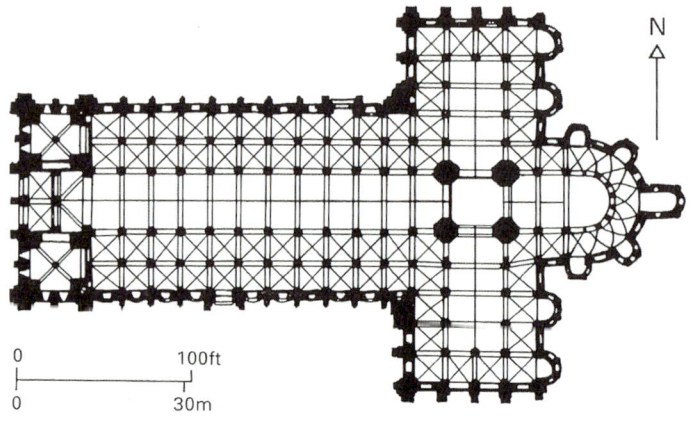

14.6 생세르냉의 평면도.

제14장 중세 미술의 종합

14.7 쥐미에주 수도원(프랑스 루앙). 서쪽 정면. 1037-67년.

들로 구분되어 있다(14.5). 많은 순례자들이 들어올 수 있도록 신랑은 이중 통로로 되어 있다. 기둥과 기둥 사이의 구획 공간, 이름하여 주간(柱間)은 좌우 날개와 신랑이 교차하는 정사각형을 기준 단위로 하여 만들어졌는데 중앙탑 밑에 있는 정사각형의 정확히 2분의 1이다(14.6). 측면 통로에 있는 각각의 정사각형은 기준 단위의 4분의 1이다. 기둥이 달린 부벽은 2층으로 되어 있으며 측면 통로 위에 앉힌 2층의 공간은 아치들로 지탱받는다. 순례자들은 이곳에도 앉았을 것이다. 초기 그리스도교 교회에서 볼 수 있었던 개선문은 찾아볼 수 없고 신랑을 따라 균일하게 배열된 기둥들과 규격이 일정한 주간들은 제단에서 하나의 초점으로 모인다. 생세르냉은 통일감이 있고 명쾌한 프랑스 로마네스크 양식의 고전적 본보기다.

원래의 모습은 많이 잃어버렸지만 당당함은 여전히 살아 있는 노르망디의 쥐미에주 대수도원은 11세기에 지어진 건물로서, 7세기에 만들어졌다가 9세기에 바이킹족이 파괴한 건물의 부지에 세워졌다. 자신도 바이킹족의 후예였던 정복왕 윌리엄의 손으로 1067년에 개축되었다(14.7). 43미터 높이의 쌍둥이 탑이 있고 입구가 돌출한 쥐미에주 대수도원은 정복자들이 영국에서 확립된 웅장한 노르만 양식을 대변한다. 이 수도원의 현 상태는 프랑스 혁명이 벌어지는 동안 프랑스의 수도원들이 공통적으로 겪었던 운명을 보여준다. 수도사들이 뿔뿔이 흩어진 다음 1793년 이 건물은 경매에 붙여져 목재 상인의 손에 넘어갔고 그는 수도원의 석재를 빼내어 팔아먹었다. 지금은 국가가 소유하고 있다.

베이유 융단

한 여인이 완성한 도안을 색슨의 여인들이 아마포에다 수놓은 것으로 보이는 베이유 융단은 지금까지 온전하게 남아 있는 중세의 가장 정교한 기록으로서 중세인들이 입었던 의복과 사용한 무기, 그들의 관습과 일상 생활을 세세하게 전달한다. 잉글랜드의 해롤드 왕과 노르망디의 윌리엄 공이 잉글랜드의 왕위를 놓고 벌인 각축이 헤이스팅스 전투에서 절정을 이루는 58개의 장면에 그려져 있다(14.8). 이 그림에서 수염을 기른 잉글랜드인들은 수적으로도 우세하고 우수한 무기를 가진 노르만인들에게 서서히 무너지고 있다. 전투 장면의 왼쪽 끝을 보면 한 기수가 커다란 방패로 자신을 방어하면서 창을 휘두르고 있다. 잉글랜드인들과는 달리 노르만 기사들은 등자에 발을 딛어 자유롭게 몸을 놀리면서 무서운 창을 적에게 찔러댄다. 세 부분으로 이루어진 이 그림에서 전투 장면의 상단은 장식부의 역할을 하며 하단에는 사상자를 그려놓았다. 양식화된 구성에도 불구하고 세부 묘사는 소름끼치도록 사실적이다. 전사들과 말들은 고통스럽게 죽어가고 있다.

생트마들렌

부르고뉴의 베즐레 마을에 있는 생트마들렌 대수도원 교회는 또다른 유형의 전쟁이었던 십자군 전쟁과 인연이 깊다. 원래 베즐레로 잡

14.8 베이유 융단의 전투도. 1070-80년경. 아마포에 모직 자수. 높이 51cm. 전체 길이 70.5m. 베이유 레베슈 박물관.

제14장 중세 미술의 종합

혀 있다가 클레르몽으로 출발지가 바뀐 1차 십자군 원정은 1095년 교황 우르바누스 2세의 설교와 함께 시작되었다. 베즐레는 1146년 성 베르나르두스가 이끈 2차 십자군 원정대의 출발지가 되었고 1190년에 잉글랜드의 사자왕 리처드와 프랑스의 필립 아우구스투스 왕이 이끈 3차 십자군 원정대도 이곳에서 출발했다. 2차에서 8차까지 이루어진 십자군 원정은 모두 참패로 끝났다.

로마네스크 양식으로 된 내부 구조의 전형을 보여주는 생트마들렌 교회의 신랑(14.9)은 높이가 27미터나 되고, 백색과 분홍색이 교차하는 사암의 이색적인 횡단 아치들이 있다. 이 아치들은 코르도바에 있는 대모스크(12.4) 같은 이슬람 건축물에서 영감을 받은 것으로 보인다. 아치들을 터널이나 통 모양으로 촘촘히 이었던 예전의 둥근 천장은 근본적 결함이 있었기 때문에 더이상은 사용되지 않았다. 빈틈없이 맞물려 있는 아치들에다 조명을 위해 창을 내려면 천상 마주보는 두 벽을 이용하는 수밖에 없었다. 그런데 버팀목 역할을 하는 이 벽에다 구멍을 뚫으면 건물 구조가 허약해지기 마련이었다. 이런 결함을 안고 있던 통 모양의 천장을 버린 최초의 프랑스 교회 가운데 하나인 생트마들렌 교회는 두 개의 터널이 직각으로 만나는 교차 천장을 도입하여 구조적 안정성을 높였다(14.10).

이 교회는 교차 천장 덕분에 아주 높은 곳에도 창을 만들어 풍성한 빛을 끌어들일 수 있었다. 내부를 자세히 들여다보면 건축가는 외벽이 감당하기에는 너무나 육중한 교차 천장을 도입했다는 사실을 알 수 있다. 천장이 너무 무거우면 벽 상단이 밖으로 밀려나갈 우려가 있다. 이 미는 힘을 상쇄 시키기 위해서는 건물 바깥에 따로 보강벽을 만들지 않을 수 없었다(14.18은 보강벽의 원리를 나타내는 예다).

제14장 중세 미술의 종합

14.9 생트마들렌 바실리카 (프랑스 부르고뉴 베즐레). 신랑. 1104–32년.

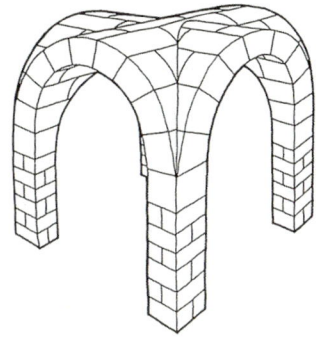

14.10 교차 천장의 구조도.

14.11 최후의 심판. 생라자르 대성당의 중앙 입구 박공(프랑스 오툉). 1130년경.

14. 중세 미술의 종합 **125**

부르고뉴 지방에는 그리스도교 세계에서 가장 강력한 호소력을 가졌던 주제를 뛰어난 건축 조각으로 묘사한 또 하나의 교회가 있다. 오툉에 있는 생라자르 대성당의 박공 삼각벽에 새겨진 〈최후의 심판〉(14.11)은 로마네스크 양식에서 되살아난 건축과 조각의 밀월 관계를 보여준다. 아치와 상인방 사이에 박힌 삼각벽은 지옥에 대한 공포감을 자극하여 신도들에게 경종을 울렸던 일종의 설교집 역할을 했다. 위풍당당한 최후의 심판관은 정면을 응시하면서 마치 저울처럼 두 손을 내뻗었다. 하단 가장자리에서는 죽은 사람들이 무덤에서 일어나고 있다. 왼쪽에서는 구원받은 사람들이 천국으로 들어가고 오른쪽에서는 천벌을 받은 사람들이 사악한 귀신과 악마에 이끌려 지옥으로 내몰린다. 뜨거운 신앙심으로 불타던 로마네스크 예술가들은 죄인들에게 시각적으로 공포심을 불러일으키는 데는 둘째 가라면 서러워할 사람들이었다.

토스카나 로마네스크

로마식의 둥근 아치와 천장, 육중한 벽, 아치를 받치는 지주와 기둥이 번갈아가며 나타나는 로마네스크의 기본 양식은 서유럽 전역에 널리 퍼졌지만 관습과 전통에 따라 지역적으로 조금씩 다른 모습을 보이기도 했다. 토스카나를 비롯한 북부 이탈리아 일원에서 로마네스크 양식은 초기 그리스도교 교회의 바실리카 평면을 고수했다. 그것은 고전 미술에 대한 관심이 높아졌음을 입증한다. 사실 고전 미술의 유산이 깡그리 망각된 적은 한 번도 없었다.

토스카나 로마네스크 양식이 가장 잘 발현된 건물군은 피사에 있

제14장 중세 미술의 종합

14.12 **피사 대성당과 부속 건물.** 1063-1272년.

는 대성당과 부속 건물이다(14.12). 쉽게 구할 수 있는 흰 대리석으로 지어진 대성당은 초기 그리스도교의 바실리카를 닮았지만 중심에 솟아오른 돔, 서면(西面)에 첨가된 아케이드, 건물 전체를 블라인드처럼 둘러싼 아치는 로마네스크의 특성을 보여준다. 신랑의 양 옆으로 길게 뻗은 익랑(翼廊)의 끝에는 각각 후진(後陣)이 마련되어 건물을 구조적으로 한결 안정되어 보이게 한다. 유명한 피사의 사탑은 바로 이 성당에 딸린 부속 건물이다. 1174년 보난노 피사노에 의해 불안정한 지반 위에 착공된 이 탑은 1350년에야 완공되었지만 이미 한참 전부터 기울기 시작했다. 꼭대기의 세 층은 남쪽으로 기울어진 만큼을 보정하기 위해 북쪽 방향으로 일부러 약간 기울게 만들었다. 지금은 수직 방향으로부터 5미터나 벗어나 있는 피사의 사탑은 현재로서는 더이상 움직이지 않는 것처럼 보인다. 1992년 탑 전체를 두 개의 강철띠로 두른 다음 나머지 부분과의 조화를 위해 그 위에다 치장 벽토를 발랐다. 360킬로그램 가량 나가는 납덩어리도 무게 중심을 맞추기 위해 얹었다. 공학자들은 피사의 사탑이 안정된 상태에 이를 때까지 모두 18개의 강철 띠를 덧붙일 계획이다.

몽생미셸

로마네스크 양식은 여러 분야에서 골고루 나타났지만 진가는 건축에서 발휘되었다. 교회는 묵시록적 세계관을 거듭 환기시키는 하느님의 요새라 할 수 있었다. 이런 그리스도교의 이상을 노르망디 해

14.13 **몽생미셸**. 이 사진은 폭풍우가 몰아치는 프랑스 북부 해안의 전형적 날씨를 보여준다.

지도 14.1 서유럽의 로마네스크 유적과 고딕 유적.

안의 바위섬에 우뚝 솟은 몽생미셸 대수도원(14.13)처럼 잘 구현한 건물도 없다. 이 수도원은 1020년 힐데베르트 대수도원장과 정복왕 윌리엄의 할아버지였던 노르망디공 리처드 2세에 의해 착공되었다. 무려 5세기에 걸친 건설 기간 동안에 수도원장은 숱하게 갈렸고 양식도 수없이 바뀌었다. 노르만 양식, 노르만 로마네스크 양식, 초기, 전성기, 후기 고딕 양식이 혼합된 몽생미셸에는 중세 건축이 모두 집약되어 있다.

제14장 중세 미술의 종합

14. 중세 미술의 종합 **129**

초기 고딕 양식

대성당을 만들었을 때처럼 인간이 행복의 영감을 얻은 적은 없었다.
로버트 루이스 스티븐슨(1850-94)

수도원 공동체의 일부로서 주로 시골에 들어섰던 로마네스크 양식의 교회는 수도회의 규칙에 따라서 살았던 수사들에 의해서 지어졌고 또 그들을 위해서 세워졌다. 유럽 전역에서 대도시들이 발전하면

14.14 **생드니 대성당**. 내부. 1140-44년.

서 새로운 고딕 양식도 덩달아 발전했다(지도 14.1). 속세에서 살았던 '세속' 성직자들이 이끌었던 고딕 교회들은 도시 교구를 이끌기 위해 만들어진 도회적 건물이었다. 도시 공동체의 명예이며 중심지였던 고딕 교회는 주교의 거처였을 뿐 아니라 극장, 교실, 연주장, 법정, 사교장 역할까지도 했다.

고딕 천장

고딕 건축물의 근간을 이루는 구조적 요소들은 로마네스크 시대에 발전하고 적용되었지만 이 요소들을 종합한 건물을 파리 바로 북쪽의 생드니에 세운 것은 무명의 천재 건축가였다. 이 공사를 주관한 사람은 쉬제르 대수도원장이었다. 그는 자신이 수도원장으로 있으면서 했던 일과 목표를 자세히 적어놓았다. 신의 존재를 상징하는 빛으로 가득 찬 새로운 성가대석과 유보회랑(游步回廊)을 만드는 것이 그의 의도였다(14.14). 기존 교회의 갑갑하고 어두운 유보회랑과 예배당과 예배당 사이의 두꺼운 벽을 채색 유리벽으로 바꾸어놓는다는 발상이었다. 이 목표를 이루기 위해서 건축가는 천장의 무게를 끝이 뾰족한 첨두(尖頭) 아치로 지탱했다. 첨두 아치는 반원형 아치보다 안정성이 뛰어나다. 아치의 원리는 상호 지탱의 원리다. 두 부분을 서로 기대어놓으면 밑으로 떨어지려는 중력이 서로를 지탱하는 힘으로 작용한다. 그런데 아치가 평평하면 평평할수록 아치가 시작되는 점을 밖으로 밀어내려는 힘이 강해진다(14.15). 이 미는 힘은 아치 끝을 뾰족하게 하면 현저하게 줄어든다. 아치가 시작되는 점이 이루는 각도가 수직에 가까워지기 때문이다. 결론적으로 아치가 뾰족할

수록 옆으로 삐져나가려는 힘이 줄어들고, 따라서 육중한 보강재를 도입할 필요성이 줄어든다.

둥근 아치는 항상 원의 절반이기 때문에 반지름이 고정되어 있다. 반면 뾰족한 아치는 지름을 고정시킬 필요가 없기 때문에 어떤 높이까지도 올라갈 수 있고 어떤 공간도 이을 수 있다(14.16). 그림에서 첫번째 둥근 아치는 짧은 변을 잇고 두번째 둥근 아치는 긴 변을 이으며 세번째 둥근 아치는 대각선 변을 잇는데, 각 아치의 높이는 불가피하게 달라질 수밖에 없다. 그렇지만 첨두 아치들은 높이를 같게 만들 수 있기 때문에 공학적으로 복잡한 기술이 요구되지 않으며 날씬한 기둥 위에 균일한 높이로 주두가 얹혀지므로 미학적 효과도 뛰

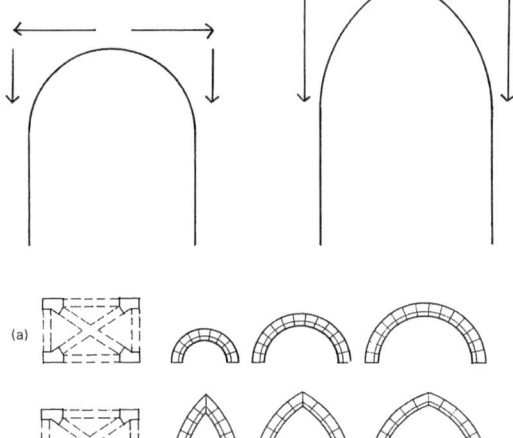

14.15 로마네스크와 고딕의 아치 구조도.

14.16
(a) 직사각형 주간 위의 반원형 아치 교차 천장.

(b) 직사각형 주간 위의 첨두 아치 교차 천장.

어나다.

생드니 성당에서 우선 눈길을 끄는 것은 뛰어난 채광성이다. 스테인드글라스 창은 광선 변환기의 역할을 하면서 성당 실내를 순간순간 빛깔이 변하는 몽롱한 발광체로 바꾸어준다. 스테인드글라스 창은 중간 문설주(조각이 새겨진 돌기둥)들로 공간이 분할되고 다시 돌로 된 칸무늬에 의해 더 작은 유리 패널들로 세분된 뒤 마지막으로 가느다란 납틀 안에 하나하나의 채색 유리 조각이 앉혀진다. 스테인드글라스를 관통하는 빛은 다색 효과를 연출하여 유리는 투명하게 만들고, 돌과 금속으로 된 분할선은 불투명한 검은 선이 되어 색채를 구분하고 강조하는 기능을 맡는다. 고딕 성당 실내의 신비로운 채색 장식은 빛을 궁극적인 아름다움의 형상으로 보았던 신플라톤주의의 이상을 표현한 것이다. 스테인드글라스는 천국의 거룩한 빛을 지상에 재현한 것이었다(14.24와 14.25).

1144년 6월 11일 쉬제르 대수도원장은 수백 명의 사제와 평민, 다섯 명의 대주교, 프랑스 왕 루이 7세와 왕비 엘레오노르 드 아키텐이 참석한 가운데 생드니 합창단석의 헌당식을 거행했다. 이 기념비적인 행사를 계기로 파리를 둘러싼 일대 프랑스 지역에서는 고딕 성당을 짓는 열풍이 몰아닥쳤다.

샤르트르 대성당은 생드니의 공식 헌당식이 거행되기도 전인 1142년에 벌써 착공되었고 라옹은 1160년에, 노트르담은 1163년에, 부르제는 1185년에, 그리고 다시 샤르트르는 대화재를 겪은 뒤 1194년에 재건되었다. 이 거대한 성당들 말고도 수백 개가 넘는 교회들이 속속 지어져서 불과 한 세기 만에 북유럽의 주요 도시에는 자랑할 만한 교회가 적어도 하나씩은 들어서게 되었다.

파리의 노트르담

파리 노트르담의 위풍당당한 정면(14.17)은 7세기가 넘도록 합리적 설계의 표본으로 추앙받았다. 모서리마다 견고한 부벽이 설치된 정면은 세 단으로 거뜬히 솟아올랐는데 여기서는 조각 장식을 건물 구조가 압도한다. 후기 고딕 대성당의 돌출한 입구와는 달리 이 세 개의 정문은 움푹 들어갔고 그 위에 성인들의 조각이 일렬로 늘어서 있다. 중앙의 커다란 장미창은 두 개의 겹창 위에 얹힌 작은 장미창을 좌우에 거느렸고 그 위로는 레이스 무늬로 장식된 뾰족한 아치 선이 있다. 섬세한 처마 장식과 길다란 창문을 가진 정사각형 탑들은 건물 구조에 절도와 격조를 더해준다. 이 웅장한 서쪽 정면은 유럽의 문화적 중심지로 무섭게 부상하던 파리의 기세를 상징한다.

노트르담을 동쪽 끝에서 바라보면 (14.18) 고딕 설계의 핵심적 요소라 할 수 있는 날개 부벽이 한 눈에 들어온다. 유보히랑을 둘러싼 육중한 지주

14.17 파리 **노트르담 대성당**. 서쪽 정면.

제14장 중세 미술의 종합

들에서 시작되는 두 무리의 아치들은 부드럽게 솟아오르면서 상층의 지주들을 받쳐주고 건물의 구조를 안정시키는 데 필요한 균형력을 제공한다. 건축가들이 수많은 스테인드글라스 창이 뚫

14.18 **파리 노트르담 대성당**. 공간 부벽의 지탱을 받는 후진.

린 독립 외벽을 활용할 수 있었던 것은 공중 부벽의 원리 덕분이었다. 날개 부벽은 건물을 물리적으로 떠받쳐주었을 뿐 아니라 건물이 더없이 튼튼하고 안전하다는 것을 노골적으로 드러내어 사람들을 심리적으로 안심시켰다. 사실 건물은 이 공중 부벽 때문에 더욱 튼튼해졌다.

노트르담의 평면도는 동쪽이 둥그스름한 직사각형이다. 로마네스크 교회와 고딕 교회는 주로 십자가 모양으로 설계되었다. 14.19에서 그 기본 골격을 간단히 나타냈다. 이런 교회의 다양한 부분을 가리키는 명칭은 모든 십자가형 교회에 두루 적용된다. 건물의 기본 배치에도 공통의 원리가 있었다. 신자들은 서쪽 문으로 들어와서 예루살렘이 있는 동쪽으로 나아갔다(명칭은 똑같이 쓰면서도 이런 지리

적 원칙을 따르지 않는 교회도 있다). 이 평면도에서 건물의 중심축을 이루는 신랑에는 모두 여섯 개의 주간이 있고 날개에 해당하는 수랑에는 각각 세 개의 주간이 있다.

전성기 고딕 양식

1194년 샤르트르 마을에서 일어난 대화재는 그때까지도 완성되지 못했던 대성당의 초기 고딕 양식으로 된 정면만을 온전하게 남겨놓았다. 샤르트르 대성당의 재건 사업은 곧바로 착수되어 빠르게 진척되었다. 1220년에는 건물의 기본 골격이 완성되었다. 고딕 대성당은 적게는 수십년에서 길게는 수백년이 걸린다는 통념은 잘못된 것이다. 새로운 장식을 보내고 가다듬자면 사실 한도 끝도 없었으므로 건

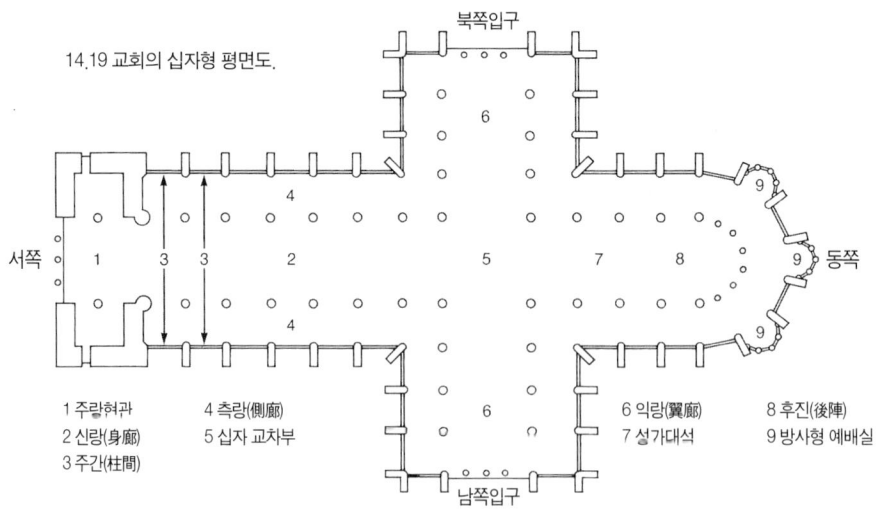

14.19 교회의 십자형 평면도.

1 주랑현관
2 신랑(身廊)
3 주간(柱間)
4 측랑(側廊)
5 십자 교차부
6 익랑(翼廊)
7 성가대석
8 후진(後陣)
9 방사형 예배실

물의 기본틀이 완성된 다음에도 사람들의 눈에는 끝없이 공사가 이루어지는 것으로 보였을 것이다.

샤르트르 대성당

고딕 전성기의 최고 가는 걸작인 샤르트르 대성당은 예로부터 '성당들의 여왕'으로 일컬어졌으며 고딕 건축의 진수를 보여준다(14.20). 전성기 고딕 양식의 전형을 나타내면서 동시에 샤르트르만의 개성을 보여주는 남쪽 탑은 정사각형 기초에서 서서히 발전하여 4단에 이르러서는 팔각형 모양으로 변신한다. 여기서부터 우아한 첨탑이 무려 105미터 높이까지 치솟았다. 그것은 가히 '하느님을 가리키는 손가락'으로 불릴 만했다. 르네상스가 한창 진행될 즈음에야 뒤늦게 완성된 북쪽의 섬세한 탑에서는 남쪽 탑과 같은 거침없는 수직성을 느끼기 어렵다. 수직성은 고딕 양식의 얼굴과도 같았다. 도시들은 조금이라도 높은 천장과 탑을 가진 교

14.20 **샤르트르 대성당**. 서쪽 정면. 1142-1507년경.

회를 짓기 위해 말없는 경쟁을 벌였다. 드높이 솟은 하느님의 집은 시민적 성취의 상징으로 받아들여졌다. 정문의 폭이 48미터이고 길이는 130미터에 이르는 샤르트르 대성당은 마을 전체의 건물 높이에 제한을 가하는 개발규제법 덕분에 지금도 처음 지어졌을 때와 마찬가지로 홀로 우뚝 솟아 있다.

원래는 왕의 문이었다가 성당이 재건되면서 정면 속에 통합된 서

14.21 샤르트르 대성당. 왕 입구의 중앙 문.

쪽 문은 로마네스크 양식의 입구에서 즐겨 사용되었던 최후의 심판이라는 주제를 강조하지만 뚜렷한 차이점도 보여준다(14.21). 최후의 심판이라는 동일한 주제 안에서도 천벌에 초점을 두지 않고 구원을 약속하는 그리스도의 재림을 전면에 부각시켰다. 그러나 로마네스크 양식에서 볼 수 있었던 창조의 자유는 사라져버렸다. 모든 것은 규격화되고 정형화되었다. 바깥 문틀은 요한의 묵시록에 나오는 스물네명의 원로들의 모습을 아치형의 곡선을 따라 새겨넣었고 그 밑에 열두명의 제자를 일렬로 배치했다. 네 복음서 저자들의 상징으로 둘러싸인 그리스도는 이제는 온후한 모습으로 카이사르 아우구스투스(9.10 참조)처럼 한 손을 들어 축도를 하고 있다. 그 밑의 수직으로 된 문설주에도 인물상을 박아넣은 것은 혁신적 기법이었다. 이것은 필사본에서 베낀 것이 아니라 살아 있는 인물을 모델로 하여 만든 듯하다. 점점 현세를 중시하는 방향으로 나아가던 시대적 조류를 여기서도 읽을 수 있다.

새로운 시대 조류는 헌당 방식의 변화에서도 나타났다. 그때까지는 열두 제자와 성인들에서 성당의 이름을 따왔지만 이제 새로 지어진 교회는 거의 다 성모 마리아(노트르담)에게 바쳐졌다. 정의보다는 자비를 갈구했던 죄많은 모든 인간은 마리아를 하늘의 여왕으로 받들면서 그녀가 자기들을 따뜻이 거두어주기를 원했다. 고딕 시대에는 이처럼 성모 마리아를 숭배하는 열풍이 몰아닥쳤다. 로마네스크가 장원제와 전란의 시대에 걸맞은 양식이었다면 좀더 개명된 고딕은 엘레아노르 드 아키텐 같은 권세를 누리던 여자들이 후원한 궁정 연애에서 유래한 기사도의 시대에 어울리는 양식이었다.

파리와 샤르트르 같은 대성당의 부속 학교가 발전하면서 마리아는 그리스의 아테나 여신처럼 예술과 학문의 후원자로 추앙받았다. 샤르트르 대성당의 오른쪽 문, 이름하여 왕의 출입구에는 아리스토텔레스, 키케로, 유클리드, 프톨레마이오스, 피타고라스의 모습과 문법, 논리, 수사, 산술, 기하, 음악, 천문 같은 일곱 가지 자유학문의

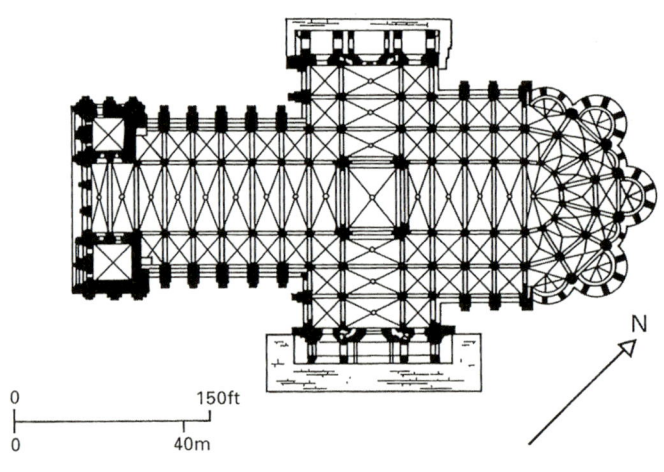

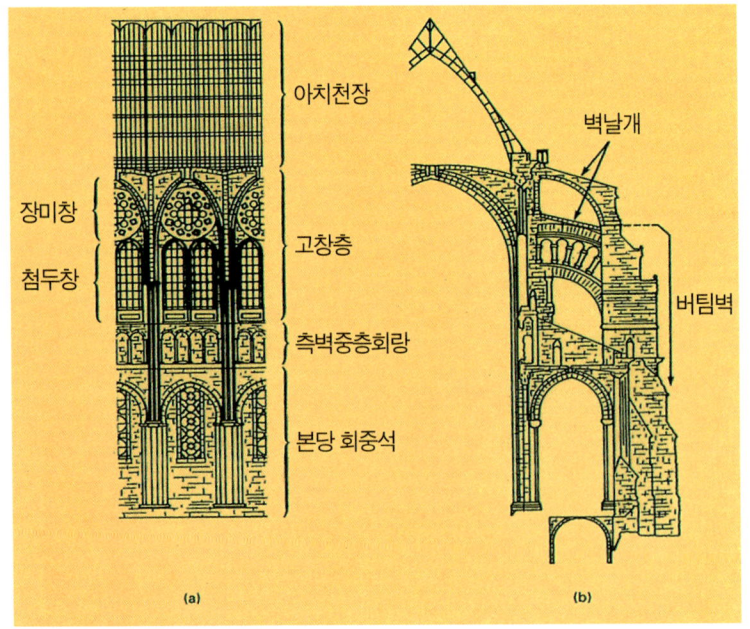

14.22 샤르트르 대성당의 평면도(위).

14.23 샤르트르 대성당의 스케치.
(a) 신랑 벽의 일부
(b) 천장 구조도.

상징물이 새겨졌다. 실제로 샤르트르 대성당의 부속 학교는 고전 학문의 요람으로 명성을 떨쳤다. 왕의 출입구는 고딕 성당과 마찬가지로 정신적 삶과 세속적 삶의 중세적 종합을 표현하다고 볼 수 있다.

   샤르트르 대성당의 신랑은 폭이 16미터로 당시의 고딕 성당 중에서는 가장 넓었다. 전체 길이는 40미터에 높이는 37미터로 당시의 성당 천장 중에서도 가장 높았다. 아케이드를 이룬 높은 첨두 아치들이 후진을 에워쌌고 아치 바로 위가 다시 작은 아케이드를 이루는 트리포리움이다. 성모 마리아에게 바쳐진 다섯 개의 거대한 창은 성가대석을 찬란한 빛으로 물들였다.

14.24 샤르트르 대성당. 북쪽의 장미창과 첨두창. 13세기 초. 장미창의 지름 12.8m.

샤르트르 대성당의 신랑에는 여섯 개의 주간이 있고 각각의 익랑에는 주간이 둘씩 있다. 신랑의 통로는 하나지만 성가대석과 후진은 통로가 둘이다(14.22). 14.23a는 기둥과 기둥이 이루는 하나의 주간과 신랑 벽의 세 단을 그림으로 나타낸 것이다. 아치 천장의 얼개 (14.23b)를 보면 건물을 지탱하는 외벽 구조가 얼마나 복잡하고 튼튼했는지를 알 수 있다.

고딕 성당의 내부를 황홀하게 만드는 것은 바로 거대한 스테인드 글라스 창으로 쏟아져 들어오는 형형색색의 빛이다. 원래의 창들을 거의 온전히 유지하고 있는 샤르트르 성당은 예술의 보고라 할 수 있다. 높이가 13미터나 되는 꼭대기 창들의 면적은 모두 600평 가까이 되었다. 익랑의 북쪽 끝에 위치한 장미창은 다섯 개의 장식 첨두창 위에 박아놓은 거대한 보석처럼 영롱하게 반짝인다(14.24). 북쪽의 장미창은 푸르스름한 빛깔이 주조를 이루어 시원한 느낌을 준다. 그 맞은편에 있는 남쪽의 장미창은 빨강, 주황, 노랑처럼 따뜻한 느낌을 주는 빛깔이 지배적이다.

그밖의 프랑스 대성당들

랭스 대성당은 496년 레미 주교가 무서운 기세로 세력을 팽창하던 프랑크족의 지도자 클로비스의 세례식을 랭스에서 행한 이후 프랑스 왕들이 전통적으로 축성을 받는 곳이 되었다. 첨두 아치에 둘러싸인 눈부시게 아름다운 장미창에서 고개를 조금 더 올리면 천장 가까이까지 올라간 더 크고 화려한 장미창이 보는 이를 압도한다 (14.25). 랭스 대성당의 가장 두드러진 점은 뛰어난 통일성이다.

1231년까지 대성당을 설계하고 공사를 감독한 장 도르베의 뒤를 이어 이 일을 맡은 네 명의 건축가들은 원 설계자의 뜻을 잘 살려 소중한 문화 유산을 후세에 남겼다.

프랑스의 루이 9세를 위해 불과 33달 만에 완성된 생트 예배당은 현재 쥐스티스 궁전 안의 작은 교회로 남아 있다. 벽은

14.25 랭스 대성당. 내부. 1210년 착공.

사실상 없다시피하고 스테인드글라스를 지탱하는 지주들이 건물의 골격을 유지해준다. 75미터 높이까지 치솟은 첨탑이 얹혀 있는 이 예배당 상단에는 높이가 15미터나 되는 창들이 나 있다. 모두 1134개의 장면이 묘사되어 있고 유리 면적만 200평이 넘는 생트 예배당은 방사상 양식으로 되어 있어서 눈부신 빨강과 반짝이는 파랑이 조화를 이룬 커다란 보석상자처럼 생겼다(14.26). 여기에는 측면 통로가 없어서 공간 부벽을 굳이 만들 필요가 없었고, 때문에 벽면의 75퍼센트를 차지하는 창을 통해 빛이 공간 부벽에 가로막히지 않고 거침없이 쏟아져 들어온다. 스테인드글라스의 규모와 질에서 샤르트르 대성당과 자웅을 겨루는 생트 예배당은 프랑스 혁명의 와중에 겨우 살아남긴 했지만 많이 파손되어서 정부의 자료 저장소로 방치되었다가 19세기에 복원되어 원래의 모습을 많이 회복했다. 놀라운 것은 워낙 처음부터 빈틈없이 설계되었기 때문에 7세기가 흘렀는데도 건

14. 중세 미술의 종합 **143**

14.26 생트 예배당(프랑스 파리). 내부의 상단. 1245-48년.

제14장 중세 미술의 종합

14.27 생피에르 대성당(프랑스 보베). 1225년경 착공.

물의 골격은 그대로 끄떡없이 남아 있다는 사실이다.

보베의 대성당을 마지막으로 더 높은 천장을 올리려는 경쟁은 막을 내렸다(14.27). 천장의 높이가 무려 48.9미터에 달했던 이 성당은 경이로움 그 자체였지만 1284년 결국 무너지고 말았다. 붕괴를 면한 것은 후진뿐이었다. 40년이 넘는 세월 동안 재건된 성가대석은 지금도 온전히 남아 있어서 고딕 시대의 수직 상승에 대한 열망과 막대한 돈을 들여 교회를 지으려는 열정의 감퇴를 생생히 증언하고 있다. 신앙심이 한풀 꺾이면서 돈도 바닥이 났다.

예전에는 돌로 그렇게 높은 천장을 올렸기 때문에 건물이 무너진 거라고 생각했지만 현대 공학자들이 조사해보니 외벽 지주에 설계상의 결함이 있었다. 1284년의 대참사는 건물의 모든 요소가 제대로 기능해야 둥근 천장의 안정성이 유지되는 고딕 건축물의 아이러니컬

14. 중세 미술의 종합   **145**

한 성격을 드러냈다. 부실한 지주 하나를 제대로 탐지하지 못하는 바람에 성가대석의 천장이 와르르 무너진 것이다. 반면에 구조적으로 독립되어 있었던 후진은 멀쩡하게 살아남았다.

다른 지역의 고딕 양식

13세기 후반으로 접어들면 고딕 양식은 유럽 전역에서 수용되었지만 이탈리아는 별로 적극적이지 않았다. 지역에 따라 고딕 양식은 조금씩 색깔이 달라졌다. 영국인은 마치 자신들이 고딕 양식을 창안한 것처럼 여기에 열정적으로 매달렸지만 자신들의 개성을 분명히 드러

14.28 윈체스터 대성당(영국). 신랑. 10/9년 착공.

내는 것을 잊지 않았다. 프랑스의 대성당들은 높이에 집착했고 영국의 대성당들은 평면상의 길이에 집착하여 익랑을 이중으로 만들기도 했다. 성가대석의 끝부분도 둥글게 처리하지 않고 정사각형으로 만들었고 성모 마리아를 모신 예배당을 별도로 만들었다. 프랑스에서 볼 수 있는 깨끗한 수직선은 처음부터 무시하고 풍부한 무늬와 장식성을 강조했다. 윈체스터 대성당에서 볼 수 있듯이(14.28) 영국의 대성당들은 천장을 장식하는 가로대들이 마치 숲처럼 우거져 있다. 중요한 것은 아케이드가 아니라 천장이었다. 또 하나의 중요한 차이는 영국의 대성당들은 프랑스의 대성당보다 훨씬 오랜 기간에 걸쳐 지어졌고 그러다보니 노르만(로마네스크) 양식을 부분적으로 도입하는 등 다양한 형식이 들어가 있다는 것이다. 전체적으로 볼 때 프랑스의 고딕 대성당과 같은 고요한 조화의 느낌은 덜하지만 시각적으로나 역사적으로는 더 흥미진진한 점이 있다. 애석하게도 영국의 중세 스테인드글라스는 남아 있는 것이 드물다. 16세기와 17세기의 종교전쟁 때 성상 파괴에 나선 신교도들에 의해 대부분이 파손되었다. 영국인은 프랑스 성당의 실내는 너무 차갑고 비인간적이지만 자기들의 성당은 포근하고 친밀감을 준다고 자부한다. 똑같은 양식이라도 민족의 개성에 따라 달라질 수밖에 없었다.

이탈리아는 고딕 양식을 뒤늦게 주저하면서 받아들였다. 이탈리아인은 16세기에 '프랑스 양식'을 북방 고트족의 야만적 창안물로 폄하할 만큼 자부심이 강한 민족이었던 것이다. 고전주의와는 분명히 거리가 멀었던 고딕 양식은 안정감이 없고 늘 미완성이라는 느낌을 주기 때문에 고전 시대의 완전무결한 신전에 익숙해 있던 이탈리아인의 마음을 사로잡지 못했다. 하지만 고딕 정신은 이탈리아에도 어김없이 스며들어 고전 전통과 로마네스크 전통의 일부로 자리잡았다.

14.29 시에나 대성당. 정면. 조반니 피사노 설계. 1285년경 착공.

고딕 요소가 강하기는 하지만 시에나 대성당의 서쪽 정면(14.29)은 입구가 사각형이고 삼각형의 박공벽이 있으며 고전 시대를 연상시키는 균형잡힌 구조를 가졌다. 시에나 대성당에서 고딕 양식의 특징으로 들 수 있는 것은 장미창, 스테인드글라스, 가장자리를 레이스처럼 장식한 아케이드, 세 개의 입구 같은 것이다. 조각은 건축학적 속박으로부터 해방되었으며 박공벽은 조각 대신 화려한 모자이크로 바뀌었다. 다양한 색깔의 대리석으로 지어진 정면은 고딕 요소와 토스카나 로마네스크 요소가 발랄한 조화를 이루었는데 여기서 고딕 정신에 대한 이탈리아인의 반응을 읽을 수 있다.

지역적 다양성을 보이기는 하지만 고딕 대성당은 중세 전성기의 폭발적 창조력과 지적 대담성을 집약하고 있다. 결코 완성된 적은 없었고 최종적 결과물이라기보다는 하나의 과정이었던 고딕 대성당은 중세의 종합을 쓸어버리게 될 변화의 격랑 한복판에 우뚝 서 있었다. 그것은 신앙의 시대의 찬란한 정점이자 중세의 종막이었다. 독일의 작가 하인리히 하이네(1797~1856)는 중세를 이렇게 간단히 요약한다. "당시 사람들에게는 신념이 있었지만 우리 현대인에게는 의견만이 있을 뿐이다. 고딕 대성당을 짓기 위해서는 단순한 의견 이상의 것이 필요하다."

장식 미술

건축은 중세 전성기를 주도한 예술이었지만 규모가 작은 장식 미술도 질과 양에서 모두 주목할 만한 수준이었다. 《루이의 시편집》에 나오는 그림(14.30)은 고딕 채식(彩飾)의 진수를 보여준다. 세 천사가 아브라함 앞에 나타나는 장면이 하나 있고 그 오른쪽에는 아브라함과 사라가 천사들에게 식사를 대접하는 장면이 있다. 두 장면은 참나무로 구분되어 있다. 두 장면의 배경이 건물이라는 데 유의하자. 둥근 천장, 아케이드, 칸무늬 같은 고딕 건축의 요소들은 중세의 미술 작품에서 흔히 볼 수 있는데 이것은 건축이 다른 예술보다 우위에 있었음을 의미한다. 특히 성유물함은 고딕 교회나 예배당과 비슷하게 만들곤 했다.

주로 종교적인 성격을 가졌던 중세의 필사본들에는 신성한 장면과 사건이 다채롭게 그려져 있다. 그러나 《피터버러 시편집》(14.31)은 세속 세계가 얼마나 중요해져 있었는지를 보여준다. 이것은 시편 1장이 시작되는 대목인데 글의 내용과 결부된 인물이나 대상은 아무리 찾아봐도 없다. 대신에 일상 생활에서 접할 수 있는 상황을 사실적으로, 때로는 비틀어서 그렸다.

14.30 《성 루이 시편집》에 나오는 아브라함과 세 천사. 1253-70년. 채색 필사본. 21×14.5cm. 파리 국립도서관.

14.31 《씨너버러 시편집》. 1300년. 채색 필사본. 브뤼셀 왕립도서관.

후기 고딕 양식

1300년에 그려진 《피터버러 시편집》의 놀라운 감각성과 풍요로움은 자신만만하고 원기왕성하고 얄미울 정도로 어여쁘게 피어오른 중세 미술로 우리를 이끈다. 1300년 이후로 필사본의 그림들과는 달리 규모가 큰 그림들이 다시 그려지기 시작했다.

후기 고딕 시대에 만들어진 〈성스러운 가시의 유물함〉(14.32)은 더할나위없이 호사스럽지만 신성한 물건에 대해서 이 정도의 사치는 부려야 하는 시대였다. 황금으로 된 틀과 밑단은 커다란 진주와 분홍빛의 루비로 풍성하게 꾸며졌다. 가시면류관을 쓴 섬세하게 조각된 천사의 옷과 날개에는 에나멜을 입혔다. 이 유물함 안에는 작은 황금 천사가 예수 그리스도의 가시면류관에서 나온 것으로 추정되는 가시 하나를 움켜쥐고 있다. 천사 중에서도 가장 우아한 천사가 딛고 서 있는 이 유물함은 거룩하면서도 지극히 현세적인 느낌을 준다.

14.32 성스러운 가시의 유물함. 랭스 대성당. 25.5×94 80cm.

고딕 건축에서 빼놓을 수 없는 요소인 스테인드글라스와 부조 조각은 모자이크, 벽화, 프레스코화가 맡았던 역할을 했다. 규모가 큰 그림들은 북유럽의 고딕 건축물에서는 사실상 사라진 지 오래였지만 비잔틴 문명과 아직도 교류를 하고 있던 이탈리아에서는 여전히 그려지고 있었다. 이탈리아 화가들은 비잔틴 양식과 고딕 양식을 종합하여 서양 회화가 발전하는 데 중요한 기여를 했다.

치마부에

프레스코와 템페라[01]를 잘 그린 실력 있는 화가로 알려진 피렌체의 치마부에(1240?~1302)가 도입한 기법들은 이탈리아 양식의 발전에 기여했다. 그가 그린 〈옥좌에 앉은 성모〉(14.33)는 차분한 배경과 힘차고 강렬한 인물들이 대조를 이루는 새로운 개성을 보여준다. 그림 아래의 인물들을 작게 그린 것은 아기를 안은 성모 마리아의 위엄을 강조하기 위해서였다. 비잔틴의 성화와는 비교가 안 될 정도로 큰 이 그림에서 삼각형으로 된 박공과 강인한 느낌을 주는 옥좌, 그리고 전반적인 수직성은 고딕 양식 특유의 분위기를 물씬 풍긴다. 딱딱하게 각이 진 성모 마리아의 옷주름은 비잔틴 전통에서 유래했지만 천사들의 부드러운 얼굴선과 가벼운 옷주름은 당시 콘스탄티노플에서 유행하던 작품들에서 영감을 얻은 것이다.

조토

치마부에의 자연주의적이며 어마어마하게 규모가 큰 작품은 그의

---

01 프레스코화는 안료를 물에 탄 다음 젖은 회벽에 발라서 만든나. 템페라는 안료를 달걀 노른자 위에 이겨서 주로 패널 위에다 바른다. 둘 다 마르는 시간이 무척 빨랐기 때문에 그림을 다시 그리기 전에는 수정하는 것이 사실상 불가능했다. 그래서 화가들은 신속하고도 정확하게 작업해야 했다.

제14장 중세 미술의 종합

14.33 옥좌에 앉은 성모.
치마부에 작. 1280-90년경.
목판에 템페라. 3.85×2.24m.

제자나 다름없었던 조토(1267~1337)에게 깊은 영향을 미쳤다. 조토는 '서양 회화의 아버지'로 널리 인정받고 있다. 그는 혼자만의 힘으로 미술에 혁명을 일으킨 사람이었다. 조토는 공간, 부피, 동작, 얼굴 표정에 뛰어난 현실감을 주었는데 그 후 서양 회화는 6세기 이상이나 이 원칙을 고수해나갔다. 그가 치마부에한테서 받은 영향은 〈옥좌에 앉은 성모〉(14.34)에서 분명히 드러나 있지만, 반드시 더 낫다고는 말할 수 없어도 확실히 다른 점이 있다. 조토는 비잔틴 전통

14. 중세 미술의 종합 **153**

을 버리고 자기 작품을 서양의 본에 맞추었는데 그것은 의심할 나위 없이 프랑스 대성당의 조각이었을 것이다. 입체감 있는 그의 인물들은 건축학적 틀 안의 3차원 공간을 차지하고 있다. 조토는 〈옥좌에 앉은 성모〉에서 마리아의 무릎을 앞으로 튀어나오게 그려 옷 밑에 피와 살을 가진 육체가 엄연히 있다는 사실을 암시했다. 치마부에의 천사들과 비교할 때 조토의 천사들, 특히 무릎을 꿇은 천사들은 고딕 옥좌의 바닥과 같은 높이에 있다. 천상의 세계를 옮겨놓은 듯한

14.34 옥좌에 앉은 성모. 조토 작. 1310년경. 목판에 템페라. 3.25×2.03m.

비잔틴 회화의 특성은 입체적인 형상들이 차지하는 구체적 공간 안에서 설 자리를 잃었다.

시에나의 두 화가

치마부에나 조토와는 화풍이 또 다른 시에나의 두 화가가 있었는데 서양 회화의 역사에서 처음 나타난 국제적 양식이 바로 이들에 의해서 확립되었다. 두초(1255~1319)는 눈을 제외하고는 얼굴을 비잔틴풍으로 그렸지만 북쪽의 고딕 필사본과 상아 조각에 흡사한 양식을 보여주었다. 당대의 가장 수준 높은 화가로 인정받았던 두초의 〈옥좌에 앉은 성모〉(5부 첫머리 15쪽 그림)는 매우 장식적이다. 배경에 놓인 천의 주름은 유연하게 접혀 있고 대작답지 않게 선이 섬세하기 그지없다. 평면적으로 그려진 성모 마리아는 비잔틴 화풍이지만 이와는 대조적으로 무릎을 꿇은 천사들은 곡선미를 한껏 드러냈는데 이는 두초가 헬레니즘-로마의 자연주의 전통과 고딕 건축 조각의 전통을 결합시켰음을 의미한다. 지중해 문화와 북유럽 문화가 종합된 국제적 양식은 이 한 작품 안에 빠짐없이 녹아들어 있다고 해도 과언이 아니다.

〈베드로 사도와 안드레 사도의 소명〉(14.35)에서 두초는 기품 있고 당당한 예수 그리스도가 얼떨떨한 표정을 짓는 어부들에게 점잖게 말을 붙이는 장면을 그리면서 하늘을 황금빛으로, 바다는 투명한 녹색으로 묘사했다. 이것은 두초만의 독창적인 세계였고 아비뇽의 교황들과 북유럽 각국의 왕과 왕비들은 이 분위기에 반한 나머지 자국 화가들에게 이대로 그리도록 요구했다.

14.35 베드로 사도와 안드레 사도의 소명. 두초. 1308-11년. 패널에 템페라. 43.5×46cm. 워싱턴 국립미술관.

　아비뇽에서 교황의 전속 화가로 일하던 두초의 제자 시모네 마르티니(1284~1344)는 시에나 화파의 우아함과 후기 고딕 건축의 정교함을 결합시켰다. 그가 그린 〈수태고지〉(14.36)는 궁정 양식의 전형이 되었다. 그림의 틀은 완전한 고딕풍답게 꽃과 잎의 장식 무늬, 조각이 새겨진 첨탑으로 그득하지만 영원성을 상징하는 배경의 황금잎은 비잔틴풍이다. 우아한 곡선으로 묘사된 천사 가브리엘은 성모 마리아 앞에 무릎을 꿇고 "성모님, 가득한 은총으로 … !" 하고 외친

156

14.36 수태고지. 시모네 마르티니. 1333년. 목판에 템페라. 2.64×3.05m.

다. 그의 입에서 나온 말이 문자 그대로 전달되자 마리아는 불안한 모습으로 몸을 뒤로 뺀다. 풍성한 파란 옷에 감싸인 그녀의 몸은 섬세한 곡선을 그린다. 두 사람 사이에는 마리아의 순결을 상징하는 백합이 꽃병 속에 있다. 보석처럼 공들여 그려진 이 그림은 귀족적이며 궁정에 어울리는 분위기를 연출한다. 아비뇽의 교황궁에서 마르티니와 함께 있었던 페트라르카의 세련된 시와 잘 맞아떨어질 듯한 그런 분위기다.

고전 양식, 비잔틴 양식, 고딕 양식을 종합한 국제 양식은 유럽 전역의 왕궁과 교황청으로 번져나갔다. 그것은 미술, 음악, 의상, 예절에서 우아함과 섬세함, 정교함을 중시한 돈많은 후원자가 있는 곳이면 어디서든지 열렬한 반응을 불러일으켰다. 종교적 계몽이 아니라 미적 쾌락이 우선시되었다.

제14장 중세 미술의 종합

여성들의 공동사회

중세의 여성들이 기대할 수 있었던 것은 결혼을 해서 가정을 꾸리고 가사를 돌보는 것이 전부였다. 결혼을 하지 않은 여성이 택할 수 있는 길은 단 하나, 수녀가 되는 것이었다. 수도원에 들어간 여성들은 거기서 신앙 생활에 전념하면서 공부도 하고 각종 기술도 익혔다. 수도원은 독립적으로 운영되는 시설이었으므로 자급 자족을 할 수밖에 없었고 그러기 위해서는 수녀들도 다양한 기술을 배워야 했다.

미사를 하고 고해성사를 하기 위해서는 사제를 영입해야 했지만 나머지 일은 수녀들이 도맡았다. 그들은 필사본을 베끼는 일은 물론 연구도 게을리 하지 않았다. 유명한 지식인을 배출하여 명성을 얻은 수도원도 있었다. 간더스하임 수도원의 흐로츠비트는 역사와 희곡을 썼다. 빙겐의 힐데가르트는 작곡가이며 과학자, 신학자였다. 호헨베르크 수도원장이었던 란즈베르크의 헤라트는 수녀들의 도움을 받으면서 《환희의 정원》이라는 세계사 겸 백과사전을 썼다. 13세기부터 수도원은 대학에 교육 기관으로서의 자리를 서서히 내주기 시작했다. 그 후 5~6세기 동안 여자들이 교육을 받을 수 있는 길은 거의 막혔다.

14. 중세 미술의 종합 **159**

제15장
중세의 음악과 무용 :
성과 속

　오늘날 세속 음악과 종교적 목적에 사용되는 음악을 가르는 선은 아주 모호할 때가 많다. 똑같은 음악이 경계선의 양편에서 모두 들리는 경우가 적지 않다. 세속적이거나 성스러운 음악이 원래부터 따로 있는 것이 아니라 세속적인 목적이나 성스러운 목적에 사용될 뿐이다. 이것 말고는 차이가 없다. 어떤 교회에서 사람들이 춤을 추지 않는다고 해서 '무용 음악'은 교회 음악이 아니라고 말할 수는 없지 않겠는가. 거꾸로, 사람은 나이트클럽에서도, 축구 경기장에서도 기도를 할 수 있는 법이다. 요컨대 우리는 세속 사회에서 살고 있는 셈

7개의 자유학문. 호르투스 델리키아룸(복원한 것: 15.3 참조). 원본 1170년경. 필사본.

이다.

중세 유럽은 세속 사회가 아니었다. 물론 교회 당국의 시야에서 벗어난 영역에서 벌어지는 일들은 요즘의 일상 생활과 크게 다르지 않았을 것이다. 그럼에도 불구하고 사회는 엄격하게 구조화되어 있었다. 마을의 구두수선공에서 제분업자, 시골 지주, 자작농, 기사, 백작, 남작, 왕, 수도사, 사제, 주교에 이르기까지 자신의 직분을 정확히 파악하고 있었다. 음악도 그 나름의 직분을 부여받았다. 엄밀하게 규정된 방식을 통해서만 음악은 교회에 등장할 수 있었다. 교회에서 들리는 음악은 거룩해야 했고 하느님을 섬기는 내용이라야 했다. 그 섬김의 주체는 물론 교회였다. 교회가 규칙을 만들었다.

종교 음악

세상 어디에서나 가장 오래된 음악의 형식은 다른 성부나 반주가 붙지 않고 하나의 선율로 진행되는 단성 음악이다. 장식이 배제된 이런 종류의 선율이 로마 교회의 전례 음악이 되었다. 이런 단성 음악 양식을 그레고리오 성가 또는 전례 성가라고 불렀다.

그레고리오 성가

전설에 따르면 그레고리우스 대교황(재위 590~604년)(15.1)이 전례 음악의 체계를 만들라는 지시를 내리면서 사제들에게 음악 교육

15.1 오르간 연주를 하는 다윗 왕(왼쪽)과 그레고리우스 대교황. 1241년. 채색 필사본. 상당수가 다윗이 지은 것으로 보이는 시편은 그레고리오 성가의 핵심을 차지한다. 성령을 전하는 비둘기의 방문을 받고 모노코드(음정들 사이의 수학적 관계를 측정하는 도구)를 든 그레고리우스는 전례 성가를 집대성한 전설적 역할에 걸맞는 모습으로 나타났다.

제15장 중세의 음악과 무용 — 성과 속

을 시키고 공통된 전례를 서양 교회 전역으로 보급했다고 한다. 그는 교회 조직을 재정비했다. 하지만 그의 이름을 딴 성가의 형식이 완성된 것은 샤를마뉴(재위 768~814년)의 통치가 이루어진 직후였다. 현재 3000개에 가까운 그레고리오 성가의 미묘하고 섬세한 선율은 그 무엇하고도 바꿀 수 없는 보배다.

그레고리오 성가는 아카펠라(무반주)이며 남성이나 여성이 독창이나 합창으로 라틴어로 부른다. 음의 높이와 길이는 성서에 의해 결정된다. 다시말해서 음악의 리듬은 단어의 리듬과 맞아떨어져야 한다. 행진곡이나 왈츠처럼 소리의 일정한 진동이나 박자는 없으며 규칙적인 강약으로 노래를 분할하는 일은 없다. 부드럽게 물결치는 선율은 동굴 같은 교회 안에 울려퍼져 소리의 거미줄을 짜나가면서 신자들의 마음속에 경외심을 불러일으켰다.

세속 음악처럼 그레고리오 성가도 여러 세기 동안 순전히 구전으로만 존재했다. 고대 그리스인이 만들었던 정교한 기보법은 사라진 지 오래였고, 8세기에 들어와서야 새로운 기보법이 발전하기 시작했다. 음조를 나타내는 네우마라는 기호가 처음에는 음조를 얼마나 엉성하게 표현했는지 아레초의 구이도(990~1050)라는 수도사는 "우리 시대에서 가장 바보스러운 이들은 노래 부르는 사람들"이라고 개탄했다. 그는 "노래에 들이는 시간의 상당 부분을 신성 문자와 세속 문자를 모두 깨우치는 데 빼앗기다 보니" 정확한 기보법이 발전하지 못했다고 지적했다.

이 문제를 해결하기 위해 구이도는 네 줄로 된 보표를 고안하여

15.2 구이도 다레초. 12세기. 채색 필사본. 왼쪽에 앉은 구이도는 모노코드 위에다 두 옥타브의 크기를 보여주고 있다. 이것은 다시 네우마로 전환되어 보표에 기록되었다.

그 위에다 네우마로 정확한 음높이를 나타냈다(15.2).

많은 그레고리오 성가들은 유대교의 교당에서 불리던 성가를 각색했는데 특히 알렐루야(히브리어로 "주를 찬양하라"는 뜻)가 그랬다. 알렐루야는 하나의 음절에 여러 개의 음을 이어 장식하는 멜리스마 기법을 특징적으로 보여준다.

미사

가톨릭 예배에는 두 가지의 기본꼴이 있는데, 하나는 미사이고 또 하나는 성무일도다. 성무일도는 수도원이나 수녀원 같은 종교 공동체에서 하루에 여덟 번 드리는 기도를 말한다. 역시 매일 거행되는 미사는 가톨릭 신앙에서 가장 중심이 되는 전례다. 형식면에서 보았을 때 이 성사는 주의 성찬을 정성들여 재현하는 데 목적이 있었다. 예수의 살과 피를 상징하는 빵과 포도주를 신도들이 조금씩 나누어 먹는 순간이 미사의 절정이었다. 가톨릭 예배는 모두 이 성찬식을 위한 준비 아니면 뒷마무리라고 보아도 과언이 아닐 정도다.

'평미사'에서는 침묵을 지키는 신도들 앞에서 사제가 낮은 목소리로 강론과 봉독을 한다. '장엄미사'에서는 그레고리오 성가를 비롯한 다양한 노래들이 불려진다.

미사는 특별한 주일이나 축일에 알맞게 봉독 내용이 달라지는 고유 미사와 교회력 전체에 걸쳐서 동일한 내용을 봉독하는 통상 미사로 구분된다. 고유 미사와 통상 미사에서 읽는 내용은 모두 성서에서 나오는데 사제나 성가대에 의해 봉독되거나 낭송된다.

미사의 전체적 골격을 소개한 것이 표15.1이다. 현대로 넘어오면

제15장 중세의 음악과 무용 — 성과 속

서 미사는 점점 현지 언어로 이루어지고 있으며 평신도들의 참여와 성가가 차지하는 비중도 커지고 있는 것은 사실이지만 근본 구조는 변하지 않았다.

트로프

트로프는 권위 있는 전례문 사이에 끼워넣은 보완의 글을 의미한다. 원래 텍스트의 단어와 단어 사이에 문장들이, 때로는 시 한 편이 모두 삽입되었다. 추가된 단어들을 기존의 곡조에 맞추기도 했지만 글과 음악을 모두 기존의 텍스트 안에 집어넣기도 했다. 가령 연

표 15.1

미사	
통상 미사(같은 글)	고유 미사(다른 글)
	1. 입당송
2. 연민송	
3. 영광송	
	4. 오라티오(기도, 본기도)
	5. 사도 서한의 발췌
	6. 층계송
	7. 알렐루야(사순절 기간에는 영송)
	8. 복음서
9. 사도 신경	
	10. 봉헌송
	11. 밀창(密唱)
	12. 감사송
13. 상투스	
14. 카논	
15. 아뉴스 데이	
	16. 영성체
	17. 영성체 후의 기도
18. 이테 미사 에스트 (가라, 식이 끝났다)	

민송("주여 저희를 불쌍히 여기소서")은 트로프의 삽입으로 이렇게 될 수 있다. "주여, 전능하신 아버지시여, 만물의 창조주시여, 저희를 불쌍히 여기소서."

트로프를 끼워넣기 시작한 것은 똑같은 내용의 반복에서 오는 권태를 이겨보려는 생각에서였을 수도 있고 창조적 욕구의 발산이었을 수도 있고 혹은 단순히 곡조를 까먹었기 때문이었을 수도 있고 아니면 이 모든 것이 결합되었기 때문일 수도 있다. 권위를 부여받은 텍스트들은, 특히 통상 미사에서 낭송되던 전례문들은 여러 세기 동안 똑같은 내용을 유지하면서 수없이 많이 불려졌다. 좀더 적극적인 해석을 가하자면 트로프는 창조성을 발산할 수 있는 여지를 남겨주어 기존의 권위를 크게 무너뜨리지 않으면서도 틀에 박힌 전례 음악에 활력을 불어넣는 역할을 했다고 볼 수 있다.

부속가

트로프 중에서 가장 오래된 것은 알렐루야의 마지막 음절인 "야"에 끼워넣어진 것이다. 많은 알렐루야는 동방 정교에 기원을 두었기 때문에 마지막 음절이 이국적이고 복잡한 멜리스마로 끝났다. 이 멜리스마에 새로운 시가 추가되면서 서서히 마지막 부분은 알렐루야로부터 떨어져나와 부속가라고 불리는 별개의 악곡으로 발전했다. 이처럼 부속가가 분리되어 나오자 작곡가들은 선율을 자유롭게 바꿀 수 있는 절호의 기회를 맞이했다. 교회가 부과한 종교 음악의 틀에서 마침내 벗어날 수 있게 되었던 것이다.

부속가는 음악 자체만을 위한 작곡의 문을 새롭게 열었다. 그리고 그런 발전은 팔레스트리나, 베토벤, 스트라빈스키 같은 작곡가의 작품 활동으로 이어졌다. 부속가를 작곡하는 것은 규정곡의 답답한 속박으로부터 벗어나기 위한 첫 단계였다. 작곡가들은 좀더 과감한 음악적 혁신을 도모했고 결국 중세의 담벽을 허물어뜨릴 수 있었다.

부속가의 유행은 종래의 그레고리오 성가를 한때 위기에 빠뜨렸다. 교회 당국자들은 예기치 못한 사태 발전에 경악했다. 종교개혁을 저지하기 위해 소집된 트리엔트 공의회(1545~63)는 부속가를 폐지했다. 그러나 이것은 엄청난 반발을 샀고 네 개의 부속가는 존속되었다. 지금 남아 있는 부속가 중에서 가장 오래된 것은 신성 로마 황제 헨리 3세의 전임 사제였던 부르고뉴의 위포가 만든 이른바 부활절 부속가다. 이 멜로디는 훗날 루터파의 부활절 합창곡인 〈죽음의 속박 아래 누워 계신 그리스도〉의 모태가 되었다.

예배극

미사 같은 종교 의식은 연극의 영역으로 곧잘 확대된다. 미사에서 최후의 만찬을 극적으로 재현하던 관습은 차츰 중세극으로 발전했다. 그 원동력은 고전 그리스 연극을 낳았던 디오니소스 숭배의 열기와 흡사했지만 중요한 차이점이 있었다. 그리스 비극이 압박을 느끼는 상황에서 윤리적 선택이라는 주제를 다루었다면 글을 읽을 줄 몰랐던 중세의 농민들은 그리스도의 탄생, 선한 목자로서의 예수, 세 명의 동방박사, 그리고 신앙과 관련이 깊었던 특수한 사건들에 주로 관심이 있었다. 극으로서 형태를 완진하게 갖춘 현존하는 예배극 중에서 가장 오래된 것은 빙겐 수도원장이었던 힐데가르트가 쓴 것으

15.3 악기를 연주하는 여인(호르투스 델리키아룸). 1170년경. 필사본 일부. 원래 스트라스부르 도서관에 보관되어 있던 이 필사본은 1870년 프랑스-프로이센 전쟁 때 파손되었다. 오른쪽에 걸려 있는 것은 활로 연주하게 된 아랍에서 들어온 레벡이라는 악기다. 하프를 연주하는 여성 연주자의 왼쪽에 보이는 것은 회전 리(오르가니스트룸)다. 이 악기는 현이 세 개인데 회전 손잡이로 조종되는 바퀴에 의해 이 현들이 움직인다. 손풍금의 먼 조상이라 할 수 있다.

로 추정되는데, 그는 악마와 인간의 영혼(아니마) 사이의 싸움에 관한 이야기를 썼다.

처음에 배우는 사제들이었고 줄거리는 예수의 생애, 그 중에서도 특히 크리스마스나 부활절에 얽힌 일화들이었다. 예배극을 공연하면서 사제들은 복음서에 나오는 대화를 풀어서 썼고 때로는 트로프도 끼워넣었다. 그러나 이 짧은 연극은 글을 모르는 평신도들이 이해하기에는 너무 함축적이고 추상적이었다. 배우들은 형식적인 부분에서는 라틴어를 썼지만 대화 부분에서는 차츰 일반인이 이해할 수 있는 자국어를 쓰기 시작했다. 나중에는 공연을 전부 자국어로만 하게 되었는데 가장 먼저 쓰인 말이 프랑스어였다. 연극 공연은 처음에는 제

15. 중세의 음악과 무용 : 성과 속 **169**

단 앞에서 이루어졌지만 세속적 요소가 차지하는 비중이 높아지면서 교회 입구 쪽으로 옮겨졌고 배역도 평민들의 몫으로 돌아갔다. 그들은 자기들만의 결사체인 배우 협회를 조만간 결성하기에 이르렀다.

예배극은 음악에 대한 의존도가 높아서 노래와 다양한 종류의 반주 악기가 동원되었다. 수많은 악기가 있었지만 특히 즐겨 사용된 것은 오르간, 하프, 리라, 호른, 트럼펫, 리코더, 레벡(비올의 전신이며 이것이 당시에는 바이올린이었다), 드럼을 비롯한 각종 타악기였다 (15.3).

유명한 예배극의 하나인 〈세 왕의 연극〉은 11세기에 만들어졌다. 일부 멜로디는 단선 성가에서 빌려왔지만 대부분은 연극 공연을 위해 특별히 작곡되었다.

콘둑투스

콘둑투스는 중요한 인물의 등장이나 퇴장을 이끄는 데 사용되었던 행렬 성가였다. 가장 유명한 것이 〈나귀의 노래〉인데 이것은 마리아가 당나귀를 타고 이집트로 피신했던 장면을 묘사하는 데 쓰였다. 당나귀를 타고 교회로 들어서는 성모 마리아를 수행하는 음악에 걸맞게 콘둑투스는 운율을 중시했다. 각 소절은 장중한 행진에 어울리게 네 박자로 되어 있었다.

14세기 초부터 예배극은 신비극으로 발전되었다. 신비극은 교회가 아닌 세속 집단의 후원 아래 완전히 자국어로 공연되었다. 행렬, 팡파레, 춤 장면에만 음악을 썼던 이 성서를 극화한 연극은 근대 유럽 연극의 선구자 역할을 했다.

세속 음악

편력시인

10세기부터 13세기까지 편력시인(골리아드)은 기존 질서에 불만을 품은 학생, 파문당한 성직자, 음유시인, 불량배, 예술가, 몽상가가 뒤섞인 반항적인 떠돌이 집단이었다. 기존의 가치와 완강한 제도에 전반적으로 불만을 품었던 이들은 자신들을 감싸주었던 '골리아스 주교'의 이름을 자기들 일파의 이름으로 삼았다.

편력시인의 노래는 사랑, 술, 봄 같은 다양한 주제를 다루었다. 그들은 도덕적이고 정신적인 내용뿐 아니라 물질적인 내용도 즐겨 언급했다. 전체적으로 쾌활했으며 때로는 외설적으로 흐르기까지 했던 그들의 노래는 편력시인 자신의 방탕성을 드러낸다고 그 시대 사람들은 믿었다.

그들이 불렀던 노래 중에서 지금까지 남아 있는 것은 거의 없지만 시는 적잖은 수가 살아남았다. 13세기에는 이들의 작품을 모은 《카르미나 부라나》라는 필사본이 간행되었다. 카를 오르프(1895~1982)라는 독일의 현대 작곡가는 이 시선집에 수록된 작품을 곡으로 만들었다. 이 시집에 실린 시들의 첫 연만 훑어보아도 어떤 주제를 다루었는지 대강 짐작이 갈 것이다.

"바다에서 라인강까지 모두가 이 몸의 땅이라면 까짓 얼마든지 포기하겠노라, 영국 여왕을 내 품에 안을 수만 있다면."

"참담함과 분노에 치를 떨면서 나 자신에게 이르노니."
"나는야 클뤼니 수도원장, 술꾼들하고 주로 시간을 보낸다네."
"주막에만 있으면 우린 누가 죽어도 몰라요."
"사랑의 신은 못 가는 데가 없다."
"어여쁜 소년아, 너에게 내 모든 걸 바치마."

편력시인들의 방탕한 행실과 사회 체제에 대한 공격은 교회와 갈등을 빚을 수밖에 없었다. 그렇지만 그들은 오래 가지 않아 기세가 꺾였다. 교회의 강한 저항에 부딪쳐서가 아니라 대학에게 밀려난 것이다. 세상을 떠돌아다니던 학생들은 이제 대학에 머물렀다. 그렇지만 교회와 대학, 권위와 지식은 훨씬 치열한 갈등의 양상을 보였다.

유랑악사

프랑스의 유랑악사들은 편력시인들처럼 교육 수준이 높은 사람들은 아니었다. 9세기부터 각지를 떠돌기 시작한 이 남녀의 무리는 노래를 짓는 것보다는 눈요깃거리를 제공하는 데 장기가 있는 사람들이었다. 그들은 다른 사람들이 만든 노래를 부르거나 음악을 연주했고 길들인 동물로 재주를 부리면서 결혼식 같은 특별한 행사에서 흥을 돋우었다. 그들 중에는 사회적으로 받아들여질 수 있을 만큼 남다른 실력을 갖춘 사람도 있었지만 절망감에 시달리던 성직자들은 그들을 고운 눈으로 보지 않았다.

유랑악사들은 무훈시를 즐겨 읊었는데 이것은 샤를마뉴와 롤랑 같은 영웅들의 용맹스러운 위업을 노래한 서사시였다. 누구나 쉽게 기억할 수 있을 만큼 평이한 곡조였기 때문에 기록해놓을 필요성을 느끼지 못했고 따라서 지금 남아 있는 곡은 거의 없다. 12세기에 만들어진 《롤랑의 노래》 필사본에는 롤랑의 무용담을 노래하는 데 쓰였던 것으로 보이는 음악이 단편적으로 남아 있다. 산문과 운문의 성격을 반반씩 지닌 이런 이야기들은 무훈시와 비슷했지만 조금 달랐다. 〈오카생과 니콜렛〉이 가장 유명하다.

음유시인

기사도 시대의 한 단면을 드러내면서 프로방스의 트루바두르(음유시인)과 그 후예인 북부 프랑스의 트루베르는 주옥 같은 중세의 서정시들을 남겼다. 즉 12세기 중엽에는 트루바두르의 영향력이 북부 프랑스까지 퍼져나가 사자왕 리처드의 가수였던 블롱델 드 네슬레 같은 뛰어난 트루베르를 낳았다. 트루바두르의 연가처럼 트루베르의 노래도 단선율이었고 그때그때 구할 수 있는 악기에 따라 반주를 넣을 수도 있었다.

여성 음유시인으로서 가장 유명했던 사람은 12세기에 남부 프랑스의 드롬 계곡에 살았던 디아 백작부인, 일명 베아트리즈였다. 그녀는 사포처럼 개성이 뚜렷한 자기의 목소리를 낼 줄 알았다. 그녀는 남자들이 내세우는 합리화를 일거에 쓸어버리면서 정절, 헌신, 사랑은 남녀가 모두 지켜야 할 맹세라고 주장했다.

교육 수준이 높았던 이 남녀 귀족들은 남부 프랑스의 교양 있는 귀족들에게 연애시와 《사랑의 기술》이라는 책으로 널리 알려져 있었던 오비디우스의 전통을 이어받아 연애시를 썼다. 현존하는 트루바두르는 시가 2600수, 음악이 300곡이고, 트루베르는 시가 4000수, 음악이 1400곡에 이른다. 다루는 내용은 십자군, 여행 등 아주 다양했지만 뭐니뭐니해도 남녀의 사랑을 노래한 시가 압도적으로 많았다. 지금 남아 있는 멜로디는 그리 많지 않지만 이 시들은 모두 노래로 불려지기 위해 씌어졌다. 마르세유의 폴케(1155~1231)라는 음유시인에 따르면 "음악 없는 시는 물 없는 물방앗간이다."

음유시인 중에서 가장 먼저 이름을 날린 아키텐의 윌리엄 9세는 십자군이며 시인이며 가수였다. 그의 파란만장한 삶과 낭만에 찬 모험은 모두 열한 편의 시와 한 곡의 멜로디에 반영되어 있다.

문헌 9 음유시인의 노래

아키텐의 윌리엄 9세

1. 비바람이 휘몰아치기 전에
   나는 새로운 노래를 지으련다.
   나의 여인은 따지고 재는구나
   나의 사랑을 확인하려고.
   시험받는 건 괴로운 노릇이지만
   사슬에서 벗어나지는 않겠어.

2. 벗어나다니, 그 품안에 나를 속박시켜야지.
   어느 말씀이라고 내가 거역할까.
   나의 고운 여인을 이리 사랑한다고 해서
   술에 취한 놈으로 여기지는 말게나.
   그 여자가 없으면 난 살아갈 수가 없거든.
   난 그녀의 사랑에 굶주렸다네.

3. 아, 상아 조각보다도 새하얀 그녀,
   내 어찌 한눈을 팔 수 있겠나?
   허나, 어서 보상이 주어지지 않는다면,
   내 여인의 사랑을 손에 넣을 수 없다면,
   어디서든 좋으니 입맞춤을 할 수 없다면,
   성자의 머리를 걸고 맹세하노니, 난 죽고 말걸세!

4. 어여쁜 그대여, 무슨 곡절이 있길래
   그대는 사랑의 빗장을 풀지 않는 거요?
   수녀가 될 생각이오?
   들어보구려, 난 그대를 너무도 사랑하기에
   그대의 무정이 내가 갈구하는 애정으로 바뀌지 않는다면

가슴을 찌르는 고통을 견딜 수가 없구려.

5. 내가 수도사라도 되어서
　　당신의 문 앞에서 서성이지 않기를 바라는 거요?
　　여인이여, 우리가 서로를 사랑하는 순간
　　우리는 온 세상의 기쁨을 누릴 수 있습니다.
　　나의 벗 도로스트르의 집에서
　　보내는 이 노래가 반갑게 불려졌으면 좋겠구려.

6. 너무도 그녀를 사랑하기에
　　온 몸이 떨리고 후들거리누나.
　　세상 천지를 구석구석 뒤지고 다닌들
　　그런 여자를 내 어찌 만날 수 있을까.

　　윌리엄의 아들의 손녀가 바로 푸아티에라는 곳에다 사랑의 궁정을 세운 유명한 엘레아노르 드 아키텐(1122~1204)이다. 엘레아노르는 음유시인을 여러 명 후원했는데 베르나르 드 방타도른도 그 중 하나였다. 그는 현대 비평가들에 의해 가장 뛰어난 서정시인으로 평가받는다.

　　베르나르가 쓴 마흔 편의 시와 열여덟 곡의 음악이 지금도 남아 있다. 발랄하고 재치 있고 따라 부르기 좋은 그의 노래가 한결같이 다루었던 주제는 보상받은 사랑이었건 일방적 고상한 사랑이었건 거룩한 사랑이었건 속된 사랑이었건 아무튼 사랑이었다.

　　프랑스 국왕가 이혼한 다음 엘레아노르는 노르망디공 헨리 2세와 결혼했다. 헨리 2세는 훗날 영국 국왕에 오른다.

다성 음악

중세 음악의 절정은 다성 음악의 발전이었다. 다성 음악은 둘 이상의 멜로디가 동시에 불리거나 연주되는 형식의 음악을 말한다. "리리리자로 끝나는 말은"을 돌림노래로 부르면 같은 멜로디가 상이한 위치에서 겹쳐지면서 다성 음악이 된다. 〈사람의 소망 되시는 기쁨 예수〉라는 곡에서 바흐는 세 가지의 상이한 멜로디를 결합시킨다.

다성 음악과 밀접한 관련이 있는 양식은 17세기 후반과 18세기 초반에 나타난 단성 음악이라고 불리는 형식이다. 단성 음악은 하나의 멜로디와 반주, 다시 말해서 멜로디와 하모니로 이루어진다. '미국 국가'는 단성 음악의 대표적 예다.

다성 음악과 단성 음악은 밀접한 관련이 있으며, 순수한 단성 음악, 순수한 다성 음악으로 존재하는 경우는 드물다. 엇비슷한 비중을 갖는 둘 이상의 멜로디를 강조하는 음악을 우리는 다성 음악이라고 부른다. 반면, 단성 음악은 곡을 주도하는 멜로디가 있고 화음이

표 15.2

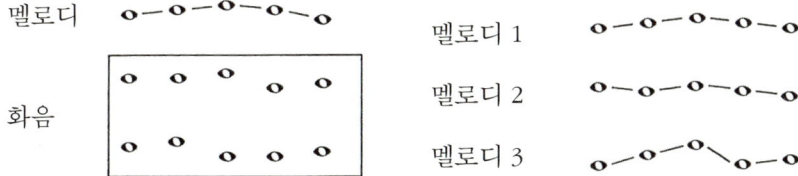

이 멜로디를 풍성하게 만들어준다. 두 양식을 비교하면 표15.2와 같다.

비서양 음악(중동에서 동아시아, 아프리카까지)에서는 다성 음악도 단성 음악도 나타나지 않았다. 이런 문화들에서도 다성 음악이 어쩌다가 나올 수는 있지만 그것은 의도된 것이었다기보다는 저절로 그렇게 된 것이다. 서양 음악에서 보듯이 사전에 구상되어 작곡된 다성 음악이 아니라 멜로디들의 우발적 결합의 산물인 것이다.

서양 음악을 남다르게 만들어주는 특성은 바로 이 다양한 목소리의 어울림(다성이든 단성이든)이라고 할 수 있다. 중세에 이루어진 다성 음악의 발전은 따라서 바흐, 베토벤, 밥 딜런, 브루스 스프링스틴, 블루스, 래그타임, 재즈, 컨트리웨스턴, 록 같은 다채로운 음악 형식의 폭발적 분출을 낳은 기폭제의 역할을 톡톡히 했다.

가장 이른 시기에 만들어진 중세 다성 음악은 단선율 성가의 풍부한 유산을 기초로 삼았다. 10세기 초반부터 조금씩 이루어진 이런 시도들은 처음에는 평이했다. 원래의 성가에서 일정한 간격을 두고 또다른 성부를 덧붙였다(평행 오르가눔). 뒤이어 나타난 자유 오르가눔에서는 두 성부가 반대 방향으로 움직였다. 다시 그 다음에 등장한 멜리스마 오르가눔에서는 한 성부가 길게 늘어진 음들(원래의 성가)을 따라 느리게 움직이는 동안 또 다른 성부는 정교한 멜리스마(장식 선율)를 밟아나갔다.

정선율

결국 나중에 가면 성가의 멜로디는 가장 낮은 성부에 실리게 되는데 이것을 정선율(定旋律)이라고 불렀다. 성가는 라틴어 가사의 첫악절을 제목으로 삼았다. 정선율은 테너(간직한다는 뜻의 라틴어 '테네레'에서 온 말)라고도 불렸는데 이것은 원래의 성가 멜로디를 간직한다는 의미였다.

중세의 모든 다성 음악 작곡은 정선율에 기초를 두었다. 권위를 인정받은 전례 음악(단선율 성가)을 작곡의 바탕으로 삼는 관행은 성서 귀절을 토대로 하여 이루어지는 설교와도 일맥상통한다. 두 방식 모두 승인받은 원전을 창조적 활동의 출발점으로 삼았다.

다성 음악 작곡은 12세기에 괄목할 만한 성장을 이루었는데 여기에는 파리 노트르담 대성당을 무대로 활동하던 작곡가들이 발명한 리듬 기보법의 역할이 적지 않았다. 파리의 작곡가들은 노트르담 성

음악 1 3부 오르가눔

알렐루야, 12세기, 일부   페로탱

제15장 중세의 음악과 무용 – 성과 속

당의 거대한 공간이 쩌렁쩌렁 울리도록 많은 성부로 된 커다란 소리를 원했다. 그들은 상이한 성부들을 동조시키는 요령과 각 성부가 제때 제 소리를 내도록 이동시키는 요령을 터득하면서 서너 개의 성부를 가진 음악을 만들기 시작했다. 노트르담 기보법은 단장격(短長格), 장단격, 장단단격 같은 시의 운율에 바탕을 두었다. 시에서 발전된 장음과 단음의 패턴이 기보법으로 변형된 것이다. 리듬 기보법에서 특기할 만한 점은 '마디 단위의 박자, 즉 멜로디의 진행이나 앞뒤 맥락으로부터 독립되고 분리된 박자를 처음으로 기호 조작으로 표현했다'는 사실이다. 노트르담의 작곡가들은 박자를 재는 방법을 처음으로 발견한 사람들이었다.

음악 1은 노트르담 악파의 거장인 페로탱의 세 성부로 된 오르가눔이다. 두 성부와 기악선을 명확히 볼 수 있게 처음 몇 악절을 기보법으로 표현했다. 음악은 이제 박자표와 세로선에 의해 마디 단위로 표시되었다. 어떤 멜로디든 노래로 휘파람으로 악기로 표현할 수 있었다. 복잡하지 않은 선율이라도 동시에 터져나오면 다성 음악은 복잡해질 수밖에 없었다.

가장 중요한 종교 음악 형태의 하나인 모테트는 13세기에 개발되었다. 이 다성 음악 형식은 원래 전례 성가의 한 악절에 바탕을 두었는데 이 악절이 정선율로 사용되었다. 그 위에다 작곡가는 하나, 둘, 혹은 그 이상의 선율을 얹었다. 각각의 선율에는 별도의 가사가 붙어 있었다. 맨 처음에 얹힌 선율을 모테투스('말'이란 뜻)라고 불렀다. 정선율 위에 얹힌 셋째 성부는 트리플룸, 넷째 성부는 쾨드루플룸이라고 불렀다.

모테트는 다양한 변주의 가능성을 제공했다. 성부마다 다른 가사를 붙일 수 있었을 뿐 아니라 심지어는 언어도 달리 할 수 있었다.

가령 정선율은 라틴어로 하고 그 위의 성부들은 민중어들로 할 수 있었다. 얼마 안 가서 세속시가 상부 성부들에 쓰이게 되었고 이때쯤이면 성서의 라틴어 구절은 정선율에서 제거되고 악기 연주로 대체되었다. 음악2에서 소개하는 것은 이런 유형의 세속 모테트인데, 여기서 상부 성부들은 프랑스의 한 연가를 다양한 변주로 불렀다. 관행대로 제목은 각 성부의 첫 대목에서 따왔으며 테너의 첫소절은 원래의 성가를 표시하는 역할을 맡았다. 여기서도 개별 선율들은 복잡하지 않지만 이런 것들이 어우러지면서 복잡하다는 인상을 준다는 것을 알 수 있다.

다성 미사곡

음악 형식이 빠르게 발전하면서 국제적 명성을 얻은 작곡가도 나타났다(뛰어난 실력을 가졌음에도 대부분 익명으로 남아 있는 대성

음악 2 모테트

엔 논 디우! 퀀트 보이 ; 에이우스 인 오리엔테, 13세기, 일부   작자 미상

15.4 왕실과 교회로부터 찬사를 받는 마쇼. 채식화. 파리 국립도서관. 이 최초의 서양 작곡가 초상화는 마쇼의 명성과 중세 후기의 프랑스에서 창조적 예술가가 차지하던 지위가 어땠는지를 시사한다.

당의 건축가들과는 대조적이다). 기욤 드 마쇼(1300~77)는 시인으로서뿐 아니라 세속 음악과 종교 음악에 모두 능한 작곡가로 기량을 과시하면서 후기 중세의 가장 재능 있는 예술가로 칭송받았다(15.4). 그는 모두 5악장으로 된 통상 미사곡의 기틀을 잡아놓았는데, 16세기까지 주요 작곡가들은 그가 세워놓은 틀을 따랐고 오늘날까지도 수많은 작곡가들이 이 형식을 고수하고 있다.

다음에 소개하는 〈아뉴스 데이〉(음악 3)는 세 개의 윗성부들에 의해 불려지고 콘트라테너의 기악 반주가 따른다. 테너는 이제 한 계난 올라섰지만 여전히 정선율을 부른다. 다성 미사곡은 모테트와는 달리 단선율 성가의 라틴어 가사를 사용한다.

음악 3 다성 미사곡

아뉴스 데이, 노트르담 미사곡, 1364; 일부 　　　　　　　　　　　마쇼

중세 무용

종교 무용

로마 교회는 이교도의 문화를 연상시킨다는 이유로 공식적으로는 예배에서 무용을 인정하지 않았지만 이것이 전면적으로 금지되는 성기 중세 이전까지는 일부 그리스도교 공동체에서는 하느님을 찬미하는 수단으로 무용이 널리 받아들여지고 있었다. 가장 인기를 끌었던 것은 〈예수 찬미가〉라는 윤무로 예수의 열두 제자와 12궁도를 상징하는 열두 명의 무용수가 춤을 추었다. 우주의 질서를 회복하기 위한 12궁 무용의 발상은 멀리는 고대 이집트까지 거슬러 올라간다. 그러나 직접적으로 영향을 준 것은 피타고라스 학파의 천구 음악 이론이었을 것이다. 이 윤무는 '천사들의 윤무' 또는 그냥 '천사 무용'이라고 불려지기도 했다.

트리푸디움은 초기 그리스도교에서 유래한 것으로 중세까지 살아남은 몇 안 되는 무용 스텝 가운데 하나였다. 트리푸디움에서는 두 스텝 앞으로 나갔다가 한 스텝 뒤로 물러서게 되어 있었다. 이 춤은 삼위일체를 상징하면서 한편으로는 (신앙의) 이보 전진과 (인간적 나약성의) 일보 후퇴를 의미했던 것 같다.

〈예루살렘으로 가는 길〉은 성도 예루살렘으로 가는 순례를 상징하는 장엄한 무용이었다. 이 춤은 일부 대성당의 신랑 바닥에 새겨진 미로의 구조를 따라 진행되었다. 선발된 지도자가 바닥 타일의 패턴과 조화를 이루는 스텝과 빠르기를 결정했다. 이것은 반주로 흘러나

제15장 중세의 음악과 무용 — 성과 속

오는 성가와 무용 스텝이 짝을 이루는 느린 윤무였다. 예루살렘까지 입성하기 위해서 지도자는 성가의 마지막 음절이 나오는 바로 그 순간에 정확히 미로의 한복판에 도착해야만 했다. 크레타의 크노소스 미궁을 본따서 만든 미로 위에서 대개 춤을 추었다. 12세기에 완성된 샤르트르 대성당의 미로는 지름이 12.2미터였다.

무용광들은 12세기에 영국에서 처음 출현했다. 사람들은 집단을 이루어 정신병자와 광인처럼 춤을 추어댔다. 이 죽음의 무용은 흑사병이 창궐하는 동안 나타난 새로운 현상이었다. 죽은 사람이 산 사람을 유혹하기 위해 무덤 위에서 춤을 춘다는 미신을 입증이라도 하듯이 흑사병에 걸린 사람들은 공동묘지에서 죽음의 무용을 추었다.

세속 무용

중세 초기의 무용에 대해서는 알려진 내용이 거의 없지만 8세기나 9세기가 되면 사교를 위한 무용은 지위의 고하를 막론하고 모든 계층의 사람들이 폭넓게 즐기는 활동이 되었다. 자주 열리던 축제와 박람회에서 신나는 춤을 추면서 농민들은 자신들의 암울하고 초라한 생활을 잠시나마 잊을 수 있었다.

유럽의 사교 무용에서 가장 먼저 나타난 형식은 한 무리의 사람들이 고리나 사슬처럼 늘어서서 추는 춤이었다. 이 중에서도 가장 인기를 끌었던 춤의 하나가 브랑르였다. 브랑르에서는 호 혹은 닫힌 원이 시계 방향으로 움직이다가 간헐적으로 역방향으로 스텝을 밟아 좌우로 흔들거리는 듯한 느낌을 주었다. 많은 춤들이 그랬지만 브랑르도 귀족들이 즐겨 추었다. 그들은 브랑르의 기본 스텝을 가지고 더

흑사병

기록에 남아 있는 그 어떤 페스트도 중세의 흑사병보다 더 지독하지는 않았다. 1338년 아시아에서 기승을 부린 이 전염병은 항구가 있는 모든 유럽 국가로 침투하여 전체 인구의 3분의 1에 해당하는 7500만 명의 목숨을 앗아갔다. 페스트균에 감염된 설치류의 피를 먹고 사는 벼룩에 의해서 옮겨진 이 병은 쥐가 득시글거리는 배를 타고 사방으로 번져나갔다. 흑사병에 걸리면 구토, 정신착란, 근육통이 일어나고 가래톳이라 불리는 림프절이 부었다. 병이 호흡기까지 번진 환자가 내뱉는 숨을 통해서 공기로도 전염이 되었으므로 흑사병은 무서운 기세로 번져나갔다. 그리스도교 세계에서는 흑사병의 원인을 모르고 있었지만 그리스도교 교도들은 이교도들과 죄인들로 인해 하느님의 벌을 받는 것이라고 믿었다. 희생양은 어디에서나 발견되었다.

불구자, 나병환자, 아랍인, 유대인이 만만한 공격 대상이었는데 특히 유대인은 독일과 남부 프랑스, 네덜란드, 스페인 일부 지방에서 사람들에게 떼죽음을 당했다. 스위스 바젤 지방에서는 유대인들을 나무 건물에 가두고 산 채로 불태워 죽였다. 얄궂게도 흑사병의 원인은 비그리스도교 문명에서 이미 5세기에 알려져 있었다. 수스라타라는 인도의 의사는 말라리아는 모기 때문에 걸리며 페스트는 쥐 때문에 생긴다는 것을 알아냈다. 페스트는 아직도 무서운 전염병이어서 처음 증세가 나타나고 몇 시간 안에 항생제를 맞지 않으면 사망한다. 현대의 에이즈는 중세의 흑사병 못지않은 파괴력으로 현대 문명을 위협하고 있다.

세련되고 복잡한 춤을 개발했다. 이 새로운 귀족 무용 중에는 쌍무도 있었는데 이것은 12세기에 프로방스 지방에서 처음 출현한 듯하다. 가장 오래된 쌍무로 알려진 에스탕피('찍는 춤'이라는 뜻)는 중세 전성기까지도 가장 인기를 끌었던 춤이었다. 에스탕피를 위한 음악은 세 박자로 되어 있었고 춤이 진행되는 동안 수없이 반복되는 짧은 악구로 구성되어 있었다. 무용을 시작하기 위해 파트너들은 반원형으로 나란히 섰다. 무용의 첫부분은 양쪽이 똑같은 발로 내딛고 붙이고 내딛고 붙이는 동작으로 시작된다. 무용수들은 처음에는 오른쪽으로 움직이다가 뒤로 물러섰다가 앞으로 나섰다가 다시 뒤로 물러서기를 반복했다.

다음은 두 부분으로 구성된 에스탕피의 예인데, 각각 위선율, 아래선율이라는 이름을 붙여놓았다. 연주는 그때그때 아무 악기로나 할

음악 4 에스탕피

기악 무용, 13세기, 일부   작자 미상

수 있게 되어 있었다. 중세의 궁정에서 춤을 춘다는 것이 과연 어떤 느낌인지를 맛보기 위해 북이나 탬버린, 종, 트라이앵글 같은 타악기를 두 개 이상 써서 반주를 넣어가면서 에스탕피 박자감을 따라가 보기 바란다.

제6부

르네상스
1350-1600

르네상스 1350-1600

	사람과 사건	미술과 건축	문학과 음악	철학/과학/발견
1350	1305-76 아비뇽 교황청 1348-50 흑사병 1382 위클리프 성서	림뷔르흐 형제 〈베리공작의 고귀한 성무일과〉	페트라르카 1304-74 소넷 보카치오 1313-75 《데카메론》	
1400	1415 얀 후스 화형 ; 헨리5세 아쟁쿠르에서 프랑스 격파 1378-1417 교회의 분열 1428 잔 다르크 잉글랜드 군 격파 1436 피렌체 대성당 봉헌 1419-67 부르고뉴의 선량왕 필리프 1453 백년 전쟁 종결 ; 콘스탄티노플 함락 1449-92 로렌초 데 메디치 1456 구텐베르크 성서 간행 1469-1504 페르디난도와 이사벨라의 스페인 통치 1492-1503 알렉산데르 6세(보르자 교황) 1494 프랑스와 스페인의 이탈리아 침공 1498 사보나롤라 화형; 페트루치, 베네치아에서 인쇄 독점권 획득	브루넬레스키 1377-1446 피렌체 대성당 돔 도나텔로 1386-1466 〈다비드〉 반 에이크 1390-1441 〈헨트 제단화〉 우첼로 1397-1475 〈산 로마노 전투〉 반 데르 웨이덴 1400-64 〈여인의 초상〉 마사초 1401-28? 〈봉헌금〉 알베르티 1404-72 〈산타마리아노벨라〉 베로키오 1435-88 〈다비드〉 멤링 1440-94 〈사원의 봉헌식〉 브라만테 1444-1514 템피에토 보티첼리 1445-1510 〈비너스의 탄생〉 보스 1450-1516 〈쾌락녀의 동산〉 다 빈치 1452-1519 〈최후의 만찬〉	던스터블 1390-1453 영국 작곡가 뒤페 1400-74 부르고뉴 작곡가 로렌초 발라 1407?-57 《콘스탄티누스의 증서》가 위조임을 증명 이자크 1450-1517 메디치궁의 독일 작곡가 조스캥 1450-1521 플랑드르 작곡가 미란돌라 1463-94 《인간의 존엄성에 대한 연설》 에라스무스 1466-1536 《우신예찬》 마키아벨리 1469-1527 《군주론》 토머스 모어 1478-1535 《유토피아》 카스틸리오네 1478-1529 《궁정교본》 1498 《마녀의 망치》, 마녀 색출 지침서	항해왕 헨리공 1394-1460 나침반과 해도 피치노 1433-99 플라톤 번역 코시모 데 메디치 1462 플라톤 아카데미 설립 코페르니쿠스 1473-1543 지동설 1486 디아즈 아프리카 연안 항해 1492 콜럼버스 아메리카 발견 1497 존 캐보트 아메리카 상륙 ; 영국 북아메리카 영유권 주장 1497-99 바스코 다 가마 아프리카 경유 인도행
1500	1503-13 율리우스 2세(전투적 교황) 1517 루터 95개조 공표 1521 보름스 의회:루터 교황청과 공식 결별 1509-47 영국 헨리 8세 1515-47 프랑스 프랑수아 1세 1519 코르테스, 아즈텍 정복 1527 카를 5세 로마 점령 1531-33 피사로, 잉카 정복 1534 영국 국교회 설립 1540 예수회 공식 승인 1545-64 트리엔트 공의회 ; 종교재판 재개 1547 칼뱅의 성서 1588 영국, 스페인 격퇴(아르마다 해전)	그뤼네발트 1483?-1528 〈작은 십자가에 박힌 예수〉 뒤러 1471-1528 〈로테르담의 에라스무스〉 조르조네 1475-1510 〈목자의 경배〉 미켈란젤로 1475-1564 〈다비드〉 〈피에타〉 시스티나 예배당 라파엘로 1483-1520 〈아테네 학당〉 티치아노 1488-1576 〈거울을 보는 비너스〉 홀바인 1497-1543 〈토머스 모어 경〉 파르미자니노 1503-40 〈목이 긴 마돈나〉 틴토레토 1518-94 〈최후의 만찬〉 팔라디오 1518-80 빌 라 로툰다 늙은 브뤼헐 1525-69 〈겨울-사냥꾼의 귀환〉 베로네세 1528-88 〈레비가의 그리스도〉	라블레 1490-1553 《가르강튀아와 팡타그뤼엘》 바사리 1511-74 《건축가, 화가, 조각가 열전》 팔레스트리나 1524/5-94 이탈리아 작곡가 라소 1532-94 플랑드르 작곡가 몽테뉴 1533-92 《에세》 세르반테스 1547-1616 《돈 키호테》 가브리엘리 1557-1612 베네치아 작곡가 셰익스피어 1564-1616 《태풍》 파너비 1565-1640 영국 작곡가 베네트 1575-1625 영국 마드리갈 작곡가	1513 발보아, 태평양 발견 1519-22 마젤란 세계 일주 티코 브라헤 1546-1601 천문학자 프랜시스 베이컨 1561-1626 경험과학 케플러의 《우주 구조의 신비》에 나오는 삽화
1600	1558-1603 영국 엘리자베스 1세	엘 그레코 1541-1614 〈그리스도의 부활〉		

제16장
새로운 세계관

지적 정열과 예술적 창조력이 용솟음친 르네상스 시대(1350~1600)는 중세를 밀어내고 근대 세계의 도래를 위한 발판을 제공했다. 그것은 사회적 불안, 정치적 소요, 종교적 분쟁으로 점철된 어지러운 시절이었다. 특히 이탈리아에서는 전란이 끊이지 않았다. 르네상스는 당시 사람들에게 고전 문명의 '부활'로 일컬어졌지만 한편으로 중세 전성기의 균형잡혔던 문화가 붕괴하면서 나타난 혼란의 시기이기도 했다. 그리스 로마 문명은 사라진 것도 죽은 것도 아니었다. 다만, 로마의 멸망과 그리스 로마 문화의 부활 사이에 가로놓여 있던, 인문주의자들이 '중세'라고 불렀던 1000년의 시간에 의해 대체되거나 부분적으로 흡수되었을 뿐이었다. 인간이 살아가는 유일한 목표는 내세에서 구원을 받는 것이라고 역설했던 중세 그리스도교 세계의 신념은 지상의 삶은 그 자체로서 가치 있는 것이며 개개인의 삶에는 그 나름의 고유한 가치가 있다는 생각에 조금씩 밀려났다.

사람은 하느님으로부터 부여받은 가치와 존엄성과 자유의지가 있기에 이 세상을 바꾸어나갈 수 있다는 것이었다. 연구와 성찰을 통해서 사람은 정신을 발전시킬 수 있었다. 그것은 키케로가 '인간이라는 종의 품위'에 걸맞는 것으로서 옹호한 활동이었다. 르네상스인들도 중세인들처럼 요란을 떨었고 미신에 흔들렸으며 단순했지만 중세인들보다는 개인주의적이었고 물질주의적이었으며 회의적이었다. 고대 유산의 맹렬한 부활은 멋진 신세계를 창조할 수 있는 남다른 개인적 능력에 대한 그들의 자부심에 불을 당겼다.

아득한 과거에 대한 찬양은 이탈리아에서 시작되어 로마의 유적은 있었지만 그리스의 유산은 전혀 물려받지 못한 프랑스, 영국, 네덜란드 등지로 번져나갔다. 이탈리아와 이런 나라들은 활발한 무역, 자본주의의 성장, 수공업의 발달, 산업의 발전, 도시의 팽창, 창조적 열정의 팽배라는 공통점을 가지고 있었다.

인본주의의 부각

1341년 4월 8일 라틴어 학자 페트라르카(1304~74)는 근대 최초의 계관시인으로 인정받고 월계관을 머리에 썼다. 한 세기 전 베로나와 파두아에서 시작되었던 인본주의(인문주의)라는 지적 운동을 상징하던 이 의식은 로마에서 거행되었다. 인문주의자들은 개인의 가치와 존엄성을 믿었고 그런 믿음은 다시 그리스 로마의 문학, 역사, 수사학, 윤리학, 정치학에 대한 재발견으로 이어졌다. 페트라르카는 볼로냐에서 법학을 공부하다가 '정의를 팔아먹는 기술'에 환멸을 느낀 뒤, 개인의 올바른 삶, 국가의 합리적 통치, 아름다움의 향유, 진리의 탐구에 대한 고대인의 이른바 '금쪽 같은 지혜'를 얻는 데 일생을 바쳤다. 인본주의는 천국에 가기 위한 준비 과정으로서가 아니라 현세적 성취에 역점을 두었던 사랑과 이성의 합일 정신이었다. 인문주의자들은 인간적 가치를 다시 내세우는 데 아낌없는 도움을 줄 수 있는 진정한 인간상을 자신들의 선조에서 재발견했다. 페트라르카는 자신이 아버지처럼 여겼던 키케로와 형처럼 여겼던 베르길리우스에게 편지를 썼다.

9세기에 샤를마뉴가 유명한 학교를 세웠던 아헨에서도, 12세기에 샤르트르 대성당 부속 학교와 엘레오노르 드 아키텐의 궁정에서도 고전주의가 반짝 소생하기는 했지만 진정한 문화 운동으로서 고전 문화가 재발견된 것은 14세기 중반에 들어와서였다. 페트라르카의 친구였던 문필가 조반니 보카치오(1313~75)는 그리스어를 공부한 최초의 서유럽인 가운데 하나였지만 1400년에는 벌써 거의 모든 그리스 저술가들이 발굴되어 라틴어와 이탈리아어로 번역되었다. 호메로스, 헤르도토스, 투키디데스, 아이스킬로스, 소포클레스, 에우리피데스, 아리스토파네스와 플라톤의 모든 저작이 활발히 읽혀졌다. 인문주의자들은 인류의 역사를 고대, 중세, 근대의 세 단계로 구분했다. 로마가 멸망한 476년부터 고전 문화가 부활하기까지의 기간을 말하는 중세를 그들은 미개한 시대로 폄하했다. 르네상스 시대의 사람들은 과거를 재발견하는 과정에서 스스로를 발견하고 있었다. 그들은 자신들의 시대가 중세와는 판이하게 다르다는 사실을 자각했고 자신들이 열심히 소생시키던 아득한 과거의 정신적 계승자임을 자처했다. 소생을 뜻하는 라틴어는 없었지만 조르조 바사리(1511~74)는 《치마부에부터 지금까지 이탈리아 최고의 건축가, 화가, 조각가 열전》(피렌체, 1550)이라는 책에서 '리나시타'(르네상스)라는 단어를 창안했다. 바사리가 만든 용어는 처음에는 초기 인본주의에서 발전되어 나온 미술에 적용되었지만 지금은 중세의 속박으로부터 의식적으로 벗어나려고 애쓰던 시대 전체를 가리키는 말이 되었다.

피렌체를 터전으로 활동하지 않은 소수의 르네상스 학자 가운데 하나였던 로렌초 발라(1407~57)는 주로 로마와 나폴리에 머물면서 헤르도토스, 투키디데스의 저술을 라틴어로 번역했다. 학식이 깊었던 그는 모든 권위에 과감하게 도전했다. 흠잡을 데 없다던 키케로의 글을 비판했고 신약성서를 문헌학적으로 분석한 글을 썼으며 콘스탄티누스 황제가 교황권의 우위를 인정한 〈콘스탄티누스 기증서〉가 실은 후대의 위작이라는 사실을 폭로했다. 이 문서에 따르면 콘스탄티누스는 사후 전 제국을 로마 교회에 양도하는 것으로 되어 있었고 로마 교회는 이 문서를 바탕으로 황제권에 대한 우위를 주장했었다.

발라는 요즘 식으로 말하면 공부벌레였다. 그는 고대 문헌들을 필사하고 번역해서 고전 시대의 유산을 보존하는 데 전심전력을 기울였던 수많은 학자 중의 한 사람이었다. 보카치오나 라블레처럼 민중어로 글을 썼던 인문주의자가 있었는가 하면 어떤 학자들은 과거의 고전 문화와 현재의 그리스도교 문화를 종합하기 위해 노력했다. 마르실리오 피치노(1433~99)와 피코 델라 미란돌라(1463~94)는 그런 종합의 길을 택한 뛰어난 연구자였다.

플라톤 아카데미

　새로운 학문 연구의 본산이 된 플라톤 아카데미를 1462년 피렌체에 세운 사람은 은행가 코시모 데 메디치(1389~1464)였다. 그는 르네상스가 이어지는 동안 피렌체를 주도하게 될 메디치 가문의 수장이었다. 이 아카데미를 이끌었던 마르실리오 피치노는 플라톤, 플로티노스 같은 철학자들의 글을 라틴어로 번역하면서 플라톤주의의 연구를 적극적으로 후원했다. 주저인 《플라톤 철학》(1482)에서 피치노는 신의 속성 가운데 하나인 미를 통해 인간을 자신의 품으로 인도하려고 애쓰는 인자하고 자애로운 신이 다스리는 우주를 묘사했다. 자연의 미, 아름다운 물건, 찬란한 예술에 대한 묵상은 바로 이 신을 받드는 것이나 다를 바 없었다. 아름다움이 글이나 그림으로 표현되었을 때 이 예술작품들 역시 사랑의 원을 이루며 이것을 통해 사람들은 자신을 넘어 사랑의 신으로 다가설 수 있었다. 미를 사랑하는 사람들 사이의 정신적 결속을 뜻하는 '플라토닉 러브'에 대한 피치노의 이론은 영국, 프랑스, 이탈리아 문학에 커다란 반향을 낳았다.

　피코 델라 미란돌라는 피치노의 동료였으며 피렌체의 인문주의자들에게 강한 영향을 미쳤다. 그는 그리스어와 라틴어로 된 고전 문헌을 폭넓게 연구했을 뿐 아니라 히브리어와 아랍어에도 능통하여 유대교 철학과 아랍 철학에도 조예가 깊었다. 점성술에 대한 피코의 공격은 요한네스 케플러 같은 천문학자마저도 감동시켰다. 인간이라는 종의 위대함과 진리의 통일성에 대한 그의 견해는 르네상스 사상에 중대한 기여를 했다. 그의 《인간의 존엄성에 대한 연설》은 '인본주의 선언문'으로 불려졌다. 인간의 존엄성을 부르짖은 다음 인용 문헌은 르네상스 낙관주의의 전형을 보여준다.

> 문헌 10   인간의 존엄성에 대한 연설(1486)

피코 델라 미란돌라

경애하는 신부님들, 저는 아라비아 문헌에서 사라센 사람 아브달라가 세계라는 무대에서 가장 경이로운 존재가 무엇이겠는가 하는 질문을 받고 이렇게 답한 대목을 읽은 적이 있습니다. "사람보다 더 경이로운 존재는 없다." 헤르메스 트리스메기스투스의 견해도 이와 다르지 않습니다. 그는 이렇게 말했다지요. "놀라운 기적은, 아이스쿨라피우스[01]여, 사람입니다." 하지만 이런 경구가 합당한지를 곰곰이 따져보니 많은 사람들이 인간성은 이래서 위대하다고 내놓는 수많은 근거라는 것이 제 성에는 차지 않더군요.

이를테면 이런 것들이지요. 사람은 피조물 중에서 중간자이다, 신들과 가깝고, 열등한 존재들 중에서는 왕이다, 예리한 감각이 있기 때문에, 사리를 판단하는 분별력이 있기 때문에, 자연을 해석하는 지능의 빛을 가졌기 때문에, 항구불변의 영원성과 덧없이 흐르는 시간성 사이의 틈이다, 페르시아인들의 말처럼 세계의 연결자, 아니, 세계의 혼인 축가이고, 다윗의 증언에 따르면 천사들보다도 결코 낮지 않은 존재입니다. 이것들은 하나같이 대단한 근거임에는 틀림없지만 결정적인 근거는 아닙니다. 다시 말해서 가장 고귀한 찬탄의 특권을 마땅히 누릴 만한 근거가 되기는 어렵다는 뜻입니다. 천사들이나 하늘의 축복을 받은 성가대를 더 찬탄하지 말라는 법이 없지 않습니까? 결국 저는 인간이 왜 모든 피조물 중에서 가장 큰 복을 타고났는지, 따라서 왜 그 모든 찬탄을 받을 만한 자격이 있는지, 이 우주라고 하는 존재의 사슬에서 인간이 차지할 수 있는 지위가 정확히 어디인지를 가늠할 수 있을 만한 단계에 온 듯합니다. 짐승들만이 아니라 하늘의 별들도, 속세를 초월한 정신들도 부러워하는 그런 지위 말입니다. 이것은 신앙을 벗어난 문제이고 불가사의한 문제입니다. 불가사의하다마다요. 바로 그렇기 때문에 인간은 위대한 기적인 것이며, 실로 놀라운 피조물이라 불리우고 평가되는 것입니다.

그런데 그 지위라는 게 도대체 정확히 무엇일까요? 호의를 가지고 부디 너그러운 마음으로 저의 말을 들어주셨으면 감사하겠습니다. 최고의 설계자이신 하느님 아버지께서는 우리가 바라보는 이 우주의 집을, 그 분의 가장 거룩한 신전을, 불가사의한 지혜의 법칙에 따라

---

01   아이스쿨라피우스는 고대 로마 신화에 나오는 의약과 의술의 신.

지으셨습니다. 천국 위의 세계를 그 분은 지성으로 장식하셨고 천국의 세계는 영원의 혼들로 불을 피우셨으며 낮은 세계의 배설물이 난무하는 불결한 땅은 온갖 종류의 동물들로 가득 채우셨습니다. 그러나 작업이 마무리되었을 때 조물주께서는 그토록 위대한 일의 의미를 깊이 헤아리고 그 일의 아름다움을 사랑하고 그 일의 광대함에 경이로움을 느낄 수 있는 누군가가 있으면 좋겠다는 아쉬움을 버릴 수 없었습니다. 그래서 모든 작업이 완료되었을 때 (모세와 티마이오스의 증언도 있지만 말씀입니다) 그 분은 마침내 인간의 창조를 고려하게 됩니다. 하지만 그 분이 가졌던 틀 중에는 새로운 자손의 전범이 될 만한 것이 없었고 그 분이 두었던 보물 창고에는 새로운 자식에게 유산으로 물려줄 만한 것이 없었으며 이 세상 어느 곳에도 그 자식이 우주를 성찰할 수 있을 만한 마땅한 자리 또한 없었습니다. 이제 모든 것은 완성되어 있었습니다.

만물은 최고 등급, 중간 등급, 하위 등급을 각각 배정받은 뒤였습니다. 그렇지만 무한한 힘을 가진 조물주께서 창조의 마지막 순간에 녹초가 되어 물러설 턱이 없었습니다. 그 지혜로운 분께서 꼭 필요한 일 앞에서 묘책이 없다고 주저하실 턱이 없었습니다. 그 자애로운 분께서 다른 문제들에서는 하느님의 거룩한 아량을 칭송하는 존재가 자기 문제에서는 그러지 못하는 운명에 처하도록 방치하실 리 만무했습니다.

드디어 우리의 으뜸 가는 장인께서는 이렇다 할 자기만의 특성을 부여받지 못한 그 피조물에게 온갖 종류의 생물이 가지고 있는 특성들을 한꺼번에 주기로 하셨습니다. 그리하여 인간을 불확실한 본성을 가진 피조물로 만들었고 이 세상에서 중간에 해당하는 자리를 내주면서 이렇게 당부하셨습니다.

"너에게 나는 너만이 누릴 수 있는 거처나 모습을 부여하지도 않았고 너만이 맡을 수 있는 역할도 부여하지 않았느니, 아담아, 너는 네 자신의 갈망과 네 자신의 판단이 이끄는 목적에 따라 네가 바라는 거처, 네가 바라는 모습, 네가 바라는 역할을 가지고 누리게 될 것이다. 다른 모든 존재들의 본성은 유한하고 우리가 정한 법칙의 울타리 안에 갇혀 있다. 어떤 한계에도 묶여 있지 않은 너는 우리가 너를 그 품 안에 놓아둔 자유의지에 따라 네 본성의 한계를 스스로 정해야 할 것이다. 우리는 이 세계에서 벌어지는 일을 무엇 하나 놓치지 않고 네가 쉽게 관찰할 수 있도록 너를 이 세계의 중심에다 두었다. 우리는 너를 하늘로 만들지도 않았고 땅으로 만들지도 않았다. 필멸의 존재로 만들지도 않았고 불멸의 존재로 만들지도 않았다. 네가 선택할 수 있는 자유와 명예심을 가지고 너는 마치 너 스스로를 빚고 만들 듯이 어떤 모습으로든 네가 원하는 대로 만들 수 있을 것이다. 너에게는 생명의 가장 야비하고 저열한 상태로 전락할 수 있는 힘이 있다. 너에게는 또 네 영혼의 판단으로부터 더 거룩하고 고귀한 모습으로 다시 태어날 수 있는 힘이 있다."

아, 아버지 하느님, 당신은 너무도 관대하십니다. 아, 인간은 얼마나 복되고 복된 존재입니까! 인간은 무엇이든 선택할 수 있고 무엇이든 의도할 수 있는 능력을 부여받았습니다. 로마의 시인 루킬리우스가 말했던가요, 태어나서 금방은 짐승이나 다를 바 없지만 앞으로 가지게 될 모든 것을 어머니의 자궁으로부터 받아왔다구요. 영혼을 가진 인간이라는 존재는 태어나면서부터든 그 이후부터든 영원토록 자신이 의도하는 대로 되어갑니다. 사람이 생명을 얻었을 때 하느님은 온갖 인생 행로의 씨앗을 주셨습니다. 그 어떤 씨앗이든 한 사람 한 사람이 기르는 씨앗은 무르익어서 그 사람 안에서 결실을 맺는 법입니다. 씨앗이 식물이었다면 사람도 식물처럼 되겠지요. 감각적이라면 사람도 야수성을 가지겠지요. 이성적이라면 천국에 어울리는 존재로 성장할 것이요, 지적이라면 하느님의 천사나 아들이 될 것입니다.

그리고 만약 창조되지 않는 운명에서 행복을 느낀다면 그는 자기 자신의 통일성, 곧 신과 하나가 되어 있는 그의 영혼의 중심으로 물러설 것입니다. 만물 위에 군림하며 만물을 능가하는 신의 그 고독한 어둠 속으로 말이지요. 이런 우리의 카멜레온 같은 모습에 그 누가 탄복하지 않을 수 있겠습니까? 더 큰 탄복을 자아내는 대상이 이것 말고 또 어디에 있단 말입니까? 아테네 사람 아스클레피우스가 변신의 귀재였던 예언의 신 프로테우스의 변화무쌍한 성격과 놀라운 자기변신력으로부터 설득력 있는 결론을 내놓지 않았습니까, 프로테우스는 곧 인간을 상징한다고 말입니다. 그러한 변신의 중요성을 히브리 사람들과 피타고라스 학파는 잘 알고 있었습니다.

히브리인의 신비 신학에서는 곧잘 신성한 에녹을 그들이 '말라크 아도나이 세바오트'라고 부르는 천상의 신으로 변형시킵니다. 다른 존재들도 그처럼 신성으로 탈바꿈시킬 때가 가끔 있습니다. 피타고라스 학파에서는 불경한 인간을 짐승으로 강등시켰고 엠페도클레스의 말을 믿는다면 식물로까지 떨어뜨렸습니다. 모하메드도 뒤질세라 자기 입으로 이런 말을 자주 했습니다. "신성한 율법에서 이탈하는 사람은 짐승이 된다." 말이야 바른 말이지요. 식물을 식물로 만드는 것은 포효가 아니라 지각불능성이요 무감각성이니까요. 짐승을 짐승으로 만드는 것은 털가죽이 아니라 비이성적이고 감각적인 본성이니까요. 천체를 천체로 만드는 것은 티없는 원형이 아니라 질서로부터 이탈하지 않는 성향이니까요. 천사를 천사로 만드는 것은 육체로부터의 분리가 아니라 영혼의 냉성성이니까요. 만일 여러분이 자신의 욕망에 무릎을 꿇고 바닥을 기는 이를 본다면 여러분이 보는 것은 사람이 아니라 식물입니다.

만일 여러분이 허상에 눈이 멀어 그 애간장을 녹이는 듯한 유혹에 넘어가는 이를 본다면 여러분이 보는 것은 사람이 아니라 짐승입니다. 만일 여러분이 만사를 올바른 이성으로 판단하는 철학자를 본다면 여러분은 그를 존경할 것입니다. 그는 이 지상의 존재가 아니라 천상의 존재입니다. 만일 여러분이 자신의 육체를 몰각하고 깊은 내면에 갇혀 순수한 묵상에 잠겨 있는 사람을 본다면 그는 지상의 존재도 천상의 존재도 아닙니다. 그는 인간의 살로 덮였지만 철학자보다 더 존경스러운 신격에 올라섰습니다.

모세와 그리스도인들의 성스러운 글에서 인간이 아무런 근거 없이 때로는 '모든 육신'으로 때로는 '모든 피조물'로 불릴 리가 만무하지 않겠습니까. 인간이 그런 이름으로 불리는 것은 자기 자신을 모든 육신의 모습으로, 모든 피조물의 성격으로 본뜨고 만들고 바꿀 수 있기 때문입니다. 그런 인간을 우러러보지 않을 자가 어디 있겠습니까? 그래서 에우안테스라는 페르시아 사람도 인성과 신성의 공존을 가르친 그리스도교의 칼데아 분파 교리를 설명하면서 인간은 본래 타고났거나 자기만이 누리는 그 어떤 특성도 없으며 외부적이고 이질적인 수많은 요소들의 덩어리라고 말하지 않았습니까. 왜 제가 이 점을 강조하는 것일까요? 우리는 뜻하는 대로 될 수 있다는 조건 속에 태어났는데도 이런 혜택받은 지위를 깨닫지 못하고 야수나 분별을 모르는 우둔한 짐승처럼 굴면서 굴러들어온 복을 차버리는 우를 범하는 일이 없도록 유념할 필요가 있다고 하는 사실을 우리 모두 알아야 한다고 말씀드리고 싶었기 때문입니다. "너희는 모두 천사이며 가장 거룩한 분의 아들이다"라고 한 예언자 아사프의 말은 구구절절 옳습니다. 우리는 하느님의 크나큰 아량을 악용하여 우리 스스로 선택할 수 있는 자유를 유익한 것이 아니라 해로운 것으로 만들어서는 안 됩니다. 거룩한 야심이 우리의 영혼 안에 스며들게 하십시다. 그래서 범속한 것에 만족하지 않고 가장 드높은 것을 갈구하며 (우리에게는 원하는 것을 이룰 수 있는 힘이 있으니까) 그것을 얻기 위해 최선의 노력을 기울입시다.

지상의 것을 경멸하고 천상의 것을 조롱하여 결국 이 세상 모든 것을 하찮게 여기면서 세상 너머에 있으며 하느님으로부터 가장 가까운 그 법정을 향해 서둘러 나아갑시다. 그곳에서는 거룩한 신비담들이 말하듯이 치품천사, 지품천사, 좌품천사가 가장 높은 자리를 차지하고 있습니다. 우리가 그들보다 못할 게 어디 있으며 낮은 자리를 어찌 감내하겠습니까. 그러니 그들의 영광과 거룩함을 우리도 누릴 수 있도록 노력합시다. 우리에게 의지만 있다면 절대로 그들에게 뒤지지 않을 것입니다.

르네상스 시대의 과학과 기술

코페르니쿠스 혁명

중세의 우주관은 프톨레마이오스의 지구중심설에 기초를 두고 있었다. 지구중심설은 지구가 우주의 중심이며 달과 행성들, 별들은 어느 정도 고정된 궤도를 따라서 지구 주위를 선회한다고 보는 이론이었다. 이 모든 천체를 둘러싼 것은 수정 같은 구체였고 그 너머는 신의 영역이었다. 그렇지만 중세의 많은 과학자들 — 특히 아랍의 천문학자들 — 은 이런 도식에 들어맞지 않아 궤도 수정이 필요한 별과 행성의 운동을 관찰했다. 프톨레마이오스가 세운 전제의 울타리 안에서 연구한 이 과학자들은 회전 주기의 변화를 설명하기 위해 천체들이 때로는 후진 운동을 한다고 가정했다. 르네상스 전까지 과학자들은 지구 둘레를 도는 70여 개의 천체들로 이루어진 복잡한 체계를 구축해놓았다. 이 천체 하나하나는 자신의 궤도 위에 있는 중심점 주위를 도는 주전원(周轉圓) 운동(후진 선회 운동)을 하면서 동시에 지구 둘레를 도는 것이라고 그들은 보았다.

프톨레마이오스의 체계에 처음으로 의문을 제기한 사람은 폴란드의 천문학자이며 수학자인 니콜라스 코페르니쿠스(1473~1543)였다. 코페르니쿠스는 지구는 우주의 중심이라는 이론을 결코 내놓지 않았다. 그는 다만 태양을 고정점으로 받아들이고 태양 중심의 체계를 계산의 기초로 삼으면 수학 계산이 훨씬 간단해지리라고 믿었을 뿐이다. 코페르니쿠스는 간단한 체계를 고안하는 데도 실패했고 궤도들

제16장 새로운 세계관

에 관한 그릇된 전제를 제거하지도 못했지만 크나큰 업적을 남겼다. 코페르니쿠스는 근대 천문학으로 나가는 문을 열어놓은 것이다. 제임스 트레필은 이렇게 썼다.

> 오늘날 우리가 코페르니쿠스를 높이 평가하는 것은 그가 태양계에 대한 근대적 관점을 내놓았다거나 그의 체계가 프톨레마이오스의 체계보다 단순했기 때문이 아니라 철학적 사변의 영역에서 벗어나 자신의 생각을 밀고 나갈 수 있는 용기와 끈기를 가졌던 최초의 인물이었기 때문이다. 황제는 사실 벌거벗었는지도 모른다고 지적한 사람이 코페르니쿠스였다. 그 이후로 모든 사람들은 천동설을 하나의 가정으로, 다른 모든 가정들처럼 언제든지 도전받을 수 있는 것으로 여기게 되었다.

역설적이게도, 르네상스 시대의 여타 과학 분야에서 나온 발전은 갈레노스, 아르키메데스, 히포크라테스를 위시한 고대 그리스 과학자들의 저술을 라틴어로 옮기는 과정에서 이루어졌다. 해부학과 지질학에서도 발전이 이루어지기는 했지만 전체적으로 르네상스의 과학은 17세기의 과학 혁명을 준비하는 기간이었다고 볼 수 있다.

기술

인쇄술은 756년 중국에서 발명되었고, 화약은 1100년에, 나침반은 그보다 일이십 년 뒤에 역시 중국에서 발명되었다. 중국에서 이루어진 수많은 혁신들이 그랬던 것처럼 이 발명들은 중앙 정부의 엄격한 통제를 받았기 때문에 일반인에게는 그림의 떡이었다. 반면 중앙의 통제가 없었던 유럽에서는 이 세 가지 발명품은 가히 폭발적인 반향을 불러일으켰다. 이동 활자는 1440년대에 독일 라인 강변에 위치한 마인츠에서 요한네스 구텐베르크(1398?~1468)에 의해 발명된 것으로 보인다. 한때는 소수의 필사본을 구해볼 수 있는 사람만이 누렸던 배움의 기회는 이제는 누구에게나 주어졌다. 인쇄술의 발명으로 지식은 폭발적인 속도로 팽창했다. 그것은 컴퓨터가 사용되기 전까지 인간이 일찍이 경험하지 못한 무서운 속도였다. 1500년에는 이미 1000개의 인쇄소가 생겼고 수백만 권의 책이 간행되어 있었다. 종교개혁이 성공을 거두는 데 핵심적 역할을 한 것은 인쇄기였다. 로마 교회를 공격하는 마르틴 루터의 책자는 무더기로 인쇄되어 유럽 전역으로 들불처럼 번져나갔다.

중국에서 수입된 화약제조술은 영국과 프랑스 사이의 백년전쟁(1337~1453) 후반부에 처음으로 사용되었다. 총포의 개량이 꾸준히 이루어지면서 화약은 무력을 평준화하는 역할을 했다. 총을 가진 사람 앞에서 말에 올라탄 기사는 맥을 못 추었다. 아무리 원시적인 대포라도 중세의 성곽쯤은 거뜬히 무너뜨릴 수 있었다. 중세는 갑작스럽게, 혹은 폭발적으로 막을 내렸다.

탐험과 발견

유럽의 여러 도시들과 중근동 지방 사이의 무역은 르네상스를 발전시킨 중요한 요인이었다. 용감무쌍한 소수의 여행자들이 기나긴 육로를 따라 인도와 중국까지 갔다. 그 중 가장 유명한 사람은 베네치아인 마르코 폴로(1254?~1324?)였다(지도16.1). 마르코 폴로는 중국에서 오랜 세월(1271~95)을 보낸 뒤 베네치아로 돌아왔지만 그가 보고한 경이로운 체험담을 아무도 믿으려 하지 않았다. 오토만 투르크가 1453년 콘스탄티노플을 점령하면서 지금까지의 지중해 항로는 막혀버렸다.

항해 기술이 충분히 발전하지 못했기 때문에 배들은 지중해 해안선이 보이는 범위 밖으로는 나가지 못했다. 동양으로 가는 새로운 길을 찾아내야 하는 상황에서 이것은 답답한 노릇이 아닐 수 없었다.

제16장 새로운 세계관

지도 16.1 탐험의 시대 1271-95 ; 1486-1611.

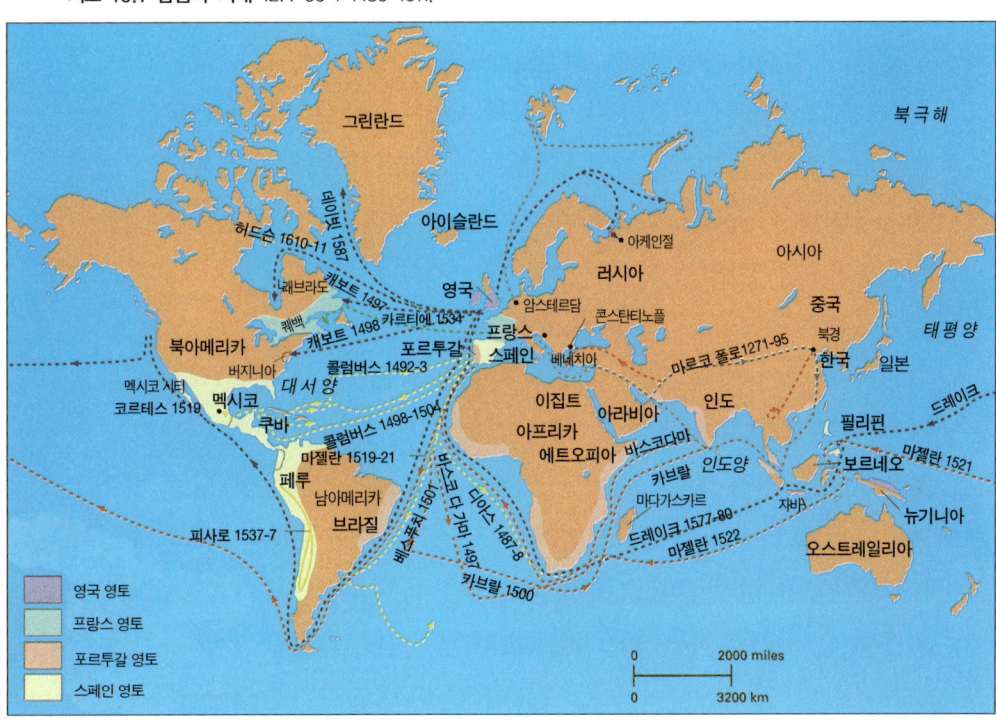

16. 새로운 세계관 **203**

유럽의 항해가들은 15세기가 되어서야 아프리카를 돌아서 중국에 도착할 수 있는 항해 실력을 갖게 되었다. 이 탐험을 적극적으로 후원한 사람은 포르투갈 왕 조안 1세의 아들이었던 엔리케 왕자(1394~1460)였다. 12세기에는 이미 중국의 나침반과는 별도로 조악한 형태의 나침반이 발명된 듯한데, 엔리케는 이 중요한 항해 도구를 개량하고 지도와 표를 정확하게 작성하는 한편 아랍에서 발명한 천체관측의를 재도입했다. 배의 위도는 정오에 수평선 위에 있는 태양의 각도를 측정하여 천체관측의로 48킬로미터의 오차 범위 안에서 확인할 수 있었다. 이 수치는 다시 연중 하루하루의 알려진 위도에서의 태양의 위치를 기록한 표와 비교되었다.

항해술은 경도를 확인할 수 있는 해상시계가 발명되는 1760년에 가서야 비로소 획기적으로 향상되지만, 그 전에도 항해를 하는 데 큰 무리는 없었다. 가령 1497년 바스코 다 가마(1469~1524)는 포르투갈을 출항하여 남서 항로로 가다가 다시 남으로 꺾어서 97일 동안 항해한 끝에 동쪽으로 방향을 틀어서 아프리카의 알려진 위도였던 희망봉에 도착했다. 그는 아프리카를 돌아 인도까지 갔다가 1499년 리스본으로 귀환했다.

다 가마가 성공을 거두기 전에도 인도에 눈독을 들인 사람은 또 있었으니 그가 바로 크리스토퍼 콜럼버스(1451~1506)였다. 그는 남쪽으로 가지 않고 서쪽으로 가서 결국 신대륙을 발견했다. 예전에 바이킹이 상륙했던 적은 있었지만 그곳은 유럽인에게는 새로운 땅이었다. 콜럼버스는 이곳을 스페인의 영토라고 주장했고 그의 주장은 1493년 교황 알렉산데르 6세가 대서양에 수직선을 그어 아메리카를 스페인에, 아프리카를 포르투갈에 넘겨주면서 인정을 받았다. 1년 뒤 포르투갈의 한 선장은 그 선이 브라질을 관통한다는 사실을 우연히 발견했고 덕분에 포르투갈은 새로운 조약을 맺고 새로운 영토를 추가할 수 있었다. 새로운 '주인들'이 멋대로 소유권을 행사한 아메리카와 아프리카에는 엄연히 선주민들이 살고 있었다는 사실은 아무도 개의치 않았다. 유럽의 식민주의가 시작되었다.

스페인과 포르투갈은 전세계의 바다를 자기들끼리 양분하려고 했지만 영국과 프랑스의 생각은 달랐다. 영국인들에 의해 존 캐보트라고 불린 이탈리아의 항해가는 인도로 가는 '북서 항로'를 알아내라는 임무를 띠고 1497년에 바다로 떠났다. 그런 항로는 물론 존재할 리 만무했지만 캐보트가 래브라도와 뉴펀들랜드 부근에 상륙했기 때문에 영국은 북아메리카가 모두 자기 영토라고 주장하게 되었다. 자크 카르티에(1494~1553)의 탐험과 뒤이은 사무엘 드 샹플렝(1567?~1635)의 발견을 앞세워 프랑스도 영토 경쟁에 뛰어들었고 네덜란드도 네덜란드 군에 들어온 영국인 헨리 허드슨의 탐험을 내세워 경쟁 대열에 합류했다.

해양 탐험가들의 뒤를 이어 에르난도 코르테스(1485~1547)와 프란치스코 피사로(1471~1541) 같은 모험가들이 신대륙에 도착했다. 이들은 신대륙에 있던 고도로 발전한 두 문명을 무너뜨렸다. 코르테스는 1519년 600명의 군인으로 멕시코의 아즈텍 제국을 집어삼켰고 피사로는 1531~3년에 겨우 180명의 군인으로 페루의 잉카 제국을 정복했다.

신대륙은 금은보화로 넘쳐났지만 유럽인들은 자신들의 마음 속에서 또 하나의 보물을 발견했다. 탐험가들의 항해 이야기는 마치 우주 탐험이 오늘날 세계를 매료시키는 것처럼 르네상스인의 상상력을 사로잡았다. 르네상스 시대의 유럽은 미술, 문학, 철학, 과학 분야에서 미지의 새로운 영역을 개척했는데, 이제 새로운 땅까지 나타나 그들의 도전심을 한껏 자극한 것이다. 아메리카는 많은 유럽인들에게 토머스 모어가 말한 허구의 유토피아가 아닌 현실의 유토피아로 자리잡았다.

종교개혁 : 새로운 신관과 인간관

세계와 우주에 대한 개념은 르네상스 기간 동안에 빠르게 변했지만 유럽의 얼굴을 바꾸어놓은 것은 종교개혁이었다. 종교개혁은 거대한 공룡처럼 군림하던 기구를 갈라놓았을 뿐 아니라 사회적, 정치적, 경제적, 지적 혁명의 불꽃을 당겼다. 로마 교회의 권위에 도전하려는 시도는 예전에도 있었지만 마르틴 루터가 포문을 연 종교개혁에 이르러서야 대대적인 성공을 거두었다.

몇 세기 전으로 거슬러올라가서 1170년 페테르 발데스라는 프랑스의 상인이 발도파라고 불리는 금욕적 종파를 설립했다. 청빈을 중시했던 그들은 로마 교황의 요구를 거부했다. 1184년 파문을 당하고 오랜 세월 박해를 당했지만 발도파는 지금도 이탈리아와 프랑스의 알프스 접경 지역에서 공동체를 이루며 살고 있다.

잉글랜드에서는 옥스포드의 학자였던 존 위클리프(1320~84)가 성 아우구스티누스에 대한 관심을 되살리면서 사제들의 위계 조직이 과연 필요한 것인지를 따져물었다. 영적 권위의 유일한 원천은 하느님과 성서라고 주장하면서 위클리프는 성서를 라틴어에서 영어로 번역하여 모든 사람에게 직접 읽어보라고 촉구했다. 그는 교회의 압력으로 침묵을 지켜야 했지만 위클리프가 번역한 성서는 헨리 8세가 왕의 절대적 우위를 주장하면서 교회의 모든 재산을 압수하여 로마 교회와 결정적으로 갈라선 1534년 이후에는 전혀 문제시되지 않았다.

얀 후스(1369~1415)는 위클리프의 추종자였으며 프라하에 있는 찰스 대학의 사제 겸 교수였다. 그는 면죄부 판매에 강력히 반대했기 때문에 위클리프의 앞잡이라는 비난을 받고 1415년 7월 6일 화형에 처해졌다. 그가 순교하자 보헤미아에서는 유혈 폭동이 일어났고 이 사건을 계기로 보헤미아 형제단이 결성되어 종교개혁을 주도해나갔다. 1500년까지 보헤미아 형제단(훗날의 모라비아 교회)은 400개 교구에 20만 명의 회원을 거느리게 되었다. 1501년 보헤미아 형제단은 자국어로 된 성가집을 처음으로 간행하여 찬송가와 성서를 민중의 손에 쥐어주었다.

마르틴 루터 – 1483~1546년

'종교개혁'이라는 말은 중세 후반 그리스도교의 세속화와 교구의 말단 사제에서 교황에 이르기까지 교회 조직이 누리던 특혜와 권력 남용에 반대하던 개인과 집단에 의해 처음 사용되었다. 식스투스 4세(재위 1471~84년)부터 레오 10세(재위 1513~21년)까지 부패한 교황들이 꼬리를 이어 등극하자 루터(1483~1546)는 공개적 논의를 위해 1517년 10월 31일 비템베르크 교회 입구에 성직자의 오류를 조목조목 비판한 95개 조항을 붙여놓았다. 그는 면죄부의 판매에 격분했고 특히 테첼이라는 수사의 기금 모금 활동에 격렬한 반감을 품고 있었다. 교황의 권위를 등에 업고 활동하던 도미니쿠스 수도회의 테첼은 바닥난 교황의 금고를 채우고 로마의 성 베드로 성당 신축 공사

자금을 대기 위해 면죄부를 앞세워 사방에서 기부금을 끌어들였다.

　루터는 처음에는 교회에서 무엇을 가르쳐야 하는지를 분명히 하자는 생각이었다. 종교개혁의 발단은 무엇보다도 루터의 종교에 대한 생각에서 확인할 수 있다. 아우구스티누스 은수회의 수사였으며 비템베르크 대학의 신학 교수였던 루터는 신앙의 위기를 경험한 적이 있었다. 자기는 길을 잃었고 지옥에 떨어질 운명이라고 확신하던 루터는 한 고해신부의 조언에 따라 특유의 열정으로 성서 연구에 몰두했다. 그는 바울로의 편지에서 은총에 의한 구원 가능성에 대한 믿음을 재발견했다. 교부들의 글에서 공통적으로 나타났지만 특히 아우구스티누스가 강조했던 원칙은 하느님 말씀의 권위에 대한 루터의 믿음을 강화시켜주었다. 신앙만으로도 구원받을 수 있다고 루터는 믿었다. 교회에서는 선행과 사제의 개입 또한 필요하다고 못박았지만 루터는 자신이 교회가 받아들여야 할 참다운 신앙의 길을 표현했다고 믿었다. 신앙과 성서만으로도 충분하다고 보는 루터가 로마 교회와 갈라서는 것은 시간 문제였다.

　루터는 왜 면죄부를 우려했을까? 면죄부는 현세나 연옥에서 지은 죄를 교회가 사하여주는 것이었다. 가톨릭 교회에서 고해성사는 뉘우침, 고백, 사면, 고해자의 만족이라는 단계를 거친다. 고해자는 자신이 지은 죄를 뉘우치고 사제에게 고백하고 죄의 사함을 받아야 한다. 죄인은 사제가 부과하는 벌을 수행함으로써 하느님의 정의를 만족시킨다. 죄와 벌에 대한 면죄부는 연옥에서도 인정되지만 고백을 한 다음에도 죄는 남는다. 공덕 누적의 원리에 따르면 교회는 세상의 죄를 짊어진 예수의 십자가 처형과 성자들의 순교로 영적 공덕을 많이 쌓아놓았다. 영적 공덕은 이렇게 쌓여 있던 영적 공덕을 고해자에게로 옮겨놓는다. 다른 누구보다도 테첼은 "금고에 동전 한 닢

제16장 새로운 세계관

이 들어오자마자 연옥에서는 영혼 하나가 솟아오른다"고 그가 입버릇처럼 되뇌던 말로 사람들을 현혹시켰다. 면죄부의 배경에는 그 나름의 복잡한 배경이 있어 일반인은 이해하기 어려웠지만 아무튼 많은 사람들은 면죄부만 넉넉히 사들이면 죄도 용서받을 수 있다고 믿었다.

루터는 "탐욕의 손에 극악무도한 도구를 쥐어준 꼴"이라며 통탄해 마지않았다. "그러므로 교회가 용서하면 사람은 모든 벌을 면할 수 있고 구원받을 수 있다고 말하면서 면죄부를 들이미는 설교자들은 오류를 범하고 있다"는 것이 루터가 제시한 95개조 가운데 하나였다. 일부 조항을 놓고 신학자 요한 에크와 논쟁을 하면서 루터는 자신의 주장이 자신을 화형에 처할 수도 있는 제도를 공격한 것이라고 노골적으로 밝혔다. 얀 후스와 비슷한 입장이라는 지적을 받자 루터는 후스를 화형에 처한 것은 교회의 잘못이라고 과감하게 발언했다. 루터는 교황과 종교회의의 권위에 공개적으로 도전함으로써 생명이 위태로울 수도 있는 얀 후스의 길을 따랐다.

1521년 신성 로마 황제 카를 5세는 보름스 제국회의를 소집하여 교황에 의해 이미 파문당한 루터에게 잘못된 주장을 거두어들이라고 강요했다. "저는 거두어들일 수도 없고 또 거두어들이지도 않을 것입니다. 양심에 반하여 행동하는 것은 안전하지도 않을 뿐더러 명예롭지도 못하기 때문입니다." 이것이 루터의 응답이었다. "교회가 말하는 보편은 특권을 가진 소수의 견해"라고 말한 다음 루터는 전통에 따라 다음과 같은 말로 결론을 내렸다. "이것이 나의 입장입니다. 나는 다른 입장에 설 수가 없습니다. 하느님 저를 굽어살피소서. 아멘." 보름스 회의는 루터를 무법자로 판정했지만 이 판정은 학문적 차원을 넘어서지 못했다. 루터를 지지하는 독일 제후들의 세력도 만

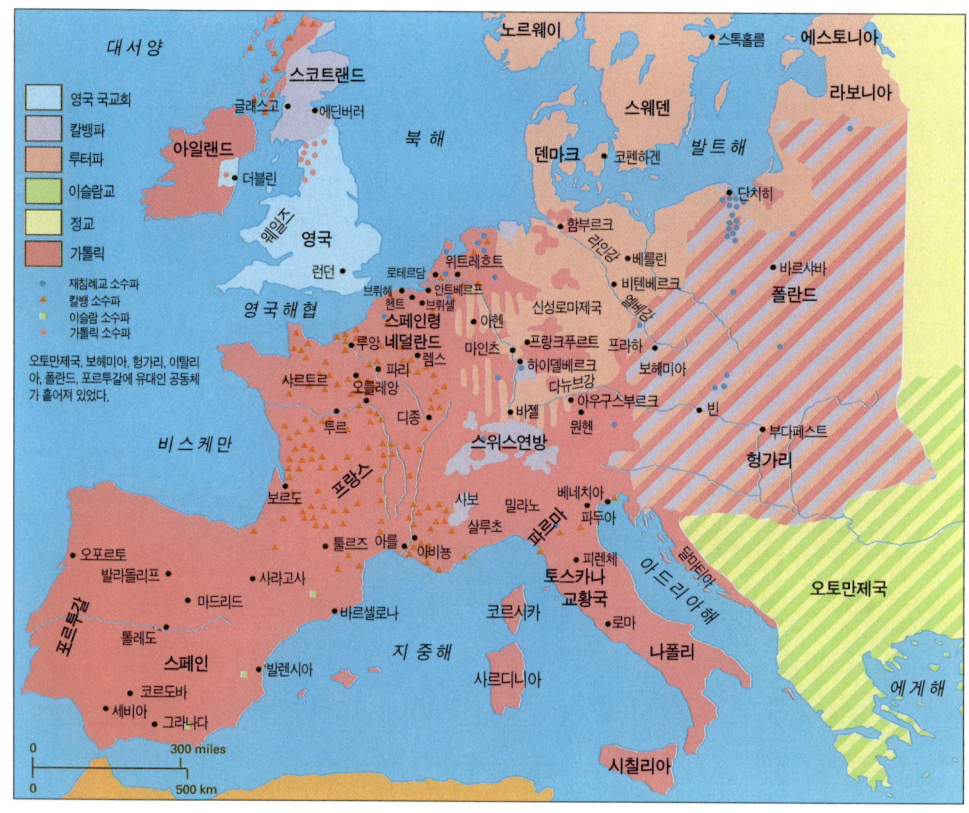

지도 16.2 종교의 판도, 1565.

만치 않았던 것이다. 교회의 부패와 새로운 신앙에 대한 열망도 한몫했지만 루터가 불을 지른 종교개혁의 열풍이 신성 로마 제국와 스칸디나비아 일대를 휩쓸었던 더 큰 이유는 민족 의식의 고양과 교황의 금고로 돈이 몰리는 것에 대한 불만이었다(지도 16.2).

루터파의 원리는 훗날 루터와 같은 길을 걸었던 멜란히톤(1497~1560)에 의해 정리되었는데 그 골자는 다음과 같다.

1. 품행과 믿음의 유일한 최종 권위는 성서에서 나온다.

2. 구원의 유일한 조건은 신의 사랑에 대한 신앙과 믿음이다.
   3. 신앙 그 자체는 하느님의 선물이지 사람이 성취하는 것이 아니다.
   4. 신자들의 공동체가 진정한 교회이며 그 유일한 지도자는 예수다. 이 교회는 복음서를 설교하고 두 가지 성사 즉 세례와 성찬을 준수함으로써 성장한다. 요컨대 루터 신앙은 개인성에 무게를 둔다. 구원과 신에 대한 깨달음은 교회나 사제의 개입을 필요로 하지 않는 직접적 과정이다.

칼뱅주의

독일에서 종교개혁이 일어난 데 이어 스위스에서도 대규모 운동이 벌어졌다. 처음 이 운동을 이끈 사람은 울리히 츠빙글리(1484~1531)였는데 그는 신앙의 개인성과 성서의 권위를 루터보다 더 철저하게 믿었다. 츠빙글리의 뒤를 이어 종교개혁을 이끈 장 칼뱅(1509~64)은 원래 신학과 법학을 공부했다. 프랑스에서 박해를 받다가 제네바로 피신한 칼뱅은 신정공화국 즉 교회의 원로들이 다스리는 공화국을 세웠다.

칼뱅은 《그리스도교 강요(綱要)》에서 자기가 가진 신앙의 철학을 밝혔다. 하느님의 섭리에 대한 무조건적 순종을 칼뱅은 강조했다. 무슨 일이 일어나든 그것은 하느님의 뜻에 따라 일어나는 것이다. 칼뱅은 인간은 비참하리만큼 무력하고 타락한 존재이기 때문에 구세주의 도움을 받을 필요가 있다고 생각했다. 운명은 엄격하고도 보편적으로 이미 정해져 있다. 소수의 선택받은 사람만이 하느님의 신앙으로 구원을 받으며 나머지는 영원히 저주를 받는다. 칼뱅은 이 선민들의 집단이 교회를 이끌어야 하며 이런 교회를 지키는 것은 종교적 의무이면서 동시에 시민적 의무라고 역설했다. 따라서 하늘의 법을 위반한 사람은 교회의 권위를 존중하는 관리들에 의해 세속적 처벌을 받아야 한다. 칼뱅의 교리는 매우 엄격했다. 그는 제네바에서 일상적으로 누릴 수 있는 생활의 즐거움을 상당수 금지시켰으며 자기의 원칙을 따르지 않는 사람들을 가혹하게 탄압했다.

반종교개혁

반종교개혁이라고도 불렸던 가톨릭의 종교개혁은 루터의 항거에 대한 교황청의 대응이었다. 교황 파울로스 3세(재위 1534~49년)가 소집한 트리엔트 종교회의는 원죄, 은총, 대속(代贖), 성사(聖事), 성찬식, 연옥 같은 종교개혁가들로부터 공격을 받은 가톨릭 교리의 모든 요소가 정당하다는 것을 재확인했다. 교리를 파괴하면 무조건 응징을 받았다. 교회는 검열을 강화하면서 교리의 준수를 강요했다. 물론 가톨릭교에서도 자체적으로 개혁을 추진했다. 교회 음악도 바뀌었고 미술과 건축 분야에서도 새로운 경향이 대두했다. 반종교개혁 운동을 주도적으로 밀고나간 세력은 이그나티우스 로욜라에 의해 1534년에 설립되어 나중에 교황 파울로스 3세의 승인을 받은 예수회였다. 예수회는 짜임새 있는 운동을 벌여나갔다.

한편 교황은 종교적 이단을 발본색원하기 위해 악명 높았던 종교재판소를 부활시켰다. 중세의 빔징에 버티고 앉아 중세의 무자비한 고문 도구를 사용하면서 교황과 스페인의 이단심문관들은 이단으로

16.1 스페인의 이단자 처형과 화형. 베르나르 피카르. 1723. 동판화.

단죄받은 사람들을 '정화'시켰다. 세속 정부가 죄인들을 말뚝에 묶어 불에 태움으로써 정화시킨다는 뜻이었다(16.1). 재판 절차에 의한 살인에도 불구하고 종교개혁의 불길은 사그러들지 않았지만 스페인에서는 1834년까지도 종교재판소가 사라지지 않았다.

종교개혁이 민중의 생활에 미친 영향은 한마디로 요약한다면 어떻게 될까? 첫째, 민족 의식을 고취시켰다. 그 시대에 가장 강력한 힘을 발휘한 것은 이 민족 의식이었다. 둘째, 교육에 현저한 영향을 미쳐 결국 교회의 장악 아래 놓여 있던 많은 교육 기관들이 독립해 나왔다. 한편으로는 칼뱅주의의 영향으로 당장 써먹을 수 있는 분야로 교육이 편중되는 결과도 나타났다. 종교개혁은 종교적 독립을 부추겼다. 성서가 신앙의 유일한 근원이라면 얼마든지 다양한 해석이 나올 수 있다. 그 결과 종교개혁은 인간이 상상할 수 있는 온갖 종파를 만들어냈다. 마지막으로, 종교개혁은 자본주의의 성장에 영향을 미쳤다. 이상적인 칼뱅주의자, 감리교도, 루터주의자는 시편의 첫머리에 나오는 구절을 가슴깊이 새기고 살았기 때문이다.

> 복되어라. 악을 꾸미는 자리에 가지 아니하고
> 죄인들의 길을 거닐지 아니하며
> 조소하는 자들과 어울리지 아니하고,
> 주님께서 주신 법을 낙으로 삼아
> 밤낮으로 그 법을 되새기는 사람.
> 그에게 안 될 일이 무엇이랴!
> 냇가에 심어진 나무 같아서
> 그 잎사귀가 시들지 아니하고
> 제 철 따라 열매 맺으리.

이 시편의 대목은 선한 사람이 성공하리라는 사실을 우리에게 분명히 말한다. 돈을 벌고 모으고 쓰는 것이 점점 확실한 성공의 징표가 되어가던 세상에서 사람들은 성공한 사람은 선한 사람이라는 결론을 내렸다. 더구나 새로운 종파들에서 이구동성으로 예찬한 근검절약과 자기절제와 전력투구의 정신은 근면한 노동과 검소한 지출을 장려하는 생활 방식에 다름아니었다. 그래서 신교의 노동 윤리는 자본주의 체제가 요구하는 이상적 인간형을 만들어냈다.

제16장 새로운 세계관

왕권과 교회

영국이 로마 교회와 갈라진 것은 종교개혁을 배경으로 한 신학적·정치적 갈등과는 전혀 무관하다. 헨리 8세는 튜더 왕조의 혈통을 잇기 위해 아들을 후계자로 삼으려 했으나 첫번째 부인인 아라곤의 캐서린은 아들을 낳지 못했다. 이혼을 승인해달라는 자신의 요청을 로마 교황청이 받아들이지 않자 헨리 8세는 신하들의 권유에 따라 로마 교회와의 결별을 선언했다. 그리고 켄터베리 대주교로부터 이혼을 승락받았다. 의회는 1533년 왕이 내놓은 개혁안을 통과시켰고 헨리 8세는 앤 불린과 결혼할 수 있었다. 이제 잉글랜드 교회의 수장이 된 헨리 8세는 국내에 있는 로마 가톨릭 계열의 모든 수도원, 수녀원, 교회를 몰수했다. 나중에 그는 아들을 못 낳고 간통을 저질렀다는 이유로 앤 불린을 처형했다. 얄궂게도 불린이 낳은 딸은 뒷날 엘리자베스 여왕이 되어 만인의 추앙을 받았다.

개인과 집단의 관계

자본주의

자본주의의 성장은 새로운 현실관에 적응하기 위해 부지런히 자신을 재정립하던 유럽 사회의 과도기에 특징적으로 나타난 개인주의 성향의 또다른 예에 지나지 않는다. 중세에도 특히 12세기와 13세기에는 괄목할 만한 수준의 상업 활동이 벌어졌지만 상업 자본주의라고 부를 만한 경제 체제가 꽃을 활짝 피운 것은 르네상스에 들어와서였다. 상인들은 항상 수지타산을 맞추기 위해 혈안이 되어 있었지만 르네상스 전까지만 하더라도 경제 행위는 정치적 종교적 이해 득실에 종속되어 있었다. 현실 세계에 대한 지식이 과학으로 발전한 것처럼 종교적·정치적 고려로부터 자유로운 경제 체제가 서서히 발전했다.

중세의 길드는 인간적 욕구 때문에 생겨난 것이었다. 제조와 판매는 미분화된 상태였다. 가령 구두공은 주문이 들어와야만 구두를 만들었다. 주문이 없으면 가게문을 닫고 소풍을 갔다. 구두공들의 길드는 재료와 품질을 일정한 수준 이상으로 유지하고 가격을 정하는 기능을 맡았다. 경쟁은 존재하지 않았다. 구두공이 대를 이을 후손을 남기지 않고 죽으면 가게는 그냥 문을 닫았다.

지금의 독일에 뿌리를 두었던 푸거 가문의 성공담은 르네상스 자본주의의 발전 과정을 실감나게 보여준다. 1380년 안톤 푸거는 아우구스부르크에서 직조공으로 출발했다가 얼마 안 가서 다른 직조공들이 만들어낸 물건을 모아다 팔기 시작했다. 그의 아들 야콥 푸거 1세를 거쳐 다시 손자인 야콥 푸거 2세에 가면 푸거 상회는 자본주의의 선두주자로 올라섰다. 야콥은 합스부르크 제국 안에서 금속에까지 손을 대 오스트리아에서는 은과 구리를, 스페인에서는 은과 수은을 취급했다. 높은 이자를 받고 어마어마한 돈을 합스부르크 황제들에게 빌려준 대가로 그는 자신이 채굴한 광석에 대한 독점권을 부여받았다. 이 광석으로 금속 제품을 만들어 시장에서 판매했다. 푸거 상회는 운송비가 얼마 들었건 가격을 마음대로 정했고 길드처럼 제품의 질을 감독하는 조직의 간섭도 받지 않았다. 결국 푸거 집안은 어마어마한 부를 쌓아올렸다. 이 예에서 우리는 자본주의의 본질적 속성을 엿볼 수 있다.

16.2 고리대금업자와 그의 부인. 틴 마세이스. 1514. 목판에 유화. 71.1×67.9cm. 파리 루브르 박물관. 뿌듯함에 젖어 돈을 헤아리는 남편 옆에서 성서를 읽던 부인도 즐거운 표정을 감추지 못한다.

자본주의의 특성

자본주의는 운영 주체와는 별개로 존재하는 '회사'가 중심이다. 회사는 사업을 벌이고 계약을 하며 빚을 지고 수익을 분배하며 때로는 소송을 당하기도 한다. 회사의 목적은 벌 수 있는 한 많은 돈(과 권력)을 제한 없이 벌어들이는 것이다(16.2). 자본주의는 돈을 버는 것이야말로 경제 활동의 목적이라는 전제에서 출발한다. 돈을 잃기 위해서 사업을 벌이는 어리석은 사람은 없기 때문이다.

회사는 원자재의 구입부터 시장 판매까지 모든 단계를 계획적으로 운영하고 통제해야 하는 합리적 조직이다. 회사는 원료, 자금, 노동을 정확히 기록하는 회계틀도 가지고 있어야 한다. 자본주의의 목표는 수익 창출이다. 이것은 감정이 끼어들 여지가 없는 합리적 목표다. 자본주의 체제는 실리적이다. 수익을 내는 것은 좋은 것이고 수익을 못 내는 것은 제거된다. 초기 자본주의의 비합리적 측면은 업계가 자체적으로 정한 것이든 정부가 부과한 것이든 안전 기준이 결여되어 있었다는 점이다. 자본가들은 노동자들을 가장 적은 임금으로 가장 많이 부려먹으려고 했다.

자본주의의 결과

자본주의가 번성하면서 개인주의의 가능성도 획기적으로 확대되었다. 경제력을 거머쥔 사람들은 무슨 일이든 할 수 있는 능력이 있었다. 상상력, 창조력, 기회를 포착할 수 있는 능력만 있으면 개인은 무슨 일이든 할 수 있었다. 또 하나의 결과는 상품의 구입이 용이해졌다는 것이다. 길드는 사람들이 원할 때 물건을 만들었지만 자본가는 점점 확대되는 시장을 염두에 두고 필요한 것보다 더 많은 물건을 만들어 팔았다. 16세기에 유럽의 생활 수준이 급격히 올라간 것은 경제 체제가 확대되지 않았더라면 불가능했을 것이다. 물질적 차원에서 보자면 자본주의는 대성공을 거두었다.

자본주의는 도시를 변모시켰다. 중세에는 가게라고 하면 정기 시장에서 물건을 늘어놓고 파는 노점이나 도붓장수들이 타고 다니는 마차가 전부였다. 길드 제도 밑에서 공장은 작업실이면서 동시에 장인, 그의 도제들, 가족들의 생활 공간이기도 했다. 하지만 자본가들은 대중을 상대로 물건을 팔아야 했고 그러기 위해서는 상품을 저장해 둘 공간이 필요했다. 소매점이 우후죽순으로 생겨나면서 르네상스의 도시들은 하루가 다르게 변모했다. 얼마 전까지 중세의 도시에는 소매점이 하나도 없었다는 걸 생각하면 딴 세상이 된 셈이었다.

제16장 새로운 세계관

왕권의 강화

르네상스에 들어와서 가장 두드러진 변화는 왕권의 성장이었다. 이런 변화의 조짐은 봉건제의 문제점이 적나라하게 드러난 중세 후반기에 벌써 나타나기 시작했다. 공통의 화폐가 없었고 봉건제의 조세 장벽은 무역에 걸림돌이 되었으며 정의는 바닥에 떨어졌고 유능한 민간인 출신의 관리를 찾아볼 수 없었다. 왕들은 바다 건너의 새로 발견된 땅에서 무더기로 쏟아져 들어오는 재물을 등에 업고 권력 기반을 닦았다. 일례로 스페인 왕은 신대륙에서 스페인으로 유입되는 모든 물자의 5분의 1을 챙겼다. 남아도는 돈을 가지고 왕은 눈부신 궁전을 세웠고 초라한 시골 영지에서 올라온 귀족들은 여기에 압도당하여 왕에게 의존하는 길을 택했다. 대부분의 귀족은 지방에서 독립성을 유지하기보다는 잉글랜드, 프랑스, 스페인에서 벌어지던 각종 행사와 화려한 무도회와 요란한 축제에 참석할 수 있는 특권을 부여받고 싶어했다.

귀족들만 왕에게 충성을 맹세한 것이 아니라 일반 백성들도 숨가쁘게 변화하는 세계에서 유일한 질서의 원천을 왕에게서 찾았다. 중세는 모든 것이 질서정연하게 돌아갔지만 르네상스는 지금처럼 '미래의 충격'에 휩싸였다. 신교는 공룡처럼 군림하던 로마 교황청의 권위를 흔들었고 과학은 우주의 통일성을 파괴했으며 자본주의는 길드가 주도하던 낡은 경제 질서를 허물어뜨렸다. 이 혼란스러운 세상에서 왕은 유일무이한 구심점의 역할을 했다. 이 당시에 나온 글을 보면 왕권의 중심성을 강조하는 대목이 유달리 많이 등장한다. 셰익스피어의 《햄릿》에서 로젠크란츠는 군주의 중요성을 역설한다.

폐하께서 승하하시면

그건 폐하 한 분의 일로 끝나는 것이 아니오.
소용돌이가 주변의 물살을 함께 끌어들이는 것과 같지요.
폐하께서는 가장 높은 언덕 꼭대기에 박혀 있는
거대한 바퀴와도 같소.
그 어마어마하게 큰 바퀴살에는 깨알처럼 미미한 존재들이
찰거머리처럼 달라붙어 있기 때문에 바퀴가 쓰러지는 날에는
그 하잘것없는 부속물들도 엄청난 파국을 맞이하는 셈이라오.
그러니 폐하께서 한숨을 지으시면 온 나라가 근심에 젖을 수밖에요.

르네상스기의 영국은 튜더 왕조의 지혜로운 군주들이 다스렸다. 특히 헨리 8세(재위 1509~47년)와 엘리자베스 1세(재위 1558~1603년)는 영국이 앞으로 번영을 구가하려면 무역과 통상이 중요하고 자연히 중산층의 사회적 비중도 점점 커지리라는 사실을 간파했다. 영국 해군이 1588년 스페인의 막강한 아르마다 함대를 격파한 것도 엘리자베스 1세 때였다. 이 승전을 계기로 해상권을 장악한 영국은 그 후 20세기 중엽까지도 번영을 구가했다.

프랑스에서는 프랑수아 1세(재위 1515~47년)가 후대 왕들을 위한 통치 기반을 닦아놓았다. 루이 14세(재위 1643~1715년)는 당대의 일류 예술가들을 호화찬란한 궁전으로 불러들였는데 그 후 유럽의 군주들은 루이 14세를 본따 앞다투어 예술가들을 궁전으로 초빙했다. 프랑수아 1세는 분열되어 무기력의 늪에 빠진 이탈리아와 주로 용병을 앞세운 전쟁을 잇따라 벌여 애국심을 고취했다. 프랑스는 훗날 부르봉 가의 후원을 받은 신교 계열의 위그노파와 기즈 가를 등에 업은 가톨릭 세력으로 갈리저 심각한 분란을 겪는다. 이 분란은 부르봉 가 출신으로는 처음으로 나바르의 앙리가 앙리 4세(재위

1589~1610년)로 왕위에 오른 1589년에 극에 달했다. 앙리는 자신이 가톨릭 교도임을 천명했지만 1589년 낭트 칙령을 발표하여 일부 도시에서는 위그노교도에게 종교의 자유를 보장하였다. 그러나 1685년 루이 14세는 이 권리를 박탈했다. 이때쯤에는 벌써 수많은 위그노교도들이 프랑스를 떠난 뒤였다.

스페인은 페르디난드와 이사벨라(1469~1504)의 집권기에 전성기를 맞이했다. 중남미의 정복지에서 스페인이 거두어들인 이익은 엄청난 것이었다. 그러나 스페인은 식민지를 안정시켜 항구적으로 이익을 취하기보다는 당장의 약탈에 급급했기 때문에 결국 쇠락의 길을 걷고 말았다. 나중에 스페인은 합스부르크 왕가의 지배를 받는 나라 가운데 하나가 되었다. 스페인의 카를로스 1세(재위 1519~56년)는 오스트리아 대공의 직위도 보유하고 있었다.

1566년 네덜란드는 합스부르크의 왕들에 맞서 반란을 일으켰다. 반란의 주된 원인은 무자비한 종교 재판이었다. 피비린내나는 전쟁을 몇 번 치른 뒤 네덜란드는 1648년 마침내 독립 국가가 되었다. 그러나 지금의 벨기에에 해당하는 지역은 1713년에야 독립했다. 포르투갈도 르네상스기에 완전한 독립을 달성했고 일찌감치 바다로 진출하여 한때 열강으로 군림했지만 스페인처럼 이내 쇠락의 길을 걸었다.

독일은 30년 전쟁(1618~48)의 무대가 되었다. 30년 전쟁은 가톨릭과 신교의 갈등으로 시작되었다가 나중에는 합스부르크 제국과 네덜란드, 프랑스, 스웨덴 등이 충돌하는 국제적 분쟁으로 비화했다. 로마 시대 이후 최대 규모의 군사력이 동원된 이 전쟁을 안마당에서 치르면서 독일은 초토화되었다. 스웨덴에서만 자그만치 20만 명의 병력이 투입되었다. 이 참혹한 전쟁을 치르면서 수많은 독일인이 종

지도 16.3 르네상스기의 이탈리아

교와 정치가 엄격히 분리되어 더이상 신앙의 차이로 전쟁을 벌이지 않으리라는 희망을 품고 미국으로 건너갔다.

 이탈리아의 운명은 특히 눈여겨볼 만하다. 레오나르도 다 빈치, 미켈란젤로, 라파엘로 같은 예술가들의 창조적 활동과 함께 인문주의가 처음 나타난 곳이 바로 이탈리아이기 때문이다. 날로 번창하는 도시 국가에서 부를 거머쥔 개인들을 중심으로 어느 나라보다도 일찍 상업 자본주의가 발달했다. 이 과정에서 탄탄한 경제적 기반을 쌓아올린 소수의 가문들이 중요한 도시들을 각각 지배했다. 비스콘티 가는 밀라노를 다스렸고 스포르차 가는 롬바르디아 지방은 물론 나중에는 밀라노까지 장악했다. 그러나 가장 세력이 컸던 집안은 피렌체에 근거를 둔 메디치 가였다. 메디치 가의 수장이었던 로렌초 데 메디치(1449~92)는 은행가이며 정치가이자 예술가이고 예술의 후원자였다. 베네치아 공화국은 부유한 상인들로 구성된 평의회의 지배를 받았다. 하지만 그리스의 도시 국가들처럼 든든한 경제력을 가졌던 이탈리아의 도시 국가들은 통일을 이루지 못했고 무주공산이 된 이탈리아가 내란과 외국 군대들의 대리 전장으로 황폐화되는 1500년 이후로는 쇠락의 길을 걸었다(지도 16.3).

제17장
르네상스 예술 :
새로운 황금 시대

이탈리아의 초기 르네상스

꽃에서 이름이 유래한 피렌체는 청동기 시대까지 올라가는 장구한 역사를 가진 도시다. 기원전 8세기에 이미 그리스의 영향을 받았고 로마 제국의 일원으로 번영을 구가했다. 로마 제국이 몰락한 다음에도 피렌체는 계속 번창했다. 1199년에 벌써 피렌체는 은행가들과 유력한 길드들이 대거 운집한 상공업의 중심지가 되어 르네상스 하면 곧 피렌체를 떠올릴 정도가 되었다(17.1). 피렌체의 재력과 영향력을 만천하에 과시하려는 의도에서 1296년 아르놀포 디 캄비오의 주도로 산타마리아델피오레 대성당의 건설이 시작되었다. 1302년 아르놀포의 사망으로 작업은 지지부진해졌고 1348년 흑사병이 창궐하면

아담과 이브 이야기. 로렌초 기베르티. 17.4의 일부. 청동에 금박. 79.4×79.4cm.

17.1 아르노강을 따라 펼쳐진 피렌체 시가지. 왼쪽부터 오른쪽으로 :
베키오 궁전의 고딕 탑, 조토가 설계한 백색의 정사각형 종탑, 거대한 돔이 얹힌 산타마리아델피오레 대성당.

서 오랜 세월 그대로 방치되었다. 유럽의 수많은 도시들처럼 피렌체도 흑사병으로 극심한 타격을 입어 흑사병이 기승을 부린 여름의 몇 달 동안 13만 명의 인구가 불과 65,000명으로 곤두박질쳤다. 하지만 도시의 기능은 빠르게 회복되었다. 1368년에는 대성당의 최종 설계가 마무리되었고 공사도 재개되었다. 그렇지만 지붕에 얹을 돔을 어떻게 만들어야 할 지에 대해서는 아무도 감을 못 잡고 있었다.

필리포 브루넬레스키-1377~1446년

1417년 대성당 건립 특별위원회는 문제를 해결하는 이탈리아 장인들의 천재성에 기대를 걸고 돔의 설계를 공모한다고 밝혔다. 여기서 발탁된 인물이 바로 브루넬레스키(1377~1446)였다. 브루넬레스키는 도나텔로, 마사초와 함께 피렌체 르네상스를 이끈 3대 인물로 평가받는다. 그는 르네상스가 낳은 가장 위대한 건축가였다. 그의 설계안은 1420년에 채택되었고 그로부터 16년 뒤 위풍당당한 자태를 드러냈다.

1436년 3월 25일 피렌체는 기대에 부풀어 있었다. 교황 에우게니우스 4세가 온 시민이 오래 전부터 기다려온 대성당의 봉헌식을 주관하기로 되어 있었다. 주의 탄생 예고를 축하하는 날이기도 했던 그 날 교황은 37명의 주교와 7명의 추기경과 피렌체의 시의원과 주요 외교 사절을 거느리고 수도원 입구에서부터 엄숙한 행렬을 시작했다. 화려한 양탄자가 깔리고 벽걸이, 다마스크천, 비단, 신선한 꽃들로 우아하게 장식된 특별히 제작된 통로를 따라 내빈들은 주요 은행들이 즐비하게 들어선 금융가로 접어들었다. 11세기에 지어진 세례당을 통과하여 일행은 드디어 널찍한 대성당 안으로 들어섰다. 이곳에서 당시로서는 그리스도교 세계에서 가장 큰 교회의 완공을 축하하는 기념 예배가 다섯 시간 동안 거행되었다. 당대 최고의 작곡가였던 뒤페도 이 자리에 참석하여 피렌체 공화국의 의뢰를 받고 자신이 작곡한 〈장미화〉 모테트를 합창대에 의해 울려퍼지는 것을 들었다.

브루넬레스키는 처음에는 조각가로서 자신의 예술적 경력을 쌓아가다가 1401년 세례당의 북쪽 입구 장식 공모전에서 기베르티에게 패배한 뒤 건축가로 돌아섰다. 젊은 조각가 도나텔로와 함께 몇 번

17.2 파치 예배당. 필리포 브루넬레스키. 산타크로체 교회 수도원(피렌체). 1441-60.

이나 로마로 가서 고대 로마 시대에 세워진 건물들을 면밀히 연구하고 측정했다. 판테온 이후 가장 규모가 컸던 돔을 설계하면서 그는 원통벽 위에다 아치처럼 솟아오르는 8개의 거대한 서까래를 올리고 다시 그 위에 고전주의 양식으로 된 랜턴(돔 위에 설치하여 실내로 빛이 들어오게 하는 구조물)을 얹어 고정시켰다. 돔 안에서는 다시 작은 서까래들과 수평 버팀벽들의 복잡한 그물망이 중심 서까래들을 단단히 고정시켰다. 이 모든 작업을 비용이 많이 드는 받침대 없이 완성했다. 브루넬레스키가 고안한 권양기는 아주 단순하면서도 실용적이었다. 시 당국은 어린아이들이 이 권양기를 타고 돔까지 올라가는 것을 금지하는 훈령까지 내릴 정도였다. 이 돔은 평균 지름이 42

17.3 파치 예배당 내부. 돔을 올려다본 모습.

미터였고 높이가 자그마치 136미터였다. 예나 지금이나 이 교회는 피렌체 시를 상징하는 대표적 건물로 여겨진다.

　브루넬레스키는 고전 시대의 설계 양식에 대한 자신의 지식을 파치 예배당에 적용했다(17.2). 크기는 18.2×10.9미터에 불과하지만 복잡한 구조적 문제를 털어버렸다는 점에서 르네상스 건축물의 개성이 확연히 드러나는 건물이다. 아름다운 균형미가 돋보이는 이 건물은 고딕 양식과 철저히 결별한다. 고딕 아치는 사라지고 그 자리에 균일한 간격으로 조화롭게 배치된 코린트풍의 기둥과 붙임기둥(벽의 일부를 튀어나오게 하여 만든 기둥)이 들어섰다. 벽의 표면은 무늬가 없고 반반하며 전체적으로 수직 성분과 수평 성분이 미묘하고 우아하게 조화를 이루고 있다.

　중앙의 돔은 건물을 지배한다기보다는 둥근 테 위에 가볍게 얹혀 있는 듯한 느낌을 준다. 안에서 보면(17.3) 돔은 12개의 원형창에서 들어오는 빛 위에 두둥실 떠 있는 듯하다. 새하얀 벽은 투명석으로 된 붙임기둥과 회색의 토스카나 석회암으로 된 쇠시리(멋을 내려고 기둥 모서리 등을 접어 두드러지게 만든 것)로 구분되고 군청색 바탕의 테라코타 부조와 삼각 궁륭 위의 파치 가문 문장(紋章)으로 장식되었다. 명료한 기하학적 단위들로 분할된 실내 공간 덕분에 건물 정면의 비례감도 한결 돋보인다. 파치 예배당은 인간적 척도에 바탕을 둔 조화로운 비례의 개념을 부활시킨 새로운 르네상스 양식의 전형이다. 그런 관점은 르네상스기의 조각가와 금속세공가에게 훨씬 친숙한 개념이었다.

로렌초 기베르티–1378~1455년

수업기에는 국제 고딕 양식의 영향을 받았지만 기베르티(1378~1455)는 원근법과 고전적 모티프를 완전히 소화하여 초기 르네상스의 금속세공가로서 발군의 기량을 과시했다. 1401년 세례당의 북문 장식 공모에서 브루넬레스키를 누르고 선정된 그는 곧이어 동문의 설계도 맡게 된다. 미켈란젤로는 이 동문은 천국의 문으로 불리기에 전혀 손색이 없다고 격찬했다. 구약 성서에 나오는 열 개의 장면을 청동 바탕에 금박을 입혀 표현한 이 문은 초기 르네상스 양식에서 한 획을 긋는, 그리스 고전 문화에서 영감을 받은 작품이다(17.4). 고딕 양식과는 달리 인물과 배경은 완벽한 균형을 이루고 있어 마치 이 사건들이 우리 눈앞에서 벌어지고 있는 듯한 착각마저 들 정도다. 〈아담과 이브의 이야기〉(17장 첫머리 224쪽 사진)는 고부조, 중부조, 저부조의 후퇴하는 세 평면 위에서 펼쳐진다. 아담과 이브가 창조되는 순간은 왼쪽 중간에 나와 있다. 에덴 동산은 복판에 보이고 그 뒤로 하느님과 천사들이 아득한 과거의 일부로서 묘사되었다. 패널화들을 둘러싸고 있는 것은 그리스도가 이 세상에 오는 것을 예언했다고 믿어지는 구약 성서의 예언자들을 묘사한 전신상과 두상이다.

도나텔로–1386?~1466년

구약에 나오는 한 예언자의 조각(17.5)을 완성하고 나서 도나텔로는 이런 말을 했다고 한다. "말하여라, 말하여라, 그렇지 않으면 흑

17.4 천국의 문. 로렌초 기베르티. 피렌체 대성당 산조반니 세례당의 동문. 발주 1475, 공사 1429-52. 청동에 금박, 5.64m.

17.5 예언자('추코네'). 도나텔로. 1423–5. 대리석. 높이 1.96m. 원래는 피렌체의 종탑 위에 있다가 지금은 피렌체 두오모 오페라 박물관에 있다.

제17장 르네상스 예술 — 새로운 황금시대

사병이 그대를 데려갈것이니." 이 이야기가 과연 사실이었는지의 여부는 불분명하지만 르네상스 시대의 화가들은 스스로를 단순한 제작자가 아니라 창조자로 여겼다. 고대 그리스인들도 자신들의 작품을 보면 놀라움을 금치 못할 것이라는 자신감에 차 있었던 이 예술가들은 마치 성령과 더불어 작업하는 것처럼 두드리고 자르고 그리고 지었다. 사회는 그들을 여전히 수노동에 종사하는 숙련공으로 취급했지만 그들은 자신이 뛰어난 예술가임을 거듭 천명했고 결국 16세기의 레오나르도 다 빈치, 라파엘로, 미켈란젤로는 사회적으로 존경받는 지위로 올라설 수 있었다. 조토가 세운 종탑의 벽감 안에 들어선 도나텔로의 예언자 상은 부정과 악덕을 맹렬히 규탄했던 하느님의 아들 광신자의 무지막지한 힘을 묘사했다. 도나텔로가 살았던 시대에 추코네('멍텅구리')로 불렸던 이 인물은 하나의 범주가 아니라 특수한 개인을 표현한 것이다. 헐렁한 옷을 되는 대로 걸쳐입은 이 예언자는 사명감에 불타서 무신앙자에게 천벌이 가해지리라는 저주를 퍼붓고 있다.

로마에서 오래 체류하면서 로마 시대의 미술을 연구한 도나텔로는 1430년대 초반 다시 피렌체로 돌아와서 〈다비드〉(17.6)를 만들었다. 자유의 화신으로 추앙받았던 다비드(다윗)의 적통을 이어받았다고 자부할 만큼 피렌체 공화국은 이 다비드라는 인물상에 푹 빠져 있었다. 르네상스 미술이 또 한 단계 올라섰음을 보여주는 이 작품에서 다비드는 구약의 예언자보다는 그리스 로마 시대의 인물상에 가까운데, 서 있는 모습이 프락시텔레스의 '헤르메스'를 연상시킨다. 우아하게 흐르는 선, 신상과 이완의 균형은 고전미를 물씬 풍기지만 그리스 전사가 아닌 미소년의 육체를 묘사한 것이다. 토스카나의 양

17.6 다비드. 도나텔로. 1430-2. 청동. 높이 1.57m. 피렌체 바르젤로 국립박물관.

제17장 르네상스 예술 — 새로운 황금시대

17.7 가타멜라타 기마상. 도나텔로, 산토 광장(파두아). 1443-53. 청동, 높이 3.71m.

치기가 쓰는 모자와 전사의 구두는 고대 이후로는 아마 최초라 할 수 있을 실물대의 알몸 자유 입상을 더욱 부각시킨다. 칼에 찔린 골리앗의 얼굴에 역력히 드러난 고뇌는 양치기 소년의 기이하리만큼 무표정한 얼굴과 날카롭게 대비된다. 중세는 다윗의 승리를 그리스도가 죽음을 상대로 거둔 승리의 상징으로 해석했지만 도나텔로의 의도가 무엇이었는지는 도저히 알 길이 없다.

베네치아의 직업 군인이었던 가타멜라타의 거대한 기마상(17.7)은 도나텔로가 이 장군의 가문으로부터 의뢰를 받고 제작한 작품이다. 이 일을 계기로 도나텔로는 파두아에 10년간 머물렀다. 도나텔로가 파두아에 체류하는 동안 북부 이탈리아의 피렌체 르네상스가 이곳으로 유입되었다. 도나텔로라는 거물의 영향력 아래 화가와 조각가를 전문적으로 양성하는 학교도 이 무렵에 세워졌다. 〈기마상〉은 당시에는 콘스탄티누스 황제로 오인되었던 로마의 마르쿠스 아우렐리우스 기마상에서 넘쳐나는 기상으로부터 영감을 얻었을 가능성이 높다. 그러나 도나텔로의 기마상은 인물의 당당한 위용에서 뿜어져 나오는 집중력이라는 점에서 로마 황제상을 단순히 재현하는 차원을 넘어선 것이었다. 순전히 정신력만으로 말을 이끄는 듯한(느슨한 고삐와 박차를 보라) 장군의 위풍당당한 모습에서 우리는 무인의 이상형을 본다. 로마와 베네치아 양식이 조화된 무장을 한 기수와 말은 기수의 지휘봉과 긴 칼이 연출하는 힘찬 대각선에 의해 통일된 구도에 도달한다. 도나텔로는 어마어마하게 큰 청동 주물을 만들어야 하는 기술상의 문제를 해결했을 뿐 아니라 걸작을 탄생시켰다.

도나텔로가 〈다비드〉상에서 무엇을 말하려고 했는지를 정확히 아는 사람은 아무도 없지만 초기 르네상스 화가들의 의도는 분명하다. 그들은 형이상학적 상징과는 무관하게 자연 세계를 재현하는 데 관심이 있었다. 예술가들은 인체가 어떻게 구성되었고 어떻게 기능하는지를 파악하려고 해부학을 열심히 공부했다. 과학적 방법론에 의존하여 개발한 선원근법과 대기원근법으로 그들은 현실 공간의 환영을 만들어냈다. 또 조금이라도 더 실감나는 빛과 성격을 창조하기 위해 광학과 색채를 심도 있게 연구했다. 에리한 관찰을 통해 그들은 새 시대의 새로운 형식을 자신 있게 만들어냈다.

마사초-1401~28?년

르네상스 회화는 1420년대에 들어와 마침내 한 화가에 의해 완전한 형태로 발전했다. 톰마소 디 세르 조반디 디 모네(1401~28?년)라는 긴 이름을 가졌고 마사초('단정치 못한 사내')라는 별명으로 불릴 정도로 이 화가는 외모에는 신경을 쓰지 않고 오로지 그림에만 열중했다. 겨우 이십대 중반의 나이로 벌써 마사초는 풍부한 환각 기법들을 창안했고 이것들을 훗날 레오나르도 다 빈치, 미켈란젤로 같은 르네상스 화가들이 심혈을 기울여 연구한다. 동료 마솔리노와 공동 작업으로 마사초는 브란카치 예배당 안에 일련의 프레스코화를

17.8 **봉헌금**. 마사초. 브란카치 예배당. 산타마리아델카르미네 교회(피렌체). 1425? 프레스코화, 2.54×6m.

17. 르네상스 예술 : 새로운 황금시대

그렸는데 그 중에서도 〈봉헌금〉(17.8)이라는 작품이 걸작으로 평가받고 있다. 주제는 마태오 복음서에서 가져왔는데 짧은 옷을 입고 있는 로마 세리가 세금을 바치라고 베드로에게 요구하는 대목이다. 그리스도는 베드로에게 낚시를 던져 맨 먼저 걸린 고기를 잡아 입을 열어보라고 한다. 그 안에 은전이 한 닢 들어 있을 것이니 '내 몫과 네 몫'으로 갖다내라고 말한다. 트라야누스의 기둥에서 볼 수 있는 것처럼 로마 특유의 연속된 이야기 형식으로 그려진 이 그림에서 처음에는 중앙에 나타나고 그 다음은 왼쪽에서 물고기를 잡고 마지막으로 오른쪽의 세리에게 은전을 건넨다. 마사초는 선원근법, 대기원근법, 시각원근법, 명암대조법이라는 네 가지 환각 기법을 구사하여 마치 깊이를 가진 공간을 들여다보는 듯한 착각을 불러일으킨다.

파올로 우첼로 – 1397~1475년

이미 석궁과 화약과 대포가 쓰이고 있었지만 한편으로는 기사도 시대의 유산이 그대로 남아 있었기 때문에 중세의 전쟁은 참으로 역설적이었다. 군대의 편제는 중세의 전통을 그대로 따르고 있었다. 공식적인 전투에서는 신사도로 똘똘 뭉친 완전 무장한 기사들이 전면에 나서고 나팔 소리와 깃발이 난무하는 가운데 행진과 돌격이 이루어지는 그야말로 볼 만한 광경이었다. 비교적 경미했던 산로마노 교전이 피렌체 사람들에게는 명예와 특히 옛것의 가치에 대한 15세기적 관념이 그대로 구현된 것으로 받아들여졌다. 우첼로가 세 점의 웅장한 패널화에 영원히 담아놓은 〈산로마노 전투〉는 메디치 가문이 위대한 자 로렌초의 침실에 원래 걸려 있었다. 가운데의 패널화(17.9)

17.9 산로마노 패주. 파올로 우첼로. 1455? 나무에 템페라. 1.83×3.2m. 내셔널 갤러리(런던).

에서 전투는 절정에 이르렀다. 우첼로는 과학적 선원근법의 문제에 몰두해 있었기 때문에 전쟁의 참상보다는 창, 갑옷, 나팔, 석궁이 연출하는 패턴에 더 신경을 썼다. 그래서 말들도 회전 목마장을 그대로 옮겨놓은 것처럼 묘사되는 등 전쟁을 피 한 방울 튀지 않게 우아하게 그려놓았다. 이 작품은 원근법에 대한 탐구이자 르네상스 시대의 군사적 명예에 대한 불멸의 기록이라 할 수 있다.

원근법

　　2차원 표면에서 3차원의 공간 관계를 보는 듯한 착각을 불러일으키는 기술이 바로 원근법이다. 원근법에는 여러 가지 유형이 있다. 브르넬레스키가 처음 개발한 것으로 보이는 선 원근법은 모든 선을 하나의 소실점으로 수렴시키는 것이 기본 원리다. 그림17.8에서는 그리스도의 머리가 소실점에 해당한다. 시각 원근법은 모습들을 포개놓고 원거리의 대상을 더 작게 그려서 공간의 깊이를 연출한다. 이탈리아 화가 마사초에 발명된 것으로 추정되는 대기 원근법은 거리가 멀어질수록 색은 희미해지고 윤곽은 흐릿해지는 광학적 사실에 바탕을 두었다. 마사초가 그린 〈봉헌금〉에서 그림 공간 밖에서 분명한 각도로 쏟아져 들어오는 빛은 인물들에 부딪쳐 공간에 구체성을 주고 육체의 윤곽을 또렷이 드러낸다. 키아로스쿠로라는 명암 대비의 섬세한 기법을 통해 빛은 육체를 조각처럼 빚어내고 무게와 부피와 실체를 전달한다. 마사초와 같은 시대를 살았던 북유럽의 화가 얀 반 에이크도 원근법들을 다채롭게 활용했다. 지리적으로 멀리 떨어져 활동하던 수많은 화가들의 목표가 갑자기 자연주의 그림으로 수렴되었음을 짐작케 하는 대목이다.

레온바티스타 알베르티-1404~72년

　15세기 초반에 도나텔로, 브루넬레스키 같은 예술가들은 기둥, 주두, 아치 같은 과거의 로마가 남긴 고전적 요소들을 세밀하게 연구했다. 다시 15세기 중엽에 이르면 탁월한 인문주의자 알베르티의 주도 아래 고대 문화 전체에 대한 자세한 분석이 이루어졌다. 기원전 1세기에 활동한 로마 시대의 건축가 비트루비우스의 작품을 처음으로 정밀하게 연구한 알베르티는 회화, 건축, 조각에 대한 글을 써서 엄청난 영향을 미쳤다. 그가 설계한 부유한 상인의 도심 저택 정면은 로마 건축에서 영감을 얻은 것이지만 부자들이 주로 시골의 대저택에서 살았던 고대 사회에서는 그런 건물의 전례를 찾을 수 없었기 때문에 알베르티는 고대의 이상적 비례 체계에 대한 자신의 연구를 바탕으로 루첼라이 저택(17.10)을 위해 새로운 건축 방식을 창안했다. 프리즈(벽 상단의 돌림띠)와 아키트레이브(기둥과 만나는 상부 장식의 최하단)로 세 층이 명확하게 구분된 이 건물은 기둥과 기둥 사이의 간격은 거칠게 다듬은 벽돌들로 동일한 형태를 연출하고 2층과 3층에서는 형태가 조금 달라진다. 알베르티는 벽기둥을 콜로세움에서 따왔지만 입체감은 별로 느껴지지 않는다. 1층에서는 토스카나식 기둥을 썼지만 꼭대기층은 코린트식 기둥을 채택했다. 그 사이, 그러니까 2층에는 자신이 창안한 복합 기둥-종려나무를 둘러싼 아칸서스 잎들의 층-을 도입하여 고전 시대의 디자인에 대한 해박한 지식으로 건축의 가능성을 확대하면서 자신의 개성을 드러내고 있다.

　알베르티는 피렌체에 있는 두 건물, 즉 루첼라이 저택과 산타마리아노벨라 교회의 정면을 설계했는데, 이 건물들은 당시의 피렌체 예술가들에게는 이렇다 할 영향을 미치지 않았다. 그렇지만 피렌체 이

제17장 르네상스 예술—새로운 황금시대

17.10 **루첼라이 저택**(피렌체)의 정면. 레온바티스타 알베르티(디자인), 베르나르도 로셀리노(건축). 착공 1461.

17.11 **산타마리아노벨라 교회**(피렌체)의 정면. 레온바티스타 알베르티. 1470.

외의 지역에서는 알베르티의 고전적 디자인을 모르는 르네상스 예술가들에게 영향을 주었다. 특히 브라만테, 미켈란젤로, 팔라디오에게는 각별한 영향을 미쳤다. 알베르티는 산타마리아노벨라 교회의 정면(17.11)을 설계하면서 1층에 있는 기존의 고딕 아치들을 어떻게 다룰 것인가 하는 문제에 부딪쳤다. 그는 창문이 달리지 않은 아치들을 그것들 위에 올리고 녹색과 백색의 대리석과 어울리게끔 좌우 구석의 벽기둥과 2층의 네 벽기둥을 덧붙임으로써 이 문제를 훌륭하게 해결했다. 그의 독창성이 돋보이는 부분은 폭이 좁은 상층의 양옆에 소용돌이를 덧붙인 것이다. 이것은 두 가지 문제를 해결해주었다. (1) 교회당의 신랑 벽을 받쳐주는 버팀목의 기능을 했다. (2) 바실리카 구조로 된 교회의 측랑 상부 공간을 아름답게 채워주었다. 교회 정면이 절묘한 조화를 이루고 있는 것은 엄밀한 비례 개념을 도입했기 때문이다. 폭과 높이는 비율이 1:1로 똑같다. 상부 구조는 하부 정사각형의 4분의 1에 해당하는 정사각형 안에 담을 수 있다. 하부는 두 개의 정사각형을 더한 직사각형이므로 여기서 다시 1:2의 비례 관계가 나온다. 정면 어디를 보아도 1:1, 1:2, 1:3 등의 정수 비례 관계를 볼 수 있다. 브루넬레스키처럼 알베르티도 이런 비례에 아름다움이 스며 있다고 확신했다.

안드레아 델 베로키오 – 1435~88년

르네상스 예술가들에게서 두드러지게 나타나는 특징은 개인성이었다. 남과 확연히 구별되는 고유한 색깔을 가지려는 그들의 열망이었다. 베로키오에서 우리는 같은 주제를 다루더라도 이렇게 자기의 개성을 발현하려고 애쓰는 강한 충동을 본다. 베로키오의 〈다비드〉(17.12)는 도나텔로와는 전혀 다른 맛을 풍긴다. 도나텔로의 인물상을 보면 본질적으로 부드럽고 우아한 선들의 조합이라는 느낌을 받게 된다. 반면 베로키오는 피부와 핏줄과 근육과 뼈를 반짝이는 청동에 정교하게 담아내면서 질감을 강조한다. 애석하게도 이런 특성들은 실제 작품 주위를 걸어가면서 둘러볼 때만 제대로 평가할 수 있다. 가죽처럼 보이게 디자인된, 살에 착 달라붙는 짧은 치마가 촉감을 더욱 강조한다. 베로키오가 제자인 레오나르도 다 빈치를 정말로 모델로 썼는지 안 썼는지는 모르지만 다 빈치도 이 무렵 이 정도의 나이를 먹었던 것은 사실이다.

17.12 다비드. 안드레아 델 베로키오. 1465? 청동. 높이 1.26m. 바르젤로 국립박물관(피렌체).

도나텔로의 〈기마상〉(17.7)은 이상화되어 있지만 베로키오가 만든 〈바르톨롬메오 콜레오니 기마상〉(17.13)은 놀라우리만큼 사실적이다. 장군은 험상궂은 표정으로 싸움터로 용감하게 돌진할 태세다. 안장 위에서 몸을 비

17.13 바르톨롬메오 콜레오니 기마상. 안드레아 델 베로키오(레오파르디 완성). 1481-96. 청동, 높이 3.96m. 베네치아.

틀고 있는 이 강인한 인물은 경쾌한 말이 감당하기에는 너무나 육중해 보인다. 말과 기수의 긴장이 전투에 나서기 직전이라는 역동적 순간으로서 묘사되었다.

산드로 보티첼리-1445~1510년

15세기 후반에 정력적으로 활동한 세 명의 화가 보티첼리, 기를란다이오, 페루지노는 기질과 양식이 크게 달랐다. 보티첼리는 원근법과 '정확한' 해부학적 비례와 세부의 묘사보다는 우아하고 관능적인 선을 살리는 데 주력하여 독특하고 매혹적인 양식을 개발했다(17.14). 그 당시의 많은 화가들, 특히 로렌초 데 메디치가 후원하던 엘리트 화가 집단과 플라톤 아카데미의 화가들처럼 보티첼리도 그리스 로마의 신화에 나오는 주제들에 매료되었다. 고대 신화에 따르면 비너스는 바다에서 태어났는데, 피치노는 이 전설을 미의 탄생이라는 우화로 해석했었다. 피렌체의 플라톤주의자들이 정말로 무엇을 믿었는가에 대해서는 아직도 논란이 분분하다. 플라톤 저작의 상당수가 번역되어 있었으며 플라톤 철학에 그리스도교의 요소가 첨가된 신플라톤주의 계열의 책들도 많이 소개되어 있었다.

보티첼리의 〈비너스의 탄생〉(17.14)은 그리스도교적 가치를 상징하건 비그리스도교적 가치를 상징하건 또는 이 둘을 다 상징하건 아무튼 그녀는 분명히 사랑스럽다. 폴리치아노라는 시인의 작품에서 영감을 얻은 듯한 이 작품에서 보티첼리는 두 서풍의 신에 의해 해변으로 소리없이 날려온 소라 껍질 위에 사뿐히 몸을 얹은 비너스의 모습을 그렸다. 그 옆에서는 시간의 여신이 꽃무늬가 그려진 망토로

제17장 르네상스 예술—새로운 황금시대

17.14 **비너스의 탄생.** 산드로 보티첼리 1482 이후. 캔버스에 템페라, 1.73×2.77m. 우피치 미술관(피렌체).

황급히 비너스의 몸을 가리려 한다. 이것은 움직이는 한 편의 시다. 바다는 잔잔하다. V자 모양의 위로 솟은 선들이 있고 양식화된 해안선으로 테두리가 정해져 있어 움직이는 인물들의 유연한 선들에 알맞은 차분한 배경이 연출된다. 메디치 가문이 소장하고 있던 그리스 로마 시대의 조각에서 영감을 얻은 것으로 보이는, 영혼과 지성의 아름다움을 겸비한 여신의 몸은 늘씬하고 더없이 부드러운데, 비례로 따졌을 때 배경보다 훨씬 크다. 나무의 명암을 연출하는 황금선은 보티첼리가 풍경의 사실적 재현을 의도한 게 아니라는 점을 다시 한번 드러낸다. 친구 사이였던 레오나르도 다 빈치가 보티첼리는 화폭에 스펀지를 던져서 풍경을 만들어냈다고 빈정댄 것도 이처럼 보티첼리가 바탕을 양식화하여 처리했기 때문이었다.

도메니코 델 기를란다이오 – 1449~94년

보티첼리는 피렌체의 엘리트 지식인들이 좋아했지만 기를란다이오의 그림은 상인들과 은행가들이 선호했다. 신화에 나오는 가공의 이야기에는 흥미를 못 느꼈던 그는 경제인들의 구미에 맞는 보수색 짙은 화가였고 당연히 놀라운 성공을 거두었다. 진한 애정이 묻어나오는 그의 〈노인과 아이〉(17.15)는 손자처럼 보이는 아이가 노인의 팔에 안겨 있는 따사로운 정경을 감동적으로 묘사했다. 이 두 사람이 누구였는지는 확인되지 않고 있다. 당시에는 이미 이탈리아에도 잘 알려져 있었던 플랑드르 미술의 자연주의로부터 많은 영향을 받은 듯한 이 그림에서는 숱이 점점 적어지는 머리와 일그러진 코가 객관적으로 묘사되어 있어 진한 감동을 더해준다. 일반적으로 르네상스 초상화에서는 인물이 그림의 구도를 지배하는데, 저 멀리 아스라히 보이는 아름다운 풍경은 그림을 감칠맛나게 해준다.

17.15 노인과 아이. 도메니코 델 기를란다이오. 1480? 패널, 61.9×45.7cm. 루브르 박물관(파리).

페루지노(피에트로 바누키)-1445~1523년

15세기 중엽까지만 하더라도 초기 르네상스는 사실상 피렌체가 중심이었다. 15세기 후반에는 르네상스의 기법이 특히 페루지노, 벨리니 같은 예술가들에 의해 이탈리아 전역으로 퍼져나갔다. 화가로서 처음에 어떤 훈련을 받았는지에 대한 기록은 남아 있지 않지만 피에트로 바누키는 1472년에는 이미 피렌체에 거주하고 있었다. 이곳에서 그는 아마도 베로키오 밑에서 드로잉과 원근법에 대한 지식을 익힌 듯하다. 그가 명성을 확립한 곳은 이탈리아 중부 움브리아 지방의 페루자라는 도시였다. 그래서 오늘날까지도 그는 페루지노('페루

17.16 십자가에 못박힌 예수와 마리아, 성 요한, 성 히에로니무스, 마리아 막달레나. 페루지노. 1485? 패널에 유화. 캔버스로 전사(轉寫). 중앙 101.3×56.5cm ; 날개 95.2×30.5cm. 국립미술관(워싱턴 D.C).

자 사람')라는 애칭으로 불리고 있다. 〈십자가에 못박힌 예수와 마리아, 성 요한, 성 히에로니무스, 마리아 막달레나〉(17.16)에서 그는 피렌체의 일반 풍경화보다 훨씬 탁 트인 훌륭한 시각적 공간을 창조했다. 하늘은 무한을 향해 뻗어 있다. 플랑드르 화가 한스 멤링의 작품(17.22)처럼 냉정하고 세련된 이 제단화는 피렌체 화파의 십자가 수난 그림에서 볼 수 있는 격한 감정을 전혀 찾아볼 수 없다. 그리스도는 고통으로 신음하지 않으며 왼쪽에 선 마리아도 오른쪽에 선 요한도 전혀 비통해 하지 않는다. 제단화의 날개 부분에 서 있는 성 히에로니무스와 마리아 막달레나도 서로 균형을 잡아주면서 조용히 서 있다. 자연스럽게 펼쳐진 광막한 공간은 고요한 정적만이 감돈다. 이처럼 감정이 배제되어 있는 것이 바사리가 지적한 대로 페루지노가 무신론자였기 때문인지는 분명치 않다. 그 당시에도 종교적 신념을 중요하게 생각한 사람이 많았지만 르네상스 화가들은 신앙이 아니라 그들이 가졌던 실력으로 평가받았다.

북유럽의 초기 르네상스

림뷔르흐 형제-1395~1416년

새로운 미술과 음악이 몰려든 곳은 유럽에서 가장 번창하는 땅을 지배하고 있던 부르고뉴 공국의 호화찬란한 궁전이었다(지도 18.1 참조). 용담왕(勇膽王) 필리프와 그의 아들 베리 공은 폴, 헤르만, 예하네쿠인 3인의 림뷔르흐 형제 같은 실력 있는 예술가들을 후원했다.

17.17 2월. '베리 공작의 고귀한 성무일과'에서. 림뷔르흐 형제. 1413-16. 채식 필사본. 샹틸리 콩데 박물관(프랑스)

그들은 사본 채식화에서 발군의 기량을 과시하여 국제 양식(후기 고딕 양식)의 전성 시대를 여는 한편 거기서 안주하지 않고 새로운 자연주의로 넘어갔다. 베리 공의 부탁을 받고 그들이 만든 개인기도집, 성서의 귀절이 담긴 성무일과서를 보면 하나같이 화려한 그림으로 가득 차 있다. 특히 뛰어난 것은 12장으로 된 그림 달력이다. 이 중에서 10장은 농민과 귀족이 모두 들어가 있고 2장은 오직 농민만 등장하는 풍속화다. 가령 그림 〈2월〉을 보면 (17.17) 태양이라는 전차가 달리는 길을 나타낸 황도대가 맨 위에 보이고 물병자리와 물고기자리의 기호도 표시되어 있다. 이것은 몹시 추운 어느 겨울날의 눈쌓인 정경이다. 서양 미술에서 눈쌓인 풍경을 가장 그럴 듯하게 묘사한 최초의 그림이라 할 수 있을 것이다. 그림 위에서는 한 농부가 나무를 하고 있고 또 한 농부는 장작을 나귀 등에 싣고 먼 마을로 향하고 있다. 작은 농가 마당의 벌통에도, 양들을 가두어둔 축사 지붕에도 눈이 쌓여 있고, 미처 수리되지 않은 농가 지붕 한구석만 뻥 뚫려 있다. 오른쪽에서는 한 아낙네가 언 손을 호호 불면서 혈액 순환이 잘 되라고 발을 동동 구르고 있다. 감상자가 안을 들여다볼 수 있게 앞벽이 제거된 농가 안에서는 사람들이 화로 앞에서 불을 쬐고 있다. 온기를 조금이라도 더 받으려고 치마는 훌쩍 걷어올렸다. 문가에 앉은 여자는 치마를 살짝 올렸다. 고양이는 따스한 방 안에서 꾸벅꾸벅 졸고 있다. 이 그림에서 공간감을 주는 원근법은 수학적으로 정교하게 계산된 것이 아니라 화가들이 실제로 경험한 장면을 드러내는 데 중점을 둔 것이다. 북유럽 자연주의 미술의 등장을 예고하듯이 어디까지나 눈에 보이는 세계를 표현하는 데 초점을 두고 일상의 복잡한 세부를 따사로운 눈길로 꼼꼼히 그려냈다.

1415년 잉글랜드 왕 헨리 5세가 아쟁쿠르에서 결정적인 승리를 거두면서 40년에 걸친 프랑스 왕조의 지배는 실질적으로 막을 내렸고 아울러 국제 양식에 대한 왕실의 후원도 끊겼다. 예술의 중심지는 플랑드르 지역으로 바뀌었다. 그곳에서는 선량왕 필리프(재위 1419~67년)가 부르고뉴 왕국을 통치하면서 잉글랜드와 강한 무역 동맹을 결성하고 있었다. 예술가들은 브뤼헤, 헨트, 루뱅, 브뤼셀 같은 플랑드르의 신흥 도시들에서 은행가와 상인이라는 새로운 후원자를 발견했다. 그들은 유럽에서 가장 부유한 사회를 꾸려나가던 실세였다. 그 사회는 다름아닌 부르주아 사회였다. 부르주아 사회는 지방색보다는 보편성이 더 강했다. 유럽 전역의 거미줄처럼 얽힌 강력한 금융망과 무역망이 부르주아 사회를 연결시켰다. 이 실속 있는 중산층은 현실 세계가 그려지기를 원하고 있었는데, 우연의 일치인지는 몰라도 자연주의에 대한 그들의 열망을 채워줄 수 있는 천재 예술가들이 그곳에 나타났다.

노른자를 몰아낸 기름

15세기 초반까지도 그림 하면 템페라화였다. 화가들은 달걀 노른자에 안료 가루를 이겨서 보통 나무 패널에다 그림을 그렸다. 템페라는 빨리 굳기 때문에 그림은 빠르고 정확하게 그려야 했다. 템페라화는 세부 묘사와 밝은 색 처리에 강점이 있었지만 명암의 범위가 너무 협소했다. 너무 짙은 색은 죽어버렸고 너무 밝은 색은 백묵처럼 되었다.

북유럽 화가들은 아마씨 기름에 안료를 섞어서 캔버스에다 그렸다. 캔버스는 나무보다 착색 효과가 뛰어났다. 그림을 그릴 캔버스 표면은 템페라와 마찬가지로 아교와 석고 가루를 발라두었고 층으로 칠을 덧붙여나갔다. 가장 밝은 색부터 가장 어두운 색까지 채도를 떨어뜨리지 않으면서도 명료하게 표현할 수 있었다. 플랑드르 화파 특유의 선명한 그림이 여기서 나왔다. 기름을 가지고 화가들은 정물화의 미세한 세부는 물론 드넓은 풍경화의 원경까지도 자유자재로 표현할 수 있었다. 기름은 천천히 말랐기 때문에 수정하고 보완할 수 있는 시간적 여유가 생겼다. 자기들이 보았던 모든 것을 그리려는 북유럽 화가들의 강박 관념이 새로운 유채 기법을 낳았는지, 아니면 새로운 표현 수단이 먼저 발견된 다음부터 자기들이 본 것을 그릴 수 있게 되었는지, 어느 쪽이 먼저였는지 후세인들은 잘 모른다.

얀 반 에이크 – 1390~1441년

초기 플랑드르 화파의 대표적 화가인, 아니 시대의 한계를 뛰어넘는 불세출의 화가인 얀 반 에이크(1390~1441)는 처음에는 바바리아의 왕실에서 지내다가 나중에는 부르고뉴의 선량왕 필리프의 왕실 전속 화가로 일했다. 바사리는 반 에이크가 유화를 발명했다고 주장하지만 반 에이크는 아마 기존의 기법을 갈고 다듬어 완성시켰을 것이다. 그가 쓴 기법은 아직도 완전히 이해되지 않고 있는데, 추정컨대 석고 가루를 화폭에 바른 다음 그 위에 불투명한 색과 투명한 색을 번갈아가면서 발라 독특한 빛깔을 조성했던 것으로 보인다. 그는 색조와 색조 사이의 농담을 아주 섬세하고 부드럽게 변화시켜 중세의 스테인드글라스에 비겨도 손색이 없는 보석처럼 찬란한 광채를 연출했다. 림뷔르흐 형제 같은 필사본 채색 화가들이 썼던 기법으로부터 반 에이크가 한수 배웠던 것은 분명하지만 그는 고딕 스테인드글라스에서도 영감을 받았을 가능성이 높다.

헨트 제단화

초기 플랑드르 회화의 걸작으로 평가받고 있는 〈헨트 제단화〉(17.18)는 병풍처럼 접을 수 있게 되어 있다. 모두 20개의 패널화로 이루어져 있는데 주제는 바깥 패널의 '수태고지'에서부터 안쪽 패널의 '신비한 어린 양의 찬미'에 이르기까지 다양하다. 17.18의 반월형 패널에서 예언자 즈가리야(왼쪽)는 무녀 에리트라에안, 무녀 쿠메안, 예언자 미가와 함께 그리스도의 왕림을 상징한다. 수태고지를 알리는 천사들은 로마네스크 양식과 고딕 양식의 요소를 모두 가지고 있는 방 안에 들어가 있는데 이 두 요소는 각각 구약과 신약을 상징하는 듯하다. 맨 아래 패널을 보면 가운데에 세례 요한과 복음서를 쓴 요한의 상이 있고 양옆에는 이 제단화를 기증한 요도크 베이트와 그의 아내가 있다.

이 제단화를 펼치면(17.19) 아래 한복판의 패널은 멀리서 찾아온 성자들이 신비한 어린 양의 제단 주위에 모여 있는 모습을 보여준

17.18 헨트 제단화(접은 상태). 얀 반 에이크. 1425-32. 3.43×2.18m. 생바봉 대성당(벨기에 헨트).

다. 양의 심장에서 나온 피가 성배로 흘러내리고 있다. 그 앞에서는 생명의 분수에서 솟아오른 물이 꼭지를 통해 팔각형의 웅덩이로 떨어지고 그 물은 다시 감상자를 향해 '생명의 강'으로 흘러온다. 왼쪽 패널에서는 말을 탄 판관들과 기사들이 제단으로 오고 있고, 오른쪽 패널에서는 은둔자들, 순례자들, 여행자의 수호성자인 거인 성 크리스토포로스가 멀리 천국의 예루살렘을 등진 제단을 향해 걸어오고 있다. 천국을 연속된 그림으로 보여주는 이 다섯 점의 패널화는 상승원근법으로 그려졌는데 이 기법도 반 에이크가 독창적으로 고안한 것이다. 그 위를 보면 한가운데에 그리스도가 있고 성모 마리아는 천국의 여왕으로 그 오른쪽에 앉아 있으며 세례 요한이 왼쪽에 있다. 그 양옆에 보이는 것은 천사들의 합창대다. 오르간 앞에 앉아 있는 것은 음악가의 수호성자인 성 세실리아다. 맨 바깥쪽에 보이는 것은 아담과 이브의 패널화다.

북유럽의 패널화 중에서 규모가 큰 누드화로는 처음 그려진 아담과 이브의 그림을 보면 인체에 대한 예리한 안목이 드러나고 원근법과 명암에 대한 혁신적 기법이 감지된다. 예전에는 수치심으로 고개를 숙였던 두 인물이 최초의 남자와 최초의 여자로서 꼿꼿이 서 있다. 제단화가 자리한 위치로 보았을 때 아담과 이브의 발이 감상자의 눈높이에 오게 되는데, 아담의 발바닥을 살짝 드러낸 것은 바로 그 점을 감안했기 때문이다. 이처럼 자연주의적 시각에서 미세한 구석까지 꼼꼼히 묘사한 이 작품에서 식물학자들은 수십 종의 식물을 식별해내고 있으니 참으로 놀랍지 않을 수 없다.

〈헨트 제단화〉는 부르고뉴 공국의 전성기에 제작되었지만 반 에이크가 한참 작업을 하는 동안 잔 다르크(1412?~31)는 샤를 7세와 프랑스 군을 이끌고 1428년 잉글랜드 침략군에게 승리를 거두었다.

17.19 헨트 제단화(펼친 상태). 얀 반 에이크. 3.43×4.39m.

제17장 르네상스 예술 — 새로운 황금시대

1453년 샤를 왕은 잉글랜드와의 백년전쟁을 승리로 이끌고 부르고뉴, 피카르디, 플랑드르를 합병했다.

아르놀피니의 혼례

반 에이크의 그림에 나타난 세부 묘사는 놀랍기만 하다. 부분들의 합을 넘어서는 그림 전체의 통일성은 더욱 놀랍다. 조반니 아르놀피니라는 이탈리아 상인의 의뢰를 받고 그린 이 작품에서 주인공과 그의 아내 잔 체나미는 마치 결혼 증명 사진이라도 찍는 것처럼 포즈를 잡고 서 있다. 증인처럼 참석한 화가의 모습도 그들 뒤편의 볼록 거울 안에 나타나 있다. 그리고 거울 위에는 "얀 반 에이크가 이곳에 있었다"는 공증 기록도 남아 있다(17.20). 빛, 공간, 부피, 두 인물의 개성은 시각적으로도 심리적으로도 모두 하나로 녹아들어 있다. 후원자와 화가 사이에는 깊은 교감이 있었음에 틀림없다. 감상성을 철저히 배제하면서도 부부를 결합시키는 애정의 한 순간을 절묘하게 포착했다. 옷감, 유리, 금속, 나무, 심지어는 털북숭이 강아지의 질감까지도 섬세하게 묘사되어 있다.

자세히 보면 곳곳에 상징이 가득하다. 외롭게 타고 있는 양초는 관습에 따르면 결혼 초야에 마지막으로 끄는 불이지만 한편으로는 세상의 빛인 예수 그리스도를 상징하기도 한다. 침대 옆에 놓인 의자 기둥에 새겨진 것은 출산의 수호성자인 성 마르가레테다(아르놀피니의 부인은 임신한 것이 아니라 당시 유행하던 풍성한 치마를 입었을 뿐이다). 강아지는 충절을 상징하고 여기저기 널려 있는 신발은 두 사람이 신성한 마루에 서 있음을 암시한다. 자연주의와 공간적 깊이에 대한 고전적 관심과 모든 물질적 대상은 초월적 중요성을 갖는다

17.20 아르놀피니의 혼례. 얀 반 에이크. 1434. 캔버스에 유채. 81.9×59.7cm. 내셔널 갤러리(런던).

는 그리스도교적 관념을 결합시킴으로써 플랑드르 화가들은 이제까지와는 확연히 다른 새로운 그림 양식을 개발했다. 이쯤 되면 화가의 기예는 초인적 경지로 올라섰다. 그것은 그 전의 어떤 화가도 도달하지 못한 높이였다.

로히에르 반 데르 웨이덴-1400~64년

반 에이크의 그림은 그 나름의 개성을 발휘하면서도 너무나 완전무결해 보였기 때문에 북유럽, 스페인, 이탈리아에서 그를 숭배하는 사람이 많이 나타났다. 그를 흉내낸 화가는 있었지만 그에 필적하는 화가는 없었다. 어떤 제자도 반 에이크의 남다른 재능을 쫓아오지 못했다. 반 에이크보다 감정을 더 표출하는 기법을 도입한 반 데르 웨이덴은 그 다음 세대를 이끈 플랑드르의 실력 있는 화가였다. 그는 1435년 브뤼셀 시의 전속 화가가 되었다. 25년마다 돌아오는 성년(聖年)을 맞이하여 1450년에 이탈리아로 여행을 떠났다가 이탈리아 미술의 영향을 받고 이탈리아의 풍물에 감동을 느꼈다. 기법상으로 반 에이크 못지않은 원숙한 경지에 올라 있었던 반 데르 웨이덴은 당시 플랑드르 회화에서는 찾아보기 어려웠던 심리적 깊이가 있는 초상화를 그렸다.

〈여인의 초상〉(17.21)은 부르고뉴의 군주였던 선량왕 필리프의 딸이었던 마리 드 발랑쟁으로 추정되는 젊은 여자의 모습이다. 이마와 눈썹은 시원스럽게 밀었는데 이것은 지성미를 과시하기 위해 당시 유행하던 풍습이었다. 역시 그 당시에 유행하던 허리가 높은 드레스와 삼각형 모양의 두건은 얼굴의 정교한 입체감으로 시선을 모아들인다. 이 초상화는 아름다우면서도 한편으로는 당혹스럽다. 묵상을 하는 수도자를 방불케 하는 거의 금욕에 가까운 느낌은 두툼한 아랫입술이 주는 관능성과 모순을 빚는다. 전체적으로 이 그림은 자기 주장이 강한 성격을 제시한다. 지적이고 자신만만하고 자기 주장이 확고한 젊은 여성의 모습에서 우리는 확실히 공주답다는 인상을 받는다. 시원스럽게 드러난 얼굴과 묘한 대조를 이루는 것이 거의 고딕 양식으로 처리된 가느다란 손가락이다. 사람을 매혹시키는 동시에 현혹시키는 이 그림은 할스와 렘브란트로 이어지는 플랑드르 화파의 거장에 의해 이루어진 위대한 심리적 탐구의 기록이다.

한스 멤링 – 1440~94년

멤링(1440~94)은 독일에서 태어나 도제 생활을 하다가 당시 프랑스의 영토였던 플랑드르로 가서 그곳에서 반 데르 웨이덴과 함께 공부한 것으로 보인다. 이탈리아의 기를란다이오와 같은 시대를 살았던 그는 기를란다이오처럼 온화하고 소박한 양식을 선호했다. 그것은 부유한 사업가들에게 잘 먹혀들어 결과적으로 화가로서 입지전적 성공을 거두었다. 초기 플랑드르 미술의 거장들, 그 중에서도 특히 반 에이크의 작품을 폭넓게 연구한 그는 약간 우울한 정서가 담긴 그림을 대단히 정교하게 그렸다. 〈교회당의 배알〉(17.22)에서 인물들은 시간 속에서 얼어붙은 것처럼 부동의 자세를 취한다. 아니, 시간을 벗어나 있는 듯하다. 상상의 배경 속에서 조화롭게 무리지어 있는 사람들 위로 빛이 떨어진다. 전체적으로 이 그림은 탈속적이고 약간 쓸쓸한 느낌을 준다.

제17장 르네상스 예술—새로운 황금시대

17.21 여인의 초상. 로히에르 반 데르 웨이덴. 1460경. 패널에 유채, 34×25.5cm. 국립미술관(워싱턴 D.C).

17.22 교회당의 배알. 한스 멤링. 1463? 패널에 유채, 59.7×48.3cm.

    멤링의 작품은 교회의 도덕적 권위에 대한 확신이 점점 허물어지면서 나타난 그 시대의 비관적 정서를 잘 반영한다. 그것은 종교개혁이 임박했음을 통찰하는 예언자의 느낌 같은 것이 전해진다. 특히 이탈리아에서는 비관주의 정서가 팽배했다. 멤링이 죽은 1494년 샤를 8세가 이끄는 프랑스 군이 이탈리아를 침공했고 메디치 가문은 피렌체에서 축출당했다. 이때부터 이탈리아는 어지러운 전란의 시대로 접어든다.

17. 르네상스 예술 : 새로운 황금시대 **261**

히에로니무스 보스-1450~1516년

비관론이 팽배한 이 시대에도 뛰어난 화가는 출현했으니 그가 바로 히에로니무스 보스였다. 히에로니무스 보스처럼 흡인력 있으면서도 수수께끼에 싸여 있는 화가도 드물다. 지금의 남부 네덜란드 지방에서 살고 일했지만 그의 삶이나 예술관에 대해서는 알려진 내용이 거의 없다. 미술사가들과 정신의학자들은 그의 기괴한 도상 앞에서 놀라움을 금치 못한다. 그는 죽음에 집착하고 악마와 마귀에 대해서 거의 병적인 공포를 지녔던 시대를 살았던 인물이었다. 작품을 보면 보스가 인간의 본성을 비관적으로-혹자는 이것을 현실적이라고 해석하겠지만-바라보았다는 것을 대번에 알 수 있다. 그는 죄 앞

17.23 **쾌락의 동산**. 히에로니무스 보스. 1505-10. 패널에 유채, 측면 218.4×91.4cm, 중앙 218.4×193cm. 프라도 미술관(마드리드).

에서 분노하고 있다.

　가장 중요하면서 수수께끼에 싸인 작품의 하나가 〈쾌락의 동산〉이라는 제목이 붙은 3폭짜리 제단화다(17.23). 이 눈부신 작품의 측면에 달린 두 패널화는 목가적인 에덴 동산과 참혹하기 짝이 없는 지옥의 모습을 보여준다. 둘 다 전통에서 벗어났지만 아주 일관된 방식으로 그려져 있다. 중앙의 패널화는 성격이 또 다르다. 복잡하고 기괴하고 당혹스러운 이 풍경은 벌거벗은 남녀와 크기가 제각각인 실제의 동물과 상상의 동물로 득시글거린다. 호수도 있고 연못도 보이며 커다란 딸기, 홍합 껍질, 달걀, 듣도 보도 못한 해괴망측한 물체들이 즐비하다. 모두 스물한 명 가량 되는 벌거벗은 남녀노소가 기이한 풍경 안에서 시시덕거리고 장난을 치고 어울려 논다.

　하나같이 알몸이고 또 대부분 짝을 이루고 있음에도 불구하고 노골적인 성행위는 찾아볼 수 없다. 전체적으로는 성적 분위기가 감돌지만 커다란 딸기를 어루만지는 사람을 제외하고는 성욕을 드러내는 사람은 아무도 없다. 대부분의 사람들은 어리석은 행동을 하느라 분주하다. 부둥켜안은 남녀 한 쌍은 머리에 부엉이를 모자처럼 썼다. 그런가 하면 커다란 물고기를 움켜쥔 채 사자 등에 올라탄 사람의 모습도 보인다. 사람들의 얼굴은 대체로 평온하고 차분하다. 마치 점잖은 누드촌에 온 듯한 그런 느낌이 든다.

　이 그림에는 도대체 무슨 뜻이 담겨 있을까? 만인이 동의하는 해석은 없지만 몇 가지 가능성은 생각해볼 수 있을 것 같다. 먼저 이 그림에 나오는 사람들의 행위와 대상들은 무언가를 상징한다고 볼 수 있다. 그 상징 어휘는 비그리스도교 전통, 플랑드르 지방에서 전해 내려오는 설화, 중세의 동물 우화에서 가져왔을 가능성이 있다. 이런 해석을 따라가다보면 아무런 결론도 나지 않는 모호성의 수렁에 빠지기 쉽다. 유구한 역사를 가진 상징 어휘들의 의미를 놓고 지난 몇 세기 동안 제기되어 온 무수한 설이 그 점을 증명한다.

어떤 사람들은 이 그림이 비밀스러운 종교를 믿고 있던 사람들을 위해 그려진 일종의 암호라는 입장을 취하기도 한다. 이런 은밀한 활동은 이단시되었고 잘못하면 목숨을 잃을 수도 있었으므로 암호를 쓸 수밖에 없었다는 것이다. 하지만 이 한가롭게 노니는 사람들이 비밀 종파의 열성적인 신도들처럼 보이는가? 그러기에는 그들의 행동은 너무나 우스꽝스럽다. 종교가 생활의 구석구석을 파고들었던 시대였음에도 불구하고 이 그림 안에는 종교적 함의를 지닌 요소가 전혀 없다.

보스의 동시대인들이 이 그림을 보고 어떤 생각을 가졌는지를 우리가 정확히 알 수는 없다. 하지만 어디서 많이 본 듯한 장면이 곳곳에서 발견된다. 야심이나 포부나 혹은 목적 의식의 결여, 놀이에 탐닉하는 모습들. 보스는 현대 세계를 예견한 것일까, 또는 인류가 거듭 저질러온 어리석음과 실패를 고발하는 것일까?

보스가 남긴 그림을 전체적으로 보았을 때 그가 비관주의자였다는 사실을 부인하기 어렵다. 그의 비관주의는 비관주의가 팽배한 당시 상황에서도 가장 도가 심한 것이었다. 이 그림은 따라서 예수도, 대속, 구원도 존재하지 않는 인간의 절망적 조건을 묘사한 것으로 보인다. 인간은 사악하거나 타락해서가 아니라 허영과 무기력과 어리석음 때문에 멸망한다. 그리스도가 인간을 구원하기 위해 인간의 육신으로 나타난 것도 소용없다. 어리석음은 에덴 동산부터 있었고 인간이라는 종의 근본 성격으로 남아 있기 때문이다. 이런 해석을 받아들이면 우리는 보스를 극단적 비관주의자로 볼 수밖에 없다. 달리 대안이 없다. 인간은 천국의 희망을 품을 수 없고 어리석음으로부터 저주로 끝없이 움직일 것이다.

　16세기에 유례없는 각광을 받았던 보스의 그림은 악마에 대한 병적인 공포감이 지배하는 가운데 빗나간 과격한 종교적 광신으로 치닫기 일쑤였던 시대의 단면을 보여준다. 1484년 교황 인노켄티우스 8세는 악귀에 씌운 여자들의 마법을 우선적으로 척결해야 할 이단으로 규정했다. 그 다음 두 세기 동안 사디즘과 여자혐오증의 거센 파도에 10만 명에서 20만 명까지 되는 여자와 그 광기에 감염되었다는 이유로 남자와 아이들까지 고문당하고 목매달리고 화형당했다. 두 명의 파렴치한 도미니쿠스 수도사들은 자칭 마녀 사냥자들을 위한 지침서로서 《마녀들의 쇠망치》라는 책까지 펴냈는데 이것은 30쇄를 찍으면서 날개 돋힌 듯 팔려나갔다. 인쇄된 책자의 보급이 가졌던 우울한 풍경이 아닐 수 없다.

　히에로니무스 보스가 활동을 하는 동안 초기 북부 르네상스는 막을 내렸고 이탈리아에서는 전란과 부패하고 타락한 교황들과 영적으로 몰락한 교단들이 잔인한 고문을 자행하는 시대가 시작되었다. 보스가 사망한 지 1년 뒤 마틴 루터는 종교개혁을 촉구하는 95개 조항을 발표했다.

이탈리아의 전성기 르네상스 —1495~1520년

　비교적 평화롭고 번영을 구가하던 피렌체의 영광은 1492년과 1494년 잇따라 터진 중요한 격변으로 막을 내렸다. 피렌체에서 가장 강력하고 절도 있는 중재 세력이었던 메디치 가문의 위대한 자로렌초가 1492년 눈을 감았다. 같은 해, 페르디난도와 이사벨라는 스페인에 있던 무어인의 마지막 아성이었던 코르도바를 탈환했다. 콜럼버스는 피렌체에서 작성된 지도를 바탕으로 항해에 나서 신대륙을 발견했다. 로마에서는 르네상스기의 부패하고 썩은 성직자의 상징이었고 피렌체 공화국의 철천지 원수였던 로드리고 보르자가 알렉산데르 6세 교황으로 등극했다.

1494년 밀라노의 루도비코 스포르차는 프랑스의 샤를 8세에게 이탈리아 출병에 나서라고 부추겼다. 전쟁이라면 사족을 못 쓰던 샤를 8세는 흔쾌히 원정에 나섰다. 그 다음 35년 동안 프랑스 군대와 무어인을 제거하여 여유가 생긴 스페인 군대가 이탈리아의 도시 국가들과 전쟁을 벌였다. 프랑스와 스페인은 틈만 나면 자기들끼리도 싸웠다. 늘 이번 공격이 마지막이리라고 생각한 이탈리아의 도시 국가들은 외세를 격퇴하기 위해 단결된 모습을 한 번도 보여주지 못했다. 하지만 역설적으로 전성기 르네상스는 이 끝없는 전란을 배경으로 화려하게 꽃피었다. 이탈리아와 북유럽에서 이루어진 초기 르네상스 문화를 흡수하고 정제하면서 레오나르도 다 빈치, 미켈란젤로, 라파엘로, 브라만테 등은 이탈리아 르네상스의 최고 가는 걸작을 만들어냈다.

레오나르도 다 빈치-1452~1519년

카테리나라는 시골 처녀와 피에로 다 빈치라는 공증인 사이에서 사생아로 태어난 레오나르도 디 빈치(1452~1519)는 자타가 공인하는 르네상스의 만능인이었다. 그는 거장들의 시대에도 단연 우뚝 솟

제17장 르네상스 예술—새로운 황금시대

은 천재였다. 발명가, 토목 및 무기 기술자, 건축가, 음악가, 지질학자, 식물학자, 물리학자, 해부학자, 조각가, 화가였던 레오나르도가 손을 대지 않은 유일한 분야는 고전학, 시, 철학이었다. 그는 애당초 신학에는 관심이 없었다. 자신이 '영혼의 창'이라고 부른 두 눈을 넘어서는 그 어떤 권위도 인정하지 않는 회의론자로서 그는 평생을 살았다.

당시의 풍습에 따라 아버지의 서자로 인정을 받게 된 레오나르도는 열다섯 살 때 피렌체에서 베로키오가 운영하던 공방의 문하생으로 들어간다. 처음 삼십 년 동안 그가 어떻게 살았는지를 알려주는 기록은 남아 있지 않지만 마사초, 보티첼리처럼 그 역시 그림 제작 전문가로서 길드 조직에 소속되어 있었던 것 같다. 그렇지만 초기 르네상스의 거장들과는 달리 레오나르도와 미켈란젤로는 예술가를 단순한 기능인에서 사회에서 가장 높은 대우를 받는 지위로 격상시키는 데 성공했다.

1481년 교황 식스투스 4세는 토스카나의 '일급' 예술가들을 바티칸으로 불렀다. 이 중에는 보티첼리, 기를란다이오, 페루지노 등이 포함되어 있었는데 레오나르도는 빠져 있었다. 푸대접에 격분한 레오나르도는 피렌체를 떠나기로 마음먹지만 그 전에 해치워야 할 일이 있었다. 금융업으로 재산을 모은 벤치 가문을 위해 초상화를 그려야 했던 것이다. 그가 그린 〈지네브라 데 벤치〉의 초상화(17.24)는 어여쁘지만 왠지 긴장하고 경계하는 듯한 젊은 여인을 매혹적으로 탐구한 그림이다. 그녀는 신앙심이 아주 깊다고 알려져 있었는데 피렌체의 사치스러운 풍조를 달가워하지 않았고 로렌초 데 메디치와 자기 이모와의 오랜 염문도 역겨워했다고 한다. 곱슬곱슬한 금발 주위에 곱향나무('지네브라'는 곱향나무라는 뜻) 가지를 둘러 레오나

17.24 **지네브라 데 벤치.** 레오나르도 다 빈치. 1474? 패널에 유채, 38.8×36.7cm. 국립미술관 (워싱턴 D.C).

르도는 우울한 작품을 만들었다. 창백한 얼굴 뒤편으로는 물안개가 아스라히 깔려 있는데 세부 묘사를 의도적으로 피한 채 부드럽고 흐릿하게 배경을 처리했다. 레오나르도가 고안한 기법은 아니지만 이 스푸마토('몽롱하다'는 뜻) 기법은 서양 회화의 발전에서 그가 기여한 중요한 업적의 하나로 평가된다. 여명의 대기 또한 새로운 혁신으로서 다른 그림들에서 볼 수 있는 화창한 햇살과 대조를 이룬다. 이 그림은 밑부분이 15센티미터 가량 잘려나갔기 때문에 여인의 손은 보이지 않는다.

 메디치 가문이나 교황보다 좀더 호의적인 후원자를 물색하던 레오나르도는 밀라노 대공이었던 루도비코 스포르차에게 편지를 써서 자신을 무기 제작 기술자로 소개하면서 던 두 문장 안에다 조각과 회화에도 조예가 깊다는 사실을 덧붙였다. 밀라노에 머무는 동안 (1482~99) 그가 그린 〈최후의 만찬〉(17.25)은 낯익은 주제를 전무후무한 방식으로 표현했다. 르네상스 전성기는 이 장대한 구도와 함께 시작되었다고 해도 과언이 아니다. 레오나르도의 실험은 후세 사람들에 의해 젖은 벽에 재빨리 그림을 그리는 프레스코화로 개작되는 수모를 겪기도 했고 나폴레옹의 침공과 2차대전을 거치면서 많이 손상되었다. 복원이 이루어지기는 했지만 독창성에 빛나는 원작의 맛을 살리기에는 역부족이었다.

이 그림에 나타난 순간은 전통적으로 그려져온 성찬식이 아니라 그리스도가 청천벽력 같은 선언을 하는 순간이다. "너희 가운데 하나가 나를 배신할 것이다." 그리스도를 제외하면 레오나르도는 실제 인물을 모델로 제자들을 그렸는데 마땅한 유다의 모델을 구하지 못해 애를 먹었다고 한다. 바사리에 따르면 산타마리아 수도원장이 스포르차에게 레오나르도가 그림을 빨리 완성하지 않고 꾸물거린다고 불평하자 레오나르도는 유다를 찾지 못해 고민이었는데 수도원장이 적역인 듯하다고 대꾸했다. 당시 사람들은 다른 화가들이 보통 그랬던 것처럼 예수의 맞은편에서 유다를 찾았을 것이다. 하지만 유다는 예수의 왼쪽에 앉은 첫번째 제자들의 무리 속에 있다. 그의 몸은 삼각형을 이루고 있고 얼굴은 어둠침침하다. 돈자루를 꽉 움켜쥔 그는 무리 속에 있긴 하지만 무리와는 동떨어져 있다. 그의 거무스름한 형체는 베드로의 밝은 옆모습과 요한의 얼굴에서 뿜어나오는 광채와 대조적이다. 제자 한 사람 한 사람의 모습은 예수의 청천벽력 같은 발언에 대한 각자의 심리적 반응을 실감나게 보여준다.

〈최후의 만찬〉은 대단히 수학적인 구조로 되어 있다. 각 3명 그리고 4명으로 구성된 집단이 있는데 이것을 더하면 7이 되고 곱하면

12가 된다. 예수의 머리는 3개의 창문 중 가운데에 와 있다. 3개의 창문은 삼위일체를 상징할 수 있다. 충격을 받은 제자들은 셋씩 네 무리로 갈라져 있고 그 한복판에 자리잡은 예수의 몸은 삼각형을 그린다. 4라는 수는 양쪽 벽에 4개씩 걸려 있는 패널화에서도 반복된다. 천장의 들보는 앞뒤로 좌우로 각각 7개씩이다. 레오나르도는 그리스도교의 숫자가 상징하는 의미를 염두에 두고 있었는지 모른다(삼위일체, 네 복음서, 정의·용기·절제·신중·신앙·희망·자비의 일곱 덕목, 새 예루살렘의 열두 문). 또 3, 4, 7이라는 수는 중세 대학의 7가지 자유과목 중에서 3과인 문법·수사·논리와 4과인 산술·기하·음악·천문학을 상징하기도 한다. 뿐만 아니라 피타고라스의 숫자 상징 체계에서 1은 통일성의 개념을 나타내고 3은 가장

17.25 최후의 만찬. 레오나르도 다 빈치. 1495-8.
벽화. 회벽에 유채와 템페라, 4.39×8.53m. 산타마리아델레그라치에 교회(밀라노).

논리적인 수이며(서론·본론·결론) 4는 정의를 가리킨다. 레오나르도가 회의주의자였고 성직자들에게 노골적인 반감을 품고 있었다는 점을 감안하면 그리스도교의 상징이 아닌 다른 식의 해석이 더 타당할지도 모르겠다.

그렇지만 그림이 전체적으로 주는 느낌은 분명하다. 원근법의 수학적 정확성에도 불구하고 감상자가 그 원근법을 '정확하게' 볼 수 있는 자리는 존재하지 않는다. 이 그림은 일상의 경험을 넘어서는 이상적 차원에서 별개의 작품으로 존재한다. 예리한 형식미와 숭고한 주제를 한 단계 끌어올린 이런 양식은 이탈리아 전성기 르네상스의 독보적 성과라 하겠다. 레오나르도 다 빈치는 화가는 고귀한 존재이며 회화도 중요한 학문의 하나로 다루어야 한다고 주장했다. 그가 생각한 조각가는 견고한 대리석을 쪼아내면서 먼지와 파편 속에 서 있는 기능인이었다. 반면 미켈란젤로는 해가 달보다 우위에 있는 것처럼 조각은 회화보다 우월하다고 주장했다.

미켈란젤로 부오나로티 – 1475~1564년

지금까지 살았던 예술가 중에서 가장 천재적인 재능을 가졌다는 평가를 받기도 하는 미켈란젤로(1475~1564)는 조각, 건축, 회화, 시에서 모두 발군의 기량을 발휘했다. 벌써 당대에 그는 거의 신처럼 떠받들어졌다. 미켈란젤로의 위대함을 설명하려는 글은 수도 없이 씌어졌지만 정작 그의 개인적 삶을 기록한 자료는 드물다. 미켈란젤로는 그를 불멸의 거장으로 만들어주기에 더없이 적합한 시대와 장소에서 천부적인 재능을 가지고 태어났다. 그는 기를란다이오의 공방

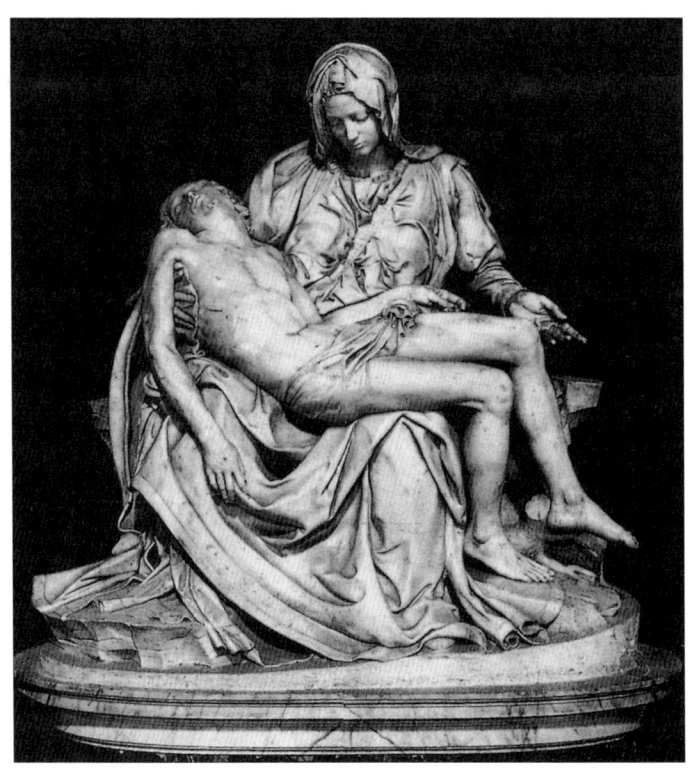

17.26 **피에타.** 미켈란젤로. 1498-1499/1500. 대리석, 높이 1.74m. 성 베드로 성당(로마).

에서 그림을 배웠고 메디치가가 소장하고 있던 고대 조각품과 도나텔로의 제자로부터 조각을 배웠다.

그의 최초의 걸작으로 손꼽히는 〈피에타〉(17.26)는 양식면에서 16세기보다는 15세기에 더 가깝다. 우아한 선은 보티첼리의 작품을 연상시킨다. 이 삼각형의 구도는 모순들로 이루어져 있다. 예수는 죽었는데도 마치 잠든 사람처럼 그의 혈관에서는 피가 흘러나온다. 성모 마리아는 아들보다 젊게 묘사되었으며 그녀의 어여쁜 얼굴은 비통함으로 일그러져 있지 않고 평온하다. 그녀의 왼손만이 슬픔을 암시한다. 예수는 등신대인 반면 마리아는 실제보다 크다. 그녀의 머리는 예수의 머리와 크기가 같지만 비례로 따져보면 일어났을 때 그녀의 키는 2.1미터나 된다. 하지만 이런 왜곡은 현실 세계에 속박당하지 않은 참다운 영적 가치를 시각적으로 드러내는 데 효과적이었다.

〈피에타〉를 완성하고 나서 1년쯤 있다가 작업에 착수한 〈다비드〉(17.27)는 미켈란젤로의 원숙한 천재성이 유감없이 발휘된 전성기 르네상스 최초의 기념상이었다. 다비드상은 도나텔로가 만든 것(17.6)도 있고 베로키오가 만든 것(17.12)도 있지만 자신의 힘과 독립성을 만천하에 과시하고픈 의욕에 넘쳐 있던 도시 국가는 이것들만으로는 모자라다고 느꼈을지 모른다. 1494년 메디치 가문이 축출된 다음 피렌체 공화국이 들어섰지만 오래 가지는 못했다. 미켈란젤로가 〈다비드〉를 한창 제작하고 있던 1503년 교황 알렉산데르 6세가 죽었다. 그러자 불행한 자 피에로라고 불렸던 피에로 데 메디치는 피렌체를 탈환하기 위해 프랑스 군과 싸우다가 그만 익사하고 말았다. 1504년 피렌체는 마침내 안정을 되찾았다. 이제 시민들의 관심사는 미켈란젤로의 웅장한 다비드상을 어디에 두느냐에 쏠려 있었다. 장소를 물색하는 임무는 레오나르도 다 빈치, 보티첼리, 페루지노에게 맡겨졌는데 이로 미루어보아 아직 다 완성되지도 못한 미켈란젤로의 작품에 사람들이 걸었던 기대가 얼마나 컸는가를 알 수 있다. 원래는 프렌체 대성당에 두기로 되어 있었지만 결국 〈다비드〉는 정부 청사인 베키오 궁 앞에 당당히 들어서게 되었다. 그것은 모든 외적에 맞서 싸울 각오가 되어 있는 공화국의 상징처럼 여겨졌다. 19세기에 들어와 〈다비드〉상은 보호를 위해 실내로 옮겨졌고 원래 자리에는 모조품이 들어섰다.

도나텔로와 베로키오의 다비드상은 청소년이었지만 미켈란젤로의 다비드상은 팔팔한 청년이다. 근육 하나하나가 살아 꿈틀거린다. 머

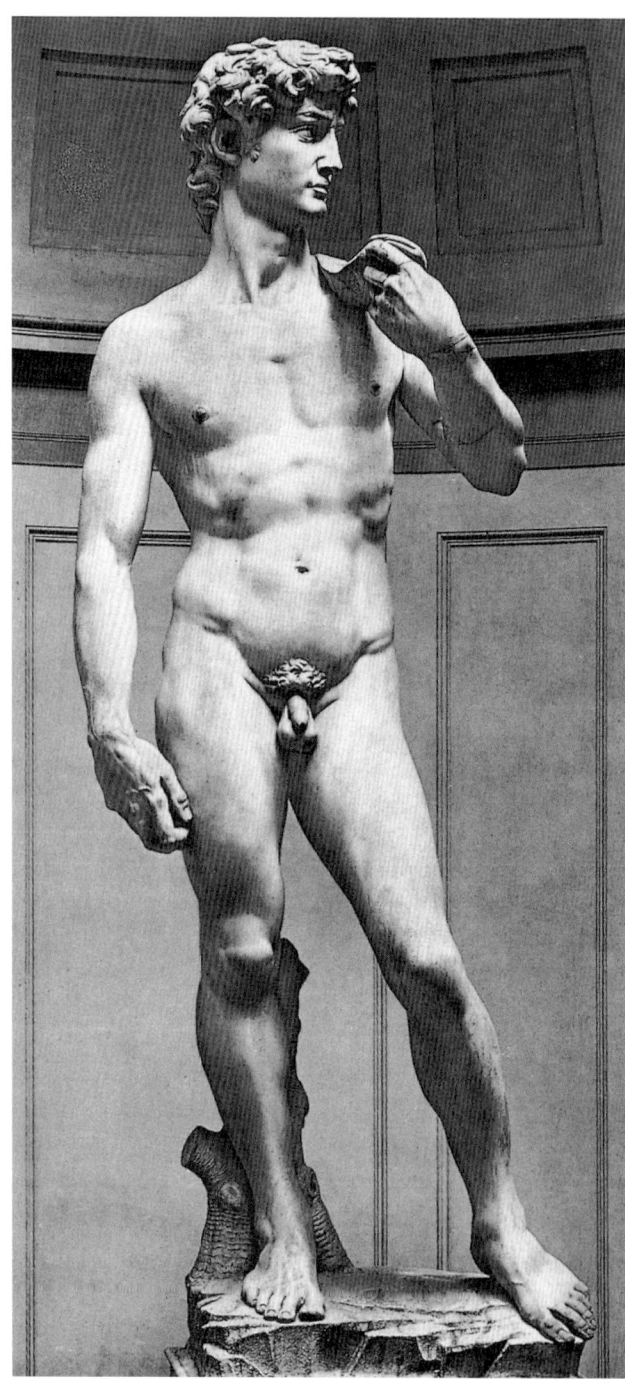

17.27 다비드. 미켈란젤로. 1501-4. 대리석, 높이 4.09m. 아카데미 미술관(피렌체).

리는 아폴로, 몸은 헤라클레스를 연상시킨다. 이것은 다윗 왕의 모습일 뿐 아니라 플라톤이 생각한 이상적 인간형이기도 하다. 그의 아버지는 히브리인이며 동시에 로렌초, 피치노, 나아가서는 피렌체 플라톤 아카데미의 공동체였다.

〈다비드〉의 명성은 금세 알려졌다. 혼자서 감당하기 힘들 만큼 엄청난 주문이 미켈란젤로한테 쏟아졌는데 교황 율리우스 2세의 거대한 무덤을 조성하는 것도 그 중의 하나였다. 이 무덤은 당초 계획대로 마무리되지 못했다. 대신 미켈란젤로는 시스티나 예배당의 높은 디딤판에 올라가게 되었다. 어떻게 이런 일이 벌어졌는지는 충분히 설명되지 않고 있지만 개연성이 높은 이론은 여기에 그 얼마 전 성 베드로 성당의 건축을 맡은 브라만테의 공작이 개입되어 있었다는 것이다. 자신의 사업을 추진할 자금을 끌어모으기에 여념이 없었던 그는 미켈란젤로를 부러워했다고 한다. 율리우스는 자기 무덤을 조성하는 데 아낌없이 돈을 퍼부을 사람이었고 브라만테는 자기가 맡은 건물을 세우는 데 그 돈이 절실히 필요했다. 만약 교황을 부추겨서 미켈란젤로로 하여금 시스티나 예배당의 천장화를 그리게 할 수만 있다면 미켈란젤로는 그 그림을 그리느라 허덕일 것이고 그렇게 되면 브라만테는 자금 동원력에 있어서나 기량에 있어서나 불편한 경쟁 상대를 피할 수 있다는 계산이 작용했으리라는 것이다. 어떤 속사정이 있었는지는 모르지만 아무튼 시스티나 예배당의 천장화를 그릴 수 있는 사람은 미켈란젤로밖에 없었다.

넓이(40.2×13.4m)에 비해 천장이 너무 높았던(20.4m) 이 교황들의 개인 예배당은 사사로운 건물도 아니었고 그렇다고 해서 기념비적인 건물도 아니었다. 하지만 미켈란젤로의 프레스코화는 이것을 기념비적 건물로 만들었다. 불과 4년 만에 그는 200평이 넘는 둥그

17.28 아담의 창조. 미켈란젤로. 시스티나 예배당 천장, 일부. 1511.
프레스코화. 바티칸. 이 사진은 천장 청소가 이루어지고 난 다음 1980년대에 찍었다.

스름한 천장에다 300여명의 인물을 그려넣었다. 우주의 창조에서 노아의 홍수까지 창세기를 다루면서 미켈란젤로는 유대-그리스도교 신학과 고대 신화, 신플라톤 철학을 융합하여 서양 미술에서 정말로 경이로운 작품의 하나를 완성했다. 〈아담의 창조〉(17.28)를 그린 일부분만 보아도 벌써 작품 전체의 장엄한 구도를 파악할 수 있다.

위압당한 이브를 보듬어안고 왼손을 아기 그리스도의 어깨에 얹고서 하느님 아버지는 손가락을 뻗어 무기력한 아담에게 생명의 불꽃을 전한다. 태어날 순서를 기다리는 후손들을 등 뒤에 둔 채 몸을 비튼 이 역동적 존재는 어버이처럼 사랑을 담아 아담에게 그의 잠재적 고결함을 현실화시킬 영혼을 나누어준다.

4년에 걸쳐서 자신은 화가가 아니라 조각가라고 항의에 항의를 거듭했지만 미켈란젤로는 결국 위대한 조각가이며 화가라는 사실을 스스로 입증한 셈이었다. 모든 인물들은 조각처럼 그려졌다. 그는 조각가의 눈으로 본 것을 젖은 회벽에 물감으로 담아냈을 뿐이다. 얼마 전 이 천장화 전체의 묵은 때를 벗겨냈더니 원작의 풍요롭고 현란한 색채가 화려하게 되살아났다. 수많은 유명 화가들의 벽화를 압도하는 이 천장 프레스코화는 기량이 절정기에 올라 있던 한 뛰어난 예술가의 낙관주의를 보여준다.

　　다음 시는 미켈란젤로가 4년 동안 누운 자세로 그림을 그리면서 느꼈던 심적 고뇌와 육체적 고통을 표현한 글이다.

　　조반니 다 피스토야에게
　'시스티나 예배당 그림에 대하여'

　　이 굴 속에서 붙어 살다 보니 목이 퉁퉁 부어올랐다네…
　　롬바르디아건 그 어디건
　　흐르지 않는 개울로부터 기어나온 고양이마냥…
　　배꼽은 어느새 턱 밑까지 밀려왔더군.
　　머리는 하늘을 향하고
　　척추에 박힌 목덜미는 밑으로 축
　　가슴뼈는 하프처럼 부풀어오르고
　　붓에서 뚝뚝 떨어지는 굵고 가는 방울들은
　　내 얼굴을 화려하게 수놓지.
　　배와 이어지는 나의 사타구니는 지레처럼 닳았고
　　나의 엉덩이는 깔판처럼 내 몸무게를 지탱하고 있지.

갈 곳 모르는 나의 발은 앞뒤로 흔들거리고
나의 푸석푸석한 피부는 앞에서는 구겨져 있고
뒤에서는 등을 구부리니까 땅길 대로 땅기지.
꽈배기처럼 내 몸은 뒤틀려 있다네.
뇌와 눈을 사팔뜨기처럼 비틀다 보니
요상한 꼴이 되었어.
자꾸만 빗나가는 총을 독한 마음으로 겨누고 있다고 할까.
그러니, 여보게, 부디 와서
나의 죽은 그림과 명성을 좀 살려주게나.
죽지 못해 살고 있네, 그림은 나의 치욕이야.

도나토 브라만테–1444~1514년

교황 율리우스 2세(재위 1503~13년)도 르네상스 전성기의 정치적 실력자로서 예술을 후원한 사람이다. 불같은 성미로 유명했던 그는 알렉산데르 6세와 보르자의 소름끼치는 범죄의 기억을 깨끗이 지워내기로 마음먹고 부패했던 전임 교황이 살았던 거처에 발길을 들여놓는 것조차 거부했다. 율리우스 2세는 로마의 질서를 회복시켰다. 무력을 앞세워 교황령을 탈환하고 사랑하는 로마의 재건 사업을 거세게 밀어붙였다. 우연의 일치인지는 몰라도 때마침 나타난 미켈란젤로, 라파엘로, 브라만테 같은 원숙한 예술가들의 재능을 이 정력이 넘치는 교황은 십분 활용했다. 르네상스 전성기의 몇 손가락 안에 드는 건축가였으며 교황과 개인적으로 친분 관계가 있었던 우르비노의 브라만테는 많은 건물을 지었는데 가장 유명한 것이 바로 새로운 성 베드로 대성당이었다. 1505년 율리우스 2세는 지은 지 1100년이나 된 성 베드로 바실리카를 새로운 로마의 위용에 걸맞은 르네상스 양식의 건물로 바꾸기로 결심했다. 이 웅장한 사업은 14명의 건축가와 20명의 교황과 1번의 종교개혁을 거치면서 1626년에 가서야 비로소 완성되었다.

브라만테의 설계안은 성 베드로 대성당에 지금도 상당 부분 남아 있긴 하지만 사실 건축가로서 그의 천재적 기량이 생생하게 살아 있는 건물은 규모는 작아도 건축사에 어마어마한 영향을 끼친 원형의 건물이다. 성 베드로가 십자가에 못박힌 것으로 추정되는 자리에 세워진 템피에토('작은 신전')(17.29)라는 이 건물은 유럽에서 고전적 돔이 달린 건축물의 원형으로 자리잡았다. 절묘한 비례가 돋보이는 템피에토는 그리스 신전처럼 세 단의 계단 위에 들어섰고 고전 그리스 건축 양식을 다분히 연상시키는 하나의 정교한 조각품처럼 고안되었다. 레오나르도 다 빈치의 방사형 구조에서 영향을 받았지만 엄숙한 도리아식 기둥으로 차별화에 성공했다. 기둥 위의 띠벽(프리즈)에는 고전적 메토프(네모난 공간)와 트리글리프(세 줄 홈이 파인 공간)가 번갈아가며 나타나고 다시 그 위에는 난간이 얹혀졌다. 브라만테가 교황청의 주

17.29 템피에토. 도나토 브라만테. 1502. 높이 14m. 바깥 지름 8.8m.

임 건축가로 중용된 데에는 이 아담한 건물이 전체적으로 풍기는 장중하고 평온한 분위기가 결정적으로 작용했을 것이다.

라파엘로-1483~1520년

교회의 후원 아래 활동한 화가로는 미켈란젤로와 브라만테 말고도 라파엘로(1483~1520)가 있다. 그는 서양 미술이 낳은 가장 위대한 화가의 한 사람이다. 브라만테처럼 우르비노에서 태어난 라파엘로는 처음에는 페루지노 밑에서 공부하다가 많은 선배 화가들처럼 나중에는 피렌체로 활동 무대를 옮겨서 그곳에서 다 빈치와 미켈란젤로의 작품을 연구하고 유명한 성모 마리아 그림을 수없이 그렸다.

르네상스 시대에 라파엘로만큼 열심히 모방된 화가도 드물 것이다. 특히 그의 마돈나(성모 마리아)는 지겹도록 보아야 했다. 라파엘로는 내용과 형식을 모두 꼼꼼히 살펴야 제대로 이해가 되는 지적 화가였지만 사람들은 그가 그린 성모 마리아를 아름답고 사랑스럽게만 보려는 경향이 강했다. 그것은 엄마와 아기를 그려 공감을 불러일으키려 한 화가의 의도가 맞아떨어진 결과일 수도 있지만 당시에 흘러넘치던 감상적인 모방화들의 영향과도 무관하지 않을 것이다.

〈알바 마돈나〉(17.30)는 다 빈치의 양식에서 유래한 긴밀하게 통제된 삼각형 구도를 보이지만 톤도(원형 그림)로 그려졌다. 다 빈치를 비롯한 다른 마돈나 화가들과는 달리 그는 살아 있는 알몸의 인물을 모델로 그렸다. 그는 모든 요소들이 제자리를 잡을 때까지 인물의 기본형을 끈기 있게 스케치했다. 이 작품에서 라파엘로는 세례 요한의 인간성과 그림의 초점에 놓인 아기 예수의 신성을 섬세하게

17.30 알바 마돈나. 라파엘로. 1510.
패널에 유채, 캔버스에 전사, 지름 94.5cm. 국립미술관(워싱턴 D.C).

대비시키는 데 주안점을 두었다. 이 그림에서 눈길을 끄는 수평의 요소는 아기 예수의 오른팔이다. 감상자의 시선은 그 팔 끝으로 자연스럽게 따라가고 거기에는 가느다란 십자가가 쥐어져 있다.

라파엘로의 많은 그림들처럼 이 작품도 지나칠 만큼 청소를 깨끗이 한 바람에 원래는 선명했을 빛깔이 많이 흐려졌다. 라파엘로는 플라톤과 아리스토텔레스 사상의 조화를 모색하던 한 철학 모임의 일원이었다. 교황의 거처를 장식할 벽화를 주문받았을 때 그는 자신의 생각을 그림으로 담아내기로 마음먹었다. 여기서 완성된 것이 인간 지식의 네 분야, 곧 신학, 법학, 시, 철학을 표현한 거대한 사면 벽화다. 이 중에서 맨 마지막에 그려진 이른바 〈아테네 학당〉(17.31)은 르네상스 인문주의의 요약이라 할 만하다. 이 그림에는 쟁쟁한 그리스 철학자들이 다 모여 있다. 왼쪽 바닥에서는 피타고라스가 열심히 무언가를 쓰고 있고 다 빈치처럼 수염이 덥수룩한 플라톤은 자신이 쓴 《티마이우스》를 들고 한가운데로 걸어나오면서 이데아/형상의 근원은 하늘이라는 것을 손가락으로 가리키고 있다. 팔꿈치를 대리석 돌에 괴고 계단에 앉아 있는 헤라클레이토스는 얼굴이 미켈란젤로를 닮았다. 왼쪽 위편에서는 소크라테스가 젊은이들과 열심히 대화를 나

17.31 **아테네 학당.** 라파엘로 1501-11. 프레스코화. 7.92×5.49m. 스탄차 델라 세냐투라(교황의 집무실), 바티칸.

누고 있다. 그런가 하면 아리스토텔레스는 자기가 쓴 《윤리학》을 들고서 모든 관찰의 올바른 대상은 지상이라는 것을 손가락으로 가리키고 있다. 디오게네스는 계단에 널부러져 있고 허리를 숙여 석판을 가리키는 에우클레이데스의 얼굴은 브라만테를 빼다박았다. 이 집단 인물화의 맨 오른쪽 구석에다 라파엘로는 자기 얼굴도 그려넣었다. 라파엘로는 정면을 응시하고 있다. 시의 수호신인 아폴로의 상은 왼쪽에서 밑을 굽어보고 지혜의 여신인 아테나의 상은 오른쪽에서 철학자와 과학자를 내려다보고 있다. 플라톤은 시적 이미지를 사용했고 아리스토텔레스는 이성적 분석을 동원했지만 라파엘로와 그의 동료들은 두 철학자는 비록 표현은 달랐을지언정 본질에 대해서는 똑같은 생각을 가지고 있었다고 믿었다. 여기서 라파엘로는 다양한 철학의 유파들을 조화시켰을 뿐 아니라 그리스 세계와 그리스도교 세계를 융합시켰다.

병약하던 라파엘로의 때이른 죽음으로 로마의 르네상스 전성기는 막을 내린다. 하지만 다 빈치, 미켈란젤로, 브라만테, 라파엘로의 혁신은 이미 베네치아를 중심으로 이탈리아 전역에 널리 퍼져 있었고 나중에는 독일, 프랑스, 네덜란드까지 전파되었다.

16세기 이탈리아의 후기 르네상스와 매너리즘

조르조네 다 카스텔프란코—1475/7~1510년

전성기 르네상스 양식은 처음에는 조르조로 알려졌다가 나중에는 조르조네('큰 조르조'라는 뜻)라는 이름으로 유명해진 베일에 싸인 한 인물의 작품에서 극명하게 드러났다. 그의 사람됨은 물론 작품에 대해서도 알려진 내용은 거의 없다. 바사리에 따르면 그는 인문주의자이며 음악가였고 대화와 파티와 자연과 여자를 좋아한 사람이었

17.32 목자들의 경배. 조르조네. 1505-10. 패널에 유채, 90.8×110.5cm. 국립미술관(워싱턴 D.C.).

다. 어쩌면 좋아하는 순서가 거꾸로였는지도 모른다.

또 다른 화가의 손에 의해 그림 왼쪽으로 펼쳐진 먼 배경에 인물 몇 명이 보태지긴 했지만 조르조네의 〈목자들의 경배〉(17.32)는 그가 회화 전반에, 특히 베네치아 화파에 도입한 새로운 전원시 양식의 전형이라 할 수 있다. 르네상스 화가 중에서 가장 혁신적이고 영향력이 높았던 사람의 하나인 조르조네는 빛과 색을 절묘하게 구사하여 목가적 배경 안에 사람들이 자연스럽게 녹아들어 있는 마술적 풍경화를 그려냈다. 이 그림은 예수의 탄생 장면을 풍경화에 담아냈다고 말할 수 있을 정도로 배경이 너무나 자연스럽다. 그러나 그림의 자연 배경은 반 에이크나 다 빈치의 그림처럼 이상화된 모습으로 나타나지 않고 어디까지나 시인의 눈으로 본 살아 있는 자연의 모습이다. 인물들은 그려졌다기보다는 차라리 명암의 대조로 이루어졌다고 보는 것이 온당하다. 아기의 몸과 부모의 머리는 어두운 동굴 공간을 배경으로 천상의 빛을 뿜어내고 있다. 낭만과 정감이 가득한 이 그림에서는 피렌체의 전성기 르네상스 양식에서 볼 수 있는 드높은 윤리 의식과 귀족적 가치를 찾아보기 어렵다.

조르조네는 젊은 나이에 전염병으로 죽었기 때문에 그의 많은 작품이 미완성으로 남아 있다. 티치아노가 이 그림들의 일부를 완성했다는 사실은 잘 알려져 있지만 티치아노에 의해 완성된 그림들이 정확히 무엇인지는 확인되지 않고 있다. 더욱 문제가 꼬이는 것은 조르조네 역시도 티치아노의 그림 일부에 손을 댄 것으로 보이기 때문이다. 그렇지만 어떤 작품에 손을 댔는지는 이번에도 확인되지 않고 있다.

미켈란젤로와 매너리즘

16세기의 나머지 기간을 지배한 두 가지 미술 양식은 마니에리스모와 후기 르네상스 양식이었다. 미와 조화를 중시했고 회화, 조각, 건축이 골고루 발전했던 전성기 르네상스는 이 시기에 와서는 흘러간 황금 시대로 여겨졌다. 그 황금 시대를 이끌었던 다 빈치, 미켈란젤로, 라파엘로는 예술가는 무슨 일이든 할 수 있다는 사실을 만인에게 납득시켰다.

후대의 예술가들에게 남아 있는 일은 무엇이었을까? 바사리는 여기서 '마니에라'(풍)라는 말을 썼다. 이것은 라파엘로나 미켈란젤로 같은 '풍(風)'으로 작업하는 화가들을 일컫은 말이었다. 후대의 화가들은 이 거장들의 기법을 차용하거나 이 기법을 출발점으로 삼아 전성기 르네상스의 차분한 세계와는 성격이 다른, 인물들을 비틀고 어지럽히고 일그러뜨리는 데서 희열을 느끼는 마니에리스모 취미로 돌아섰다. 라파엘로와 미켈란젤로는 자연을 연구했지만 마니에리스모 화가들은 라파엘로와 미켈란젤로, 특히 미켈란젤로를 집중적으로 연구했다.

이 봇물처럼 터진 마니에리스모는 이탈리아는 물론 유럽 전역의 사람들에게 사고 방식이나 생활 면에서 깊은 영향을 미쳤던 1520년대의 중요한 사건들에 대한 반응이었는지도 모른다. 하늘을 찌르던 피렌체의 기세는 메디치 가문 출신의 교황 레오 10세(재위 1513~21년)와 클레멘스 7세(재위 1523~34년)의 손에 놀아나게 되었다. 루터가 레오 10세에게 반기를 들면서 그리스도교 세계의 단합은 깨졌고 한 세기가 넘노록 종교 분파들 사이에서 전란이 끊이지 않았다. 1523년 클레멘스 7세가 프랑스와 손을 잡은 데 격분한 신성 로마 황제 독일의 카를 5세는 로마를 유린했다. 1529년 클레멘스 7세는 영국 왕 헨리 8세와 아라곤의 카탈리나 사이의 결혼을 승인하지 않았고 결국 영국은 로마와 결별을 선언하고 영국 국교회를 세웠다. 전쟁으로 얼룩진 시대였다. 유럽 문화를 움직이는 중요한 변수로서 급격히 가치가 높아지고 있던 신대륙에서는 코르테스가 멕시코의 아즈텍을 정복했고(1519) 이어서 피사로는 잉카를 무너뜨렸다(1533).

미켈란젤로의 후기 작품

로마를 방문하는 동안 미켈란젤로는 클레멘스 7세와 시스티나 예배당의 장식화를 논의했다. 제단이 있는 동벽에는 페루지노의 〈성모 승천〉이 그려져 있었지만 클레멘스 7세는 이것을 부활 장면으로 바꾸고 싶어했다. 신임 교황 파울루스 3세(재위 1534~49년)가 미켈란젤로에게 정식으로 제작을 맡겼을 때는 주제가 다시 〈최후의 심판〉으로 바뀌었는데 그 자세한 내막은 알려져 있지 않다. 파울루스 3세는 반종교개혁의 선봉장이었다. 그가 한 가장 중요한 행동은 신교의 도전을 막고 교회를 혁신하기 위해 트리엔트 공의회(1545~64)를 소집한 일이었다. 그러나 파울루스가 교황으로 있는 동안 족벌 정치가 판을 쳤으며 자기 피를 받은 사생아들과 함께 사치스러운 생활을 즐겼다. 반면 아주 독실한 신앙인이었던 미켈란젤로는 예순 한 살의 나이로 제작 요청을 받아들였다.

인류와 자신의 운명을 깊이 성찰하고 있던 미켈란젤로는 세상이 미쳐 돌아가고 있다는 생각을 떨쳐버리지 못하면서 〈최후의 심판〉(17.33)을 그려나갔던 듯하다(영국의 헨리 8세가 교황에게 반기를 들고 영

17.33 최후의 심판. 미켈란젤로. 복원. 1536–41. 프레스코화. 14.63×13.41m. 시스티나 예배당의 제단벽.

국 국교회를 설립하던 바로 그 해에 미켈란젤로는 이 작품을 그리기 시작했다). 시스티나의 천장화에 담겨 있던 이상미와 낙관주의는 공포와 몰락의 분위기에 밀려났다. 거대한 몸으로 그려진 예수가 산 자와 죽은 자를 심판하러 나타난다.

"사람의 아들이 하늘에서 구름을 타고 권능을 떨치며 영광에 싸여 오는 것"을 만인이 보게 될 것이다(마태오 복음서 24:31). 예수는 몸을 비틀었고 천벌을 내리려는 듯 한 팔을 들었다. 시계가 돌아가는 방향으로 맨 밑바닥에 있는 사람들은 그리스도를 향해 올라가서 기다리던 천사들에게 끌어올려지거나 악마들에게 끌어당겨져서 지옥으로 떨어지거나 한다. 부활한 여자들(늘 옷을 입고 있다)과 남자들(늘 옷을 벗고 있다)은 날개나 후광 같은 거추장스러운 장치를 벗어던진 천사들의 품 안으로 솟아오른다. 인물의 크기를 보면 눈 높이의 저주받은 땅에 있는 사람들이 제일 작고 꼭대기의 축복받은 땅으로 올라가면 크다. 힘찬 에너지와 뒤틀리고 몸부림치고 길죽한 형상들을 마니에리스모에서 차용해갔다. 원숙한 양식이 주제를 통해 자연스럽게 발산되는 이 인상적인 프레스코화는 거장의 예술적 개성을 잘 담아내고 있다.

죽기 며칠 전까지 미켈란젤로는 〈론다니니 피에타〉(17.34)라는 조각 작품을 다시 손질하고 있었다. 머리를 잘라 마

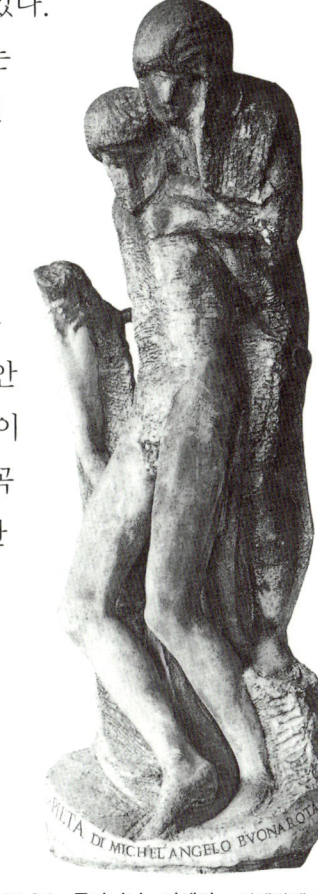

17.34 론다니니 피에타. 미켈란젤로. 1554–64. 대리석, 높이 1.63m. 카스텔로 스포르차(밀라노).

리아의 어깨에 얹히고 구도를 날렵하게 잡아 무한한 애수를 통일감 속에서 살렸다. 전성기 르네상스 양식과는 확연하게 구분되는 길죽한 형상들은 신을 향한 작가의 직접적 호소를 상징하는 듯하다. 심혈을 기울였던 성 베드로 성당의 돔이 완공되는 것도 보지 못하고 미켈란젤로는 여든 여덟의 나이로 세상을 떴고 그 바람에 이 조각품도 미완으로 남게 되었다.

성 베드로 성당의 후진과 돔(17.35)은 미켈란젤로가 요청을 받고 만든 것이 아니라 '오직 신에 대한 사랑'에 이끌려 만든 것이다. 미켈란젤로의 후기 양식을 마니에리스모의 범주에 집어넣을 수 있든 없든—여기에 대해서는 아직도 논란이 분분하다—그의 후기 건축 양식은 힘차고 자신만만하다. 거대한 돔은 후진 위로 솟아오른 대규모의 조각적 형상으로서 무엇보다도 커다란 기둥들이 인상적이다. 미

17.35 성 베드로 성당 돔 서쪽. 미켈란젤로. 1590년 델라 포르타에 의해 완성. 높이 138m.

켈란젤로는 장식성을 가지면서도 견고한 구조적 역할을 갖는 독특한 벽기둥을 창조했다. 위로 치솟아오르는 벽기둥의 상승력은 돔을 받치는 원통 기단의 이중 기둥에 의하여 반복되고 강화되며 이것은 다시 아치처럼 휜 서까래를 거쳐 꼭대기탑에서 절정에 이른다. 고전적 형식에서 전형적으로 나타나는 수직성의 강조를 새로운 르네상스 건축이 받아들였다는 것은 고전주의가 샤르트르 대성당의 전성기 고딕 양식 못지않게 감성적이고 초월적일 수 있다는 사실을 웅변한다. 비록 신랑은 미켈란젤로가 당초 그리스 식으로 설계한 것보다 훨씬 길어졌지만 돔은 로마의 중요한 기념물로 여전히 남아 있다. 그것은 미켈란젤로가 추구한 예술과 삶의 상징이라 할 수 있다.

파르미자니노(프란체스코 마촐라)–1503~40년

의심할 나위 없는 마니에리스모 화가였던 파르미자니노는 전성기 르네상스의 조화로운 자연주의와는 대비되는 세련되고 강렬하고 우아하고 작위적인 양식으로 그림을 그렸다. 그의 〈목이 긴 마돈나〉(17.36)는 장식적 아름다움의 경이로운 세계를 보여준다. 백조처럼 긴 목, 섬섬옥수, 차갑고 상아처럼 매끄러운 피부를 가진 마돈나는 죽은 듯 잠들어 있는 아기를 그윽한 눈길로 바라본다. 배경에 나오는 성서의 예언자는 기이할 만큼 작게 그려졌고 미완성으로 처리된 기둥은 작위성과 기묘한 비현실감을 더해준다. 파르미자니노는 원래 배경의 신전을 온전하게 그리려다가 마니에리스모 양식을 드러내기 위해 미완성으로 놓아두었다. 사회적 예술적 유행을 과시하는 데 일가견이 있던 그의 기질이 여기서도 유감없이 발휘되었다.

17.36 목이 긴 마돈나. 파르미자니노. 1534–40. 패널에 유채, 2.16×1.32m. 우피치 미술관(피렌체).

이탈리아와 스페인의 후기 르네상스와 매너리즘

티치아노-1488~1576년

무려 68년 동안이나 활동을 한 티치아노(1488~1576)는 회화의 온갖 방면에서 발군의 기량을 보인 전성기 르네상스와 후기 르네상스의 위대한 화가였다. 라파엘로의 뒤를 이어 당대 최고의 초상화 화가로 손꼽혔던 그는 유럽의 귀족과 왕실의 애정을 듬뿍 받았다. 티치아노는 다 빈치가 원했던 사회적 지위에 당당히 올라 엄청난 명예와 부를 누리고 백작 칭호까지 받았다. 티치아노가 즐겨 그린 것은 사랑의 여신이었다. 그의 후기작인 〈거울 앞의 비너스〉(17.37)는 피부에 와닿는 관능이 곳곳에 배어 있지만 성적인 느낌보다는 여인의 자연스러운 아름다움을 효과적으로 표현했다. 색깔은 단순히 밝은 차원을 넘어 보기 드물 만큼 풍요로운데, 윤기가 흐르는 표면이 작품의 원

17.37 거울 앞의 비너스.
티치아노, 1555. 캔버스에 유채,
1.24×1.05m. 국립미술관(워싱턴 D.C).

숙미를 부각시킨다. 티치아노는 거울을 보는 비너스를 주제로 한 그림을 여러 점 남겼지만 이 작품은 자신이 간직하고 아들에게 물려주었다. 르네상스의 어떤 화가보다도 티치아노는 고전 미술의 정신을 잘 이해했다. 한편으로는 그리스 문화에 젖줄을 대면서 또 한편으로는 전성기 르네상스의 기술과 일부 마니에리스모 양식을 통합하여 후기 르네상스의 전형을 만들어냈다.

틴토레토-1518~94년

티치아노와 같은 시대에 베네치아를 중심으로 활동한 틴토레토(1518~94)는 마니에리스모 수법을 미켈란젤로의 드로잉 기법과 결합시킨 좀더 강렬한 양식을 개발했다. 틴토레토가 그린 〈최후의 만찬〉(17.38)과 다 빈치의 〈최후의 만찬〉(17.25)을 비교하면 전성기 르네상스 양식과 후기 르네상스의 마니에리스모 양식이 얼마나 다른지를 한눈에 알 수 있다. 틴토레토의 작품에서 식탁은 예리한 각을 이루면서 화폭 왼쪽에 배치되어 있다. 제자들의 크기는 뒤로 갈수록 작아지며 예수는 밝은 후광으로만 구별될 뿐이다. 이 어수선한 분위기에서 하인 복장을 한 유다는 딱한 모습으로 식탁 맞은편에 혼자 앉아 있다. 이것은 가톨릭교에서 가장 중요시한 성찬식을 거행하는 장면이다. 하인들의 어수선한 움직임과 공중을 떠도는 천사들, 타오르는 등불, 빛이 뿜어나오는 후광은 모두 반종교개혁의 정서를 강하게 드러낸다.

17.38 최후의 만찬. 틴토레토. 1592-4. 캔버스에 유채, 3.66×5.69m. 산조르조마조레(베네치아).

팔라디오(안드레아 디 피에트로)-1518~80년

틴토레토의 드라마틱한 양식은 바로크 시대의 도래를 예고하지만 안드레아 팔라디오(1518~80)의 건축은 그리스 로마의 고전주의를 지향한다. 브루넬레스키, 알베르티, 브라만테, 미켈란젤로의 반열에 올랐던 유일한 북이탈리아 출신의 건축가인 팔라디오는 원래 안드레아 디 피에트로 태어났지만 지혜의 여신인 팔라스 아테나에서 유래한 이름으로 후세인들에게 불리어졌다.

17.39 **빌라 로톤다**(비첸차). 팔라디오. 1550년에 착공되어 빈첸초 스카모치에 의해 완공.

고전주의와 르네상스 건축의 열렬한 추종자였던 그는 교회, 공공건물, 개인 저택을 설계했다. 그가 지은 저택은 지금까지 열아홉 채가 남아 있는데 그 중 하나인 빌라 로톤다(17.39)는 로마 빌라풍으로 베네치아 근교에 세워졌다. 중앙의 정사각형으로부터 동서남북 방향으로 동일한 현관이 튀어나와 있어 시시각각으로 변하는 주변의 정경을 다채롭게 감상할 수 있다. 팔라디오의 건축 양식은 영국의 위풍당당한 저택들이 앞다투어 받아들였고 특히 야외 생활이 차지하는 비중이 컸던 미국 남부 농장 주택의 전범으로 자리잡았다. 빌라 로톤다에서 가로와 세로, 폭과 높이의 비율, 방들 사이의 비율은 피타고라스가 말한 그리스 음계의 비율을 기초로 삼았다.

파올로 베로네세-1528~88년

베네치아의 화가 조르조네, 티치아노, 틴토레토, 베로네세 등이 화려한 빛깔로 찬미한 자연 풍광 속에 들어선 집은 역설적이게도 베네치아 출신이 아닌 팔라디오의 시골 저택뿐이었다. 베네치아 자체는 개인 정원을 제외하면 나무도 식물도 꽃도 찾아볼 수 없는 대리석과 벽돌과 돌과 수로만으로 이루어진 혼잡한 도시였다. 베네치아가 낳은 또 한 명의 위대한 화가 베로네세도 동료 화가들처럼 그림에서 자연을 찬미했지만 다른 화가들과는 달리 호화찬란한 물질 세계를 집중적으로 묘사했다. 쾌락을 즐기던 베네치아 시민들은 자신들의 양심을 달래주는 눈부신 그림을 선호했다. 〈레비가의 그리스도〉(17.40)에서 베로네세는 밑에서 올려다보는 원근법에 그가 얼마나 통달해 있었는가를 보여준다. 무대 미술을 방불케 하는 이 개성 있는 그림에서 섬세한 원근법은 마치 무대 장치처럼 하늘로 뻗어나간다. 예수

17.40 레비가의 그리스도(원제는 '최후의 만찬'). 파올로 베로네세. 1573. 캔버스에 유채, 12.8×5.56m. 아카데미아(베네치아).

제17장 르네상스 예술─새로운 황금시대

와 제자들이 그림 한복판을 차지하긴 했지만 그림의 나머지 부분은 성서와는 전혀 무관한 이색적 인물들로 바글거린다. 베로네세는 최후의 만찬을 묘사한 그림이 마땅히 지녀야 할 진지함과 경건함이 결여되었다는 이유로 종교재판소에 불려나갔고 그림을 수정할 수 있는 석 달의 말미를 받았다. 하지만 그는 그림 자체를 고치기보다는 〈레비가의 만찬〉이라는 덜 자극적인 제목을 다는 선에서 그쳤다. 종교재판소의 주목을 받았다는 것은 이 작품이 발휘했던 힘을 역으로 증명한다.

엘 그레코-1541~1614년

베로네세의 화풍은 넉넉하고 사치스러웠던 후기 르네상스의 시대상을 반영하며 기본적으로 세속 지향적이었던 반면 엘 그레코(1541~1614)는 신비적이며 반종교개혁의 정서를 강하게 표방한다. 마니에리스모 양식의 마지막 대변자로 평가되는 엘 그레코는 당시 베네치아의 영토였던 크레테에서 태어나 후기 비잔틴 양식과 베네치아의 마니에리스모 양식을 공부하다가 1576년 스페인으로 이주했다. 1588년 스페인의 아르마다 함대가 패하기 전부터 이미 스페인의 국력은 기울어가고 있었고, 예술적으로 변방이었던 스페인은 반종교개혁 세력의 아성이었다. 그렇지만 엘 그레코처럼 독실한 신앙인이 활동하기에는 더없이 좋은 무대였다. 비잔틴 전통에 대한 지식과 베네치아의 거장들에 대한 해박한 지식을 무기로 엘 그레코는 격정적 종교 미술을 창안하여 그 안에 스페인 신비주의의 정수를 담아냈다.

〈그리스도의 부활〉(17.41)에서 예수는 하늘에 두둥실 떠 있고 로

17.41 그리스도의 부활.
엘 그레코. 1597-1604.
캔버스에 유채. 2.85×1.27m.
프라도 미술관(마드리드).

제17장 르네상스 예술—새로운 황금시대

마 병사들은 일그러진 표정으로 그들이 느끼는 경이와 공포를 드러낸다. 이 얕은 공간은 작품의 신비로운 특성을 강화해주는 빛의 얼룩으로 생기가 감돈다.

종교적 열정에 사로잡혀 있던 스페인은 예수회의 본산으로, 무자비한 종교재판의 아성으로서 반종교개혁의 선봉에 서 있었다. 종교를 주제로 한 그림을 그리는 데 있어서 엘 그레코는 타의추종을 불허했다. 그는 다른 누구보다도 가톨릭 신앙의 영적 내용을 생생히 그려낸 화가였다. 엘 그레코는 살아 있을 때 이미 거장으로 추앙받았지만 서유럽 전역이 계몽주의라고 하는 과학적·지적 발견에 정열적으로 매달리게 되면서 그에 대한 평가도 곤두박질쳤다. 엘 그레코의 독특하고 강한 개성이 담긴 예술 세계가 다시 제대로 대접을 받은 것은 20세기에 들어와서였다.

북유럽의 전성기 / 후기 르네상스 —1500~1600년

15세기의 대부분 기간 동안 북유럽과 일부 이탈리아의 화가들은 플랑드르 거장들의 현란한 자연주의로부터 영향을 받았다. 이탈리아 화가들이 엄밀한 과학적 원리와 특히 미술 비평을 비롯한 문학적 전통을 앞세워 북유럽의 후원자들을 사로잡기 시작한 것은 15세기가 끝나갈 무렵이었다. 고상한 후원자들은 '좋은' 예술과 '나쁜' 예술의 고전적 사례들을 진지하게 받아들였다. 고대의 전범에 바탕을 둔 예술은 좋은 것으로 여겨진 반면 플랑드르 전통을 포함한 나머지 예술은 '글러먹은 것' 아니면 백보를 양보해도 '원시적인 것'으로밖에 평가받지 못했다. 이탈리아 화가들은 하루 아침에 새로운 미술의 주역으로 각광을 받으면서 영국의 헨리 7세와 프랑스의 왕족 같은 막강한 후원자들로부터 쏟아지는 주문에 응해야 했다. 북유럽의 화가들은 너도나도 이탈리아로 몰려가서 초기 르네상스와 전성기 르네상스의 거장들을 연구하기 시작했다.

16세기에 들어가면 북유럽 문화는 낙후된 것으로, 원근법과 비례의 엄격한 규칙을 이탈리아에서 배우지 못한 북유럽 화가들은 열등한 존재로 간주하는 풍조가 팽배했다. 미켈란젤로는 이탈리아 르네상스를 옹호하면서 포르투갈의 화가 프란체스코 다 홀란다에게 플랑드르의 풍경화는 "젊은 여자들, 수녀들, 진정한 조화가 뭔지를 모르는 일부 귀족들"에게만 어울린다고 말했다. 또한 그는 "더욱이 그 그림에는 잡동사니, 벽돌, 회반죽, 풀밭, 나무 그림자와 작은 형상들이 여기저기 널려 있다. 그것을 좋게 보는 시각도 있겠지만 실은 아무런 균형이나 비례 없이 흩어져 있을 뿐이다"라고 말했다. 북유럽 미술의 골방으로 밀려난 플랑드르 거장들의 뛰어난 그림은 3세기가 넘도록 원시적이고 유치하다고 천덕꾸러기 취급을 받았다. 1902년에 와서야 15세기 플랑드르 미술의 국제전시회가 브뤼헤에서 열렸다. 플랑드르 미술이 오명을 벗게 된 것은 20세기 후반에 들어와서였다.

알브레흐트 뒤러-1471~1528년

이유는 아직도 밝혀지지 않았지만 이탈리아 미술은 처음 독일에서부터 각광을 받았다. 짧지만 화려했던 독일의 전성기 르네상스를 이끌어간 주역은 뒤러(1471~1528)였다. 두 번에 걸친 이탈리아 체류

17.42 기사와 죽음과 악마.
알브레흐트 뒤러. 1513.
동판화, 24.8×19.4cm.
메트로폴리탄 미술관(뉴욕).

(1494~5와 1505~7)를 통해 뒤러는 이탈리아의 기법을 충분히 익혔지만 이탈리아의 형식에 동화되지는 않았고 북유럽 특유의 굵은 선을 지켜나갔다. 뒤러는 일급 화가로 인정받았지만 그의 가장 큰 업적은 동판화와 목판화에서 찾을 수 있다. 그가 만든 판화는 대량으로 제작되어 독일 전역에 유포되었고 덕분에 뒤러는 예술가로서 풍족한 생활을 누릴 수 있었다.

　북유럽 미술에는 괴기스럽고 이상야릇하고 초자연적인 것에 빠져

드는 고딕 기질이 다분히 흐르고 있는데, 〈기사와 죽음과 악마〉(17.42)에서 그 점이 단적으로 드러난다. 이 그림의 주제는 에라스무스(1466~1536)가 지은 《그리스도교 병사의 필독서》에서 착안한 것으로 보인다. 뒤의 노쇠한 말에는 죽음이 올라타 있고 다시 그 뒤에는 흉측한 마귀가 보인다. 하지만 그리스도교 기사는 한눈 팔지 않고 신앙의 길을 따라 당당히 나아간다. 늠름한 말에 올라탄 그는 충직한 개를 거느리고 궁극의 목표인 천국을 확고부동하게 응시한다. 이 강력한 작품의 극적 구성, 절제, 정교한 세부 묘사는 격정적인 북유럽 르네상스의 전형을 보여준다. 뒤러는 마르틴 루터의 신앙을 추종한 화가였다.

뒤러는 독일에서 벌어진 종교 운동과 정치 운동에 깊숙이 관여했고 종교 개혁의 열풍이 본질적으로 가톨릭적인 관점을 말살시키기 전까지 독일의 토양에서 반짝 꽃피었던 이탈리아 인본주의에 깊이 개입했다. 16세기의 으뜸 가는 인문주의자였던 에라스무스는 뒤러와 젊은 한스 홀바인 같은 화가를 비롯하여 당시의 수많은 지식인들에게 영향을 미쳤다. 뒤러가 그린 〈에라스무스〉(19.1)에서 이 원숙한 학자는 서재에서 책들에 둘러싸여 집필을 하고 있는데 그 책들 중에는 자신의 저서도 있었을 것이다. 뒤편에는 인쇄물의 제목과 화가의 이름이 정교한 라틴어 글자로 적혀 있다. 맨 아래 보이는 것은 뒤러의 철자를 합성한 결합 문자이며 그 위에는 날짜가, 다시 그 위에는 "그의 글은 그를 훨씬 잘 묘사한다"는 내용의 그리스어가 적혀 있다. 뒤러가 존경하는 마음으로 그린 초상화보다는 책에 에라스무스의 위대한 면모가 더 잘 드러나 있다는 뜻이었다. 정밀성을 고집하는 북유럽 미술의 열정은 이 대목에서도 확연히 드러난다.

마티아스 그뤼네발트 – 1483?~1528년

뒤러는 국제적 명성을 얻었지만 그와 동시대를 살았던 뛰어난 화가 그뤼네발트(1483~1528)는 자기 당대에는 널리 알려져 있었지만 그 뒤로는 내내 망각에 파묻혀 있었다. 매우 독창적인 화가였던 그뤼네발트는 뒤러와 어쩌면 히에로니무스 보스의 작품을 잘 알고 있었던 것 같지만 〈작은 십자가에 못박힌 예수〉(17.43)만 잠깐 보아도 이탈리아 고전주의의 영향은 전혀 받지 않았다는 사실을 알 수 있다.

한 남자를 십자가에 못박아 죽을 때까지 방치하는 잔인한 현실이 그려져 있다. 긁히고 곪은 데 투성이고 사지는 뒤틀려 있으며 회색의 피부는 군데군데 피가 말라붙어 있다. 인류 전체의 죄를 짊어지고 죽은 그리스도의 모습이 무자비하리만큼 냉정하게 묘사되었다. 요한, 마리아, 마리아 막달레나가 느끼는 절절한 아픔과 슬픔이 그대로 와닿

17.43 작은 십자가에 못박힌 예수. 마티아스 그뤼네발트. 1511-20. 패널에 유채. 61.3×46cm. 국립미술관(워싱턴 D.C).

는다. 그뤼네발트는 예수 수난의 공포를 보편적 비극의 차원으로 끌어올렸다. 이 그림만큼 설득력 있는 구도를 가진 작품은 서양 미술에서 찾아보기 힘들다.

한스 홀바인-1497~1543년

이탈리아인들로부터 배울 수 있는 것은 모두 배운 젊은 홀바인(1497~1543)은 독일 전성기 르네상스의 마지막 거장이었으며 미술사에서 가장 정교한 초상화를 그린 화가의 한 사람이었다. 프랑스, 스위스, 이탈리아 등지로 여행을 다닌 그는 나중에 런던에 정착하여 그곳에서 헨리 8세의 총애를 받았다. 헨리 8세는 '거장 한스'를 위해 세인트 제임스 궁전의 방 하나를 내주었다. 홀바인은 에라스무스를 통해 영국 궁정 사회에 진출할 수 있었다. 에라스무스는 토머스 모어 경 앞으로 추천서를 써주었다. 홀바인이 그린 〈토머스 모어의 초상화〉(19.2)는 인문주의 정치인을 품위 있게 묘사하였다. 모어는 영국 대법관의 직분에 걸맞은 화려한 옷과 무거운 금속 사슬을 걸치고 있다. 반 에이크 못지않게 세부를 꼼꼼히 묘사한 홀바인은 나중에 헨리 8세가 영국 국교회를 세우는 데 반대했다는 이유로 참수당하는 인물의 고결하고 강직한 성품을 잘 드러냈다.

늙은 피테르 브뤼헬-1525?~69년

프랑스의 르네상스 미술은 주로 왕실에 소속된 화가들에 의해 그려졌지만 앞에서도 언급한 대로 네덜란드에서는 점점 중산층의 미술 후원자들이 늘어나고 있었다. 네덜란드는 16세기 후반 종교 분쟁과 정치 분쟁이 치열하게 벌어지던 싸움터였다. 신교도가 압도적으로 많았던 네덜란드는 광신적인 펠리페 2세와 스페인에서 수입된 종교재판소로 상징되는 스페인의 철권 통치를 전복시키기 위해 싸웠다. 어수선한 사회 분위기 속에서도 네덜란드 미술은 발전을 거듭하여 뒤러와 루벤스 사이에 출현한 북유럽 유일의 천재라는 칭송을 받았던 브뤼헬(1525~69)을 낳았다. 박식한 인문주의자며 철학자이기도 했던 브뤼헬은 1551년부터 1555년까지 이탈리아에서 공부하면서 이탈리아의 풍경에 대한 사랑과 형태와 공간에 대한 이탈리아의 절제에 대한 깊은 지식을 가지고 고국으로 돌아왔다.

〈겨울-사냥꾼의 귀환〉(17.44)에서 브뤼헬은 처음에는 단순한 풍속화처럼 보이는 장면을 꼼꼼히 그려나가면서 원근법에 대한 심오한 통찰력을 유감없이 발휘한다. 두 개의 분위기가 전달된다. 하나는 황량한 자연의 차가움이고 다른 하나는 인간의 포근함과 활기다. 우리의 시선은 추위와 피로에 지친 몸으로 눈덮인 마을로 사냥꾼들과 개들한테로 끌린다. 그들을 기다리는 것은 일에서 놀이까지 온갖 종류의 활동이고 아늑한 집 안의 따뜻한 난로불이다. 브뤼헬은 자기가 살았던 시대의 소우주를 자기가 본 대로 재현했다. 하지만 여기에는 위대한 작품들이 공통적으로 가지는 보편성이 있다. 이것은 1565년의 한 북유럽 마을을 담은 풍속화의 차원에 머무는 것이 아니라 적대적인 환경 속에서 일하고 놀고 극복하고 생존하는 인간의 다양한 활동상을 예리하게 묘사하고 있다.

17.44 겨울-사냥꾼의 귀환. 늙은 피테르 브뤼헬. 1565. 패널에 유채. 1.2×1.6m. 빈 예술사박물관.

제17장 르네상스 예술—새로운 황금시대

제18장
르네상스 음악 :
궁정과 교회

북유럽에서 발원한 르네상스 음악

르네상스 음악은 1420년부터 1600년까지 무르익었는데 대체로 낙천적이고 발랄하며 현세적이라는 특징을 갖는다. 예전에는 종교 음악과 세속 음악을 엄격히 구분했지만 이제 그런 이분법은 먹혀들지 않았다. 종교 음악이라고 해서 언제나 경건하고 고상하고 교훈적인 소리를 낸 것도 아니었고 세속 음악이라고 해서 반드시 천박하고 통속적이고 서민적이지는 않았다. 어떤 음악이 종교적이냐 세속적이냐는 이제는 양식이 아니라 주제의 의해 결정되었다. 화가의 모델이 마돈나도 될 수 있고 요정도 될 수 있고 비너스도 될 수 있던 것처럼 작곡가들도 자기들이 가장 자신 있는 선율을 가지고 곡을 만들었다.

성 마르코 대성당의 내부. 아치는 예수의 수난을, 돔은 성령의 강림과 그리스도의 승천을 보여준다. 12세기. 모자이크화.

그래서 대중 가요도 예배 음악이나 미사곡으로 쓰일 때가 있었다.

앞에서도 말한 것처럼 르네상스는 1350년경 이탈리아에서 시작된 것이 북쪽으로 확산되어 결국 유럽 전역으로 퍼져나갔다. 이유는 아직도 밝혀지지 않고 있지만 음악 분야의 르네상스는 영국, 네덜란드, 북부 프랑스에서 먼저 시작되었다. 영국의 가장 유명한 작곡가였던 존 던스터블(1380~1453)은 그의 추종자들이 '감미로운 양식'이라고 격찬한 곡으로 대륙에서 활동하던 초기 르네상스의 작곡가들에게 상당한 영향을 미쳤던 것 같다. 한편 대륙에서는 북부 프랑스와 플랑드르 지역에서 궁정과 교회를 중심으로 활동하던 작곡가들이 있었는데 이들이 바로 오늘날 프랑스 플랑드르 악파라고 불리는 사람들이다. 진정한 르네상스 예술가들이었던 그들은 개인적이고 물질적이고 아주 실험적이었다. 그들은 새로운 음악 양식의 기법과 기교를 터득하여 정교한 카논과 교양 있는 아마추어의 호기심을 자극하는 복잡한 곡을 만드는 데서 희열을 느꼈다.

새로운 주제와 참신한 아이디어를 찾아 이탈리아로 간 그들은 이탈리아 민요의 단순한 곡조와 무용 음악을 도입하여 다성 음악의 수법과 기법을 한 차원 높게 발전시켰다. 당시의 교통 사정을 감안하면 15세기 프랑스 플랑드르 악파 작곡가들의 기동성은 놀랍기만 하다. 가령 프랑스 캉브레에서 뒤페가 조숙한 젊은 음악가들을 발굴하는 전문가의 눈에 띈 것은 그의 나이 아홉 살 때였다. 스물여섯 살이 되었을 때 뒤페는 이미 이탈리아 여행을 다녀온 뒤였고 파리에서 공부를 한 다음 북부 프랑스에서 자리를 잡았고 다시 이탈리아 볼로냐 지방의 한 궁정에서 일했고 로마의 교황 합창대에서 노래를 부르기도 했다.

뒤페를 비롯한 프랑스 플랑드르 작곡가들은 한 세기가 넘도록 교

제18장 르네상스 음악 — 궁정과 교회

회와 궁정을 중심으로 이탈리아인의 음악 생활을 지배했다. 유럽에서 가장 중요한 음악 창작의 산실이었던 성 마르코 교회는 16세기 후반까지 플랑드르 작곡가들에게만 곡을 맡겼다. 1436년 피렌체의 웅장한 대성당이 완공되었을 때 뒤페는 헌당식을 기념하는 특별한 작품을 써달라는 부탁을 받았다.

음악은 거미줄처럼 복잡한 르네상스 사회에서 빼놓을 수 없는 일부분이었다. 음악가들을 궁정 생활의 중요한 요소로 정착시킨 것은 부르고뉴의 대공들이었다. 르네상스 사회의 대표적 궁정인이었던 카스틸리오네는 궁정에 몸담은 사람은 기악과 성악에 모두 능해야 한다고 주장했다.

나는 음표를 정확히 지키면서 쉽고 아름답게 부르는 노래를 멋진 음악이라고 생각한다. 하지만 그보다 훨씬 더 멋진 것은 비올의 반주에 맞추어 부르는 노래다. 음악의 거의 모든 감미로움은 독창에서 찾을 수 있다. 우리는 둘 이상의 목소리에 우리 귀가 잠식당하지 않을 때 섬세한 기법과 멜로디를 훨씬 세심하게 가려들을 수 있다. 뿐만 아니라 작은 실수 하나하나도 어김없이 포착된다. 여러 사람이 같이 노래를 부를 때는 그러기가 어렵다. 각자가 옆사람의 도움을 얻기 때문이다. 하지만 뭐니뭐니해도 나를 가장 즐겁게 하는 것은 말에 매력과 운치를 실어주는 레치타티보 형식으로 비올에 맞추어 부르는 노래다.

모든 건반 악기도 귀를 즐겁게 해준다. 아주 완벽한 협화음을 낼 수 있고 그 위에서 음악적 희열로 마음을 채워주는 수많은 음을 연주할 수 있기 때문이다. 현악 4중주 음악도 더없이 절묘하고 달콤하다. 인간의 목소리는 이 악기들을 우아하고 화려하게 만들어준다.

우리 궁정에서는 적어도 어느 수준까지는 이 악기들을 널리 알릴 생각이다. 물론 악기는 잘 다루면 잘 다룰수록 좋을 것이다.

부르고뉴 궁정

왕국으로, 주로, 공작령으로 그 지위가 수시로 달라졌던 부르고뉴는 15세기 전반기에 유럽에서 가장 강력하고 영향력 있는 정치 세력이 되었다. 대범왕 필리프에서 용맹왕 장, 선량왕 필리프, 대범왕 샤를(재위 1467~77년)에 이르기까지 부르고뉴의 통치자들은 수도 디

지도 18.1 부르고뉴의 판세. 1477.

종에 있는 왕궁을 유럽에서 가장 웅장하게 꾸몄다(지도 18.1).

플랑드르 화가 얀 반 에이크는 부르고뉴의 국력이 하늘을 찌를 듯하던 시절에 선량왕 필리프의 '깃털과 갑옷으로 된 궁정'에서 작업을 했다. 궁전은 야단스러웠고 자기 과시적이기까지 했지만 그럼에도 불구하고 당시의 기록에 따르면 지상낙원 같은 곳이었다. 여자들은 헤닌이라고 해서 원뿔처럼 길쭉하고 베일이 달린 모자 비슷한 장식을 머리에 썼다. 풍성한 가운에 모피 가죽을 대기도 했으며 황금으로 된 목띠와 목걸이를 애용했다. 세련된 가구와 실내 디자인은 우아한 궁정 생활을 한결 돋보이게 했다.

궁정 안에서는 의상, 예법, 춤, 음악 같은 다양한 활동의 기본틀이 정해져 있었다. 궁정 무용에서 가장 기본이 되는 것은 미끄러지듯 스텝을 밟는 '바스당스(낮은 춤)'였다. 바스당스라는 이름은 높은 곳에서 낮은 곳으로 미끄러지듯 추라는 데서 유래한 듯하다. 바스당스는 대개 '파드브라방'(이탈리아어로는 살타렐로)이라는 춤과 짝을 이루었다. '제국의 박자'라는 별칭이 붙어 있던 격조 있는 바스당스를 춘 다음에는 보통 경쾌한 파드브라방이 이어졌다. 느린 동작과 빠른 동작의 대비, 이것이 바로 르네상스 무용의 전형적 모습이었다. 두 춤의 음악은 똑같았지만 리듬이 달랐다.

이 당시의 그림을 보면 무용곡을 연주하는 데 다양한 악기들이 동원되었음을 알 수 있다. 가장 일반적인 악기 묶음은 통소처럼 생긴 숌(오보에의 전신)과 슬라이드 트럼펫이었고, 또 하나의 묶음은 기타처럼 생긴 류트, 하프, 플루트였다. 전자는 높은 악기들이라고 해서 기념 행사에 주로 쓰였고 발코니나 주랑에서 연주되곤 했다. 후자는 낮은 악기들이라고 해서 사교 무용에 주로 쓰였고 춤추는 사람들과 가까운 곳에서 연주되었다.

디종의 궁정 생활은 생기 발랄하고 우아했다. 그것은 여러 가지 면에서 중세의 사랑의 궁전과 닮아 있었다. 디종의 궁전에서는 활달하면서도 차분한 무용과 노래가 끊이지 않았다. 사랑과 희열과 아름다움을 찬미하는 프랑스의 샹송이 흘러나왔다. 연인의 구애에서부터 왕실의 복잡한 기념 행사에 이르기까지 세속 음악은 어디서나 요구되었다. 수준 높은 세속 음악이 획기적으로 발전했지만 그렇다고 종교 음악이 희생된 것은 아니었다. 종교 음악도 세속 음악으로부터 기법과 멜로디의 일부를 받아들여 한층 세련된 양식으로 발전해나갔다.

부르고뉴 악파

기욤 뒤페-1400~74년

프랑스 플랑드르의 음악 전통을 계승한 부르고뉴 악파에서 가장 유명한 작곡가는 뒤페(1400~74)였다. 뒤페는 프랑스가 낳은 가장 위대한 작곡가의 한 사람으로 일컬어진다. 아래는 뒤페가 작곡한 미사

음악 5

키리에   뒤페(1400-74)

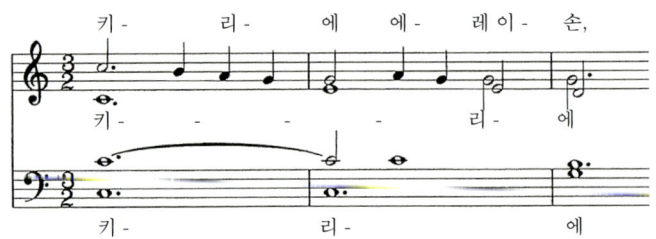

곡 한 악장의 첫머리인데 부드럽고 낭랑한 소리를 가진 르네상스 음악의 단면을 보여준다. 뒤페는 '키리에'(미사의 처음에 쓰이는 기도 문구로 '주여 불쌍히 여기소서'라는 뜻)를 세 개의 악장으로 나누었다. 노래음과 악기음이 혼합되고 악기가 미사곡의 가사 없는 부분을 연주하는 것은 초기 르네상스 음악의 특성이다.

프랑스 플랑드르 전통

15세기 후반에 음악 활동의 중심지는 부르고뉴에서 북부 프랑스, 플랑드르, 네덜란드 지역으로 서서히 이동했다. 프랑스의 우아함과 플랑드르의 다성 음악 기교, 이탈리아의 정열이 하나로 녹아들어 후기 르네상스의 국제성 있는 양식을 낳았다. 그 다음에 나타난 음악은 – 팔레스트리나라든가 라소 같은 거장의 음악까지도 – 이 북방 전통에 이탈리아인 후원자들의 취향에 맞추어 이탈리아 색깔이 가미된 것이라고 말할 수 있다.

이 새로운 음악은 단 한 사람의 천재의 손에서 빚어진 것은 아니다. 재능 있는 북유럽의 많은 작곡가들이 비슷한 시대에 활동을 했고 또 그들 대부분이 시기는 달랐을지라도 이탈리아와 음악적으로 인연을 맺었다. 중요한 음악가들을 여럿 꼽을 수 있지만 그 중에서도 조스캥 데 프레는 단연 돋보인다.

조스캥 데 프레-1450~1521년

마르틴 루터는 이런 말을 남겼다. "다른 사람들은 음을 좇아가지만 조스캥은 원하는 대로 음을 만들어낸다." 조스캥(1450~1521)은 살아 있을 때 이미 '음악의 왕자'라는 칭송을 받았다. 조스캥과 플랑드르 악파의 작곡가들은 후기 르네상스 음악 양식의 기본 특성들을 모두 고안하여 이것을 서유럽 문화에서 보편적으로 통용되는 국제적 양식으로 발전시켰다. 시각 예술에 다 빈치, 미켈란젤로, 라파

음악 6

아베 마리아 성가 주제

음악 7 모테트

엘로가 있었다면 음악에는 조스캥 데 프레가 버티고 있었다. 작곡법의 대가였던 그는 르네상스 다성 음악의 기법과 재료를 때로는 창안하기도 하면서 꾸준히 갈고 다듬었다.

조스캥이 작곡한 모테트 〈아베 마리아〉는 전성기 르네상스 음악의 청명하고 아름다운 세계를 보여준다. 부드럽게 흐르는 선율은 반짝이는 음의 우아한 무늬를 짜나간다. 그 소리는 르네상스 아케이드의 물결치는 아케이드들을 연상시킨다. 모테트는 다성 음악인 미사곡처럼 여전히 거룩한 종교 음악이었지만 가사는 성서에만 의존하지 않았다. 악기도 초기 르네상스 음악처럼 더이상 목소리와 결합되거나 번갈아가면서 등장하지 않게 되었다. 이제 노래는 반주를 거느리지 않았다(아카펠라). 노래는 끊기지 않고 이어졌으며 새로운 악구가 기존의 악구 위에 포개져서 동시다발적인 멜로디의 흐름을 낳았다. 이 섬세하게 얽힌 멜로디들의 끊임없는 흐름이 바로 전성기, 후기 르네상스 성악곡의 전매특허다.

목소리는 한 번에 하나씩 모방을 하면서 들어온다. 다시 말해서 네 성부 하나하나는 진입을 할 때 똑같은 멜로디를 따른다. 조스캥은 아베 마리아 성가의 일부분에서 기본 주제와 가사를 따왔다.

오를란도 디 라소 – 1532~94년

플랑드르의 작곡가 라소(1532~94)는 다성 음악의 황금 시대였던 16세기에 두드러진 활약을 했다. 그가 쓴 1250편의 곡은 가히 국제적이었다. 라틴어로 된 미사곡과 모테트, 프랑스어, 독일어, 이탈리아어로 된 세속 성악곡, 다양한 나라의 양식으로 된 기악곡이 모두 포함되었다. 그가 쓴 세속 음악을 대표하는 다음의 이탈리아 마드리갈(다성음에 의한 무반주 세속 음악의 일종)은 '돈 돈 돈 디리 디리 돈 돈 돈 돈' 같은 무의미하지만 명랑한 음절을 양념처럼 곁들인 유쾌한 사랑의 노래다.

마토나, 나의 사랑, 내 노래에 빠져주오. 그대를 아내로 맞이하고파 창 밑에서 노래 부른다오. 간절히 빕니다, 나의 멋진 노래를 들어주세요. 끈질긴 그리스 사람 오디세우스처럼 당신은 나를 더 좋아하게 될 테니까요. 저에게 사냥을 명하신다면 매를 데리고 가서 콩팥만한 멧도요를 갖다 바치겠습니다. 이렇게도 할 말이 많은 제가 말을 할 수 없다면 페트라르카도 입을 다물어야 할 것이요, 뮤즈들이 산다는 헬리콘의 샘물도 재잘거리지 못할 겁니다.

음악 8 이탈리아 마드리갈

이탈리아 음악가

　이탈리아 민족의 예술적 기질이 이탈리아 작곡가들의 곡에서 마침내 전면에 나선 것은 16세기 후반부에 들어와서였다. 이탈리아 음악은 이탈리아에 거주하던 플랑드르 출신의 작곡가들과 루터의 항거에 대한 반종교개혁의 열기에 강한 자극을 받아왔다. 플랑드르 음악가들이 조국을 등지고 이탈리아로 온 것은 플랑드르를 점령한 스페인의 학정을 피해 좀더 덜 적대적인 풍토에서 예술 활동에 전념하기 위해서였다. 하지만 새로운 종교 음악 양식을 시급히 개발해야 한다는 절박한 욕구도 사실은 있었다. 에라스무스는 그 점을 날카롭게 지적했다.

　우리는 작위적이고 연극적인 음악을 교회에 끌어들였다. 이런저런 목소리로 악을 쓰고 울부짖는 그런 음악은 내가 믿기로는 그리스나 로마의 연극에서도 흘러나온 적이 없다. 목소리에 뒤질세라 나팔, 트럼펫, 피리까지 경쟁적으로 괴성을 질러댄다. 매춘부나 광대가 춤을 추는 자리에서나 어울릴 법한 호색적이고 음탕한 가락이 귀에 들린다.

　트리엔트 공의회(1545~64)는 루터를 비롯한 개혁파들이 지적한 문제점들을 논의하기 위해 소집되었다. 교회가 총체적으로 느끼고 있던 위기감에 비하면 사실 음악의 문제는 경미한 것이었지만 공의회는 1년이 넘는 기간 동안 교회 음악의 문제점을 놓고 공박을 벌였다.

거기서 나온 최종 결론은 긍정적이기보다는 부정적이었다. 어떤 관행은 철퇴를 맞았다. 제대로 된 수단을 놓고 고민하기보다는 덮어놓고 결과만 요구하는 미봉책이었다. 1562년 공의회에서 최종적으로 채택된 교회법은 성악곡과 기악곡을 막론하고 도발적이거나 순결하지 않은 모든 선율, 세속적이고 백해무익한 모든 가사, 고함과 소란을 일체 금지시켰다. '주님의 집이 진정 예배자의 집으로 불릴 수 있도록 하기 위함'이었다.

퇴폐적인 음악에 철퇴를 가하는 법규를 통과시키고 나서 공의회는 모든 다성 음악, 그 중에서도 특히 다성 미사곡을 금지시키는 방안도 한때 검토했다. 이 초강경안은 그러나 라소와 팔레스트리나의 반발에 부딪쳤다. 그들은 특별위원회에 다성 음악의 틀을 유지하면서도 약간 변형시킨 곡을 제출하여 다성 음악과 관련한 논란을 무마시키는 데 성공했다. 어쩌면 특별위원회는 종교 음악의 질을 평가하지 못하는 자신들의 무능력을 인정한 것인지도 모른다. 음악에 대한 판단은 음악가들만이 할 수 있었다.

조반니 피에르루이지 다 팔레스트리나-1524/5~94년

팔레스트리나(1524~94)는 르네상스 시대의 가톨릭 다성 음악을 대표하는 작곡가의 한 사람이다. 19세기에는 가난에 찌들어 교회에 얹혀 살았던 외로운 예술가처럼 낭만적으로 묘사되기도 했지만 그는 실은 직업적으로 성공을 거둔 음악가였다. 첫 아내와 사별한 뒤 잠시 신부가 될 생각도 했었지만 부유한 과부와 재혼하는 길을 택했다. 팔레스트리나는 교회 음악을 만들어주고 후한 사례금을 받았다.

로마를 떠나기 싫어서 더 많은 돈을 벌 수 있는 자리를 여러 번 제의받았지만 번번이 거절했다.

요즘 음악도들은 팔레스트리나의 음악을 '엄격한 대위법'을 공부하는 시간에 배운다. 팔레스트리나는 16세기 다성 음악의 교과서와도 같은 존재였다. 그의 작곡법은 올바른 대위법의 길잡이 역할을 하고 있지만 팔레스트리나의 음악은 결코 원리 원칙에 얽매여 있지는 않다. 그의 작품이 자주 거론되는 것은 명료하고 간결하고 일관성이 있기 때문이다. 기존의 단선 성가 선율을 출발점으로 삼으면서도 동시적 단선 성가라고 말할 수 있는 아름답고 균형잡힌 양식으로 곡을 만들었다.

아래의 단선 성가 〈베니 스폰사 크리스티〉(음악9)는 팔레스트리나 미사곡의 기본 바탕이 되었다.

음악 9

베니 스폰사 크리스티   작자 미상

음악 10

'아뉴스 데이' 미사곡 베니 스폰사 크리스티   팔레스트리나(1524~94)

18. 르네상스 음악 : 궁정과 교회

미사곡 〈베니 스폰사 크리스티〉(음악10)는 팔레스트리나 특유의 선율에 바탕을 둔 짧은 곡이다. 부드럽게 흘러가는 가사가 우아한 선율 안에 어떻게 담기는가를 눈여겨보라.

모테트

완전한 모테트는 다섯 개의 절과 다섯 개의 알렐루야로 구성되었는데 가사와 (네 개의 상이한 장소에서 노래를 부르거나 연주하는) 공연 집단의 전체적 구조는 다음과 같다.

1절	인 에클레시이스 베네디키테 도미노, (회중 안에서 주님을 찬양하나이다)	소프라노(제1합창단) 오르간
	알렐루야	소프라노(제1합창단) 제2합창단 오르간
2절	인 옴니아 로코 …, (모든 경배 장소에서 그 분을 찬양하나이다)	테너(제2합창단) 오르간
	알렐루야	테너(제2합창단) 제2합창단 오르간

신포니아
(오케스트라 간주곡)

3절	인 데오, 살루타리 메오 …, (나의 구원이며 영광이신 하느님 안에 도움이 있고 나의 희망도 하느님 안에 있나이다)	알토(제1합창단) 테너(제1합창단) 오케스트라
	알렐루야	알토(제1합창단) 테너(제1합창단) 제2합창단 오케스트라

이탈리아의 성악과 기악

후기 르네상스 동안 기악은 독보적으로 군림하던 성악의 아성을 허물기 시작했다. 여기서 중요한 역할을 한 것은 베네치아 성 마르코 대성당의 음악 감독들이었다. 비잔틴풍으로 지어진 성 마르코 대성당은 이 장식적인 도시의 으리으리한 궁전과 교회와 의식과 심지어는 그림의 본보기가 되었다.

무역의 중심지와 교통의 요충으로서 베네치아는 화려한 치장과 눈요기로 방문객들에게 강한 인상을 심어놓는 데 성공했다. 의도한 결과를 낳으려면 대성당 안에서 웅장한 공연을 벌일 필요가 있었지만 교회의 내부 구조는 연주자들이 대규모로 들어가기에는 적합하지 않았다.

성 마르코 대성당의 평면도는 그리스 십자가 모양을 본뜬 것이다(18.1). 동로마 교회의 관행에 따라 한가운데는 남자들의 자리로 두었고 작은 발코니 층에 여자들이 들어갔다. 이런 구조를 이용하여 번갈아가며 노래를 부르는 새로운 합창 양식을 고안했다. 여기서 앙상블(오케스트라가 딸리거나 딸리지 않은 합창)은 노래를 부르든가 연주를 하든가, 아니면 노래와 연주를 동시에 하는 여러 개의 집단으로 세분되었다. 두 대의 오르간은 고정된 자리에 있었고 합창단과 관악 합창단은 교회 곳곳의 발코니에 자리잡았다. 감상자는 좌우, 전후에서 번갈아가면서 터져나오는 성악과 기악에 압도당했다. 합창단과 관악 합창단은 18.1과는 조금 다르게도 배치할 수 있었다(18.2).

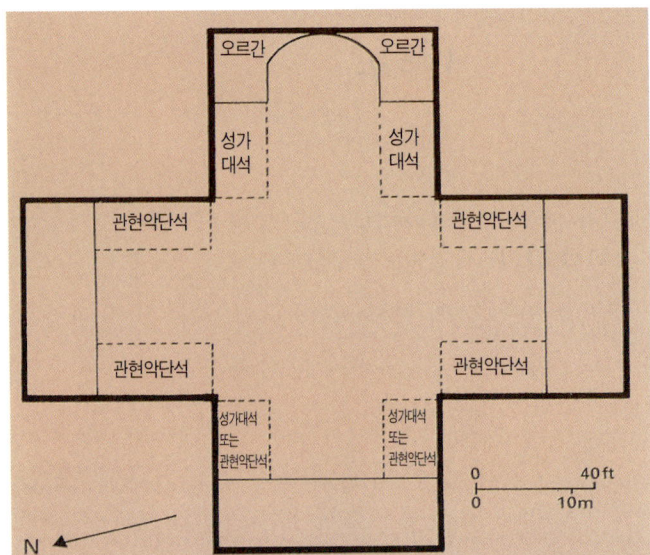

18.1 성 마르코 대성당 평면도.

18.2 성 마르코 대성당 내부. 이것은 서쪽에서 바라본 모습이다. 발코니에 오르간 한 대가 놓여 있다. 이 발코니의 동쪽에는 또 한 대의 오르간과 작은 합창단을 위한 공간을 가진 성단소가 있다. 관악 합창단은 2층에 있는 네 개의 모서리 가운데 한 곳 이상에 육중한 아치 밑 발코니 위에 자리를 잡는다. 지휘자는 중앙의 합창단 앞 높은 지휘대에 우뚝 섰다.

음악 출판

번영을 구가하던 베네치아는 음악 출판의 본거지이기도 했다. 1500년에는 이미 900만 권이 넘는 책이 찍혀 나왔지만 음악 출판을 그런 규모로 한다는 생각은 누구도 하지 못하고 있었다. 1457년 악보가 포함된 《시편》이 마인츠에서 인쇄되었고 1476년에는 밀라노에서 《미사 전서》가 처음으로 활판 인쇄되었다.

오타비아노 데 페트루치(1466~1539)는 자기가 운영하는 인쇄소에서 활판 인쇄를 도입했다. 야심만만한 사업가였던 그는 1498년 베네치아 시회에 국내의 점증하는 음악 수요에 부응하기 위해 악보를 출판할 수 있는 (독점적) 권한을 20년 동안 달라고 요청했다. 1501년 그는 《조화로운 노래 100선》을 펴냈는데 이것은 책으로 묶여나온 최초의 화성악곡집이었다. 프랑스와 플랑드르의 샹송이 여러 곡 들어 있는 이 책의 발간을 도화선으로 58종의 세속 음악, 종교 음악 관련서가 봇물처럼 쏟아져나와 음악에 굶주린 아마추어들과 점점 수가 불어나던 전문가들의 욕구를 채워주었다. 시장이 커지면서 책값은 떨어졌고 덕분에 음악 서적의 보급 속도도 빨라졌다. 16세기 말엽으로 접어들면 유럽 곳곳에서 음악 출판이 활발하게 이루어졌다.

기악

　르네상스 기악은 어디까지나 기능적 역할에 머물러 있었다. 다시 말해서 귀족 중심의 궁정에서 펼쳐지던 무용, 연극, 가장무도회, 희가극의 일부분으로 존재했지 자기만의 관객을 거느린 독자적 예술로 자리잡지 못했다(18.3참조).
　무용과 음악은 예로부터 긴밀한 관계를 맺어 왔지만 특히 '무용의 세기'라고 일컬어졌던 16세기에는 동전의 앞뒤처럼 갈라설래야 갈라설 수 없는 끈끈한 사이였다. 교회는 오래 전부터 무용을 음탕하고 이교도적이라는 이유로 억압했지만 르네상스 사회는 그런 중세의 굴레를 무시하고 사교 무용을 만들어냈다. 현악기와 관악기의 반주에 맞추어 이탈리아와 프랑스의 궁정 남녀들은 난생 처음으로 손에 손을 맞잡고 민속 무용과 비슷한 윤무를 추었고 쌍쌍이 2인무를 즐겼다.
　들고 다니기 편한 데다 감미로운 음색까지 일품이어서 류트는 이 시대에 각광을 받았다. 류트에 필적할 만한 악기로는 하프시코드가 있었다. 하프시코드는 쳄발로, 클라브생, 버지널, 스피넷 등으로도 불렸는데 16세기부터 18세기까지는 건반 악기 하면 누구나 하프시코드를 연상했다. 하프시코드는 모양이 여러 가지 있었지만 대체로 외형은 그랜드 피아노와 비슷했다. 채로 현을 뜯어서 나는 하프시코드의 소리는 청아하고 예리하다. 피아노하고는 달라서 하프시코드는 소리의 강약 조절을 하기가 어려웠다.
　영국에서는 하프시코드를 버지널(처녀)이라고 불렀는데 이것은 '처녀 엘리자베스 여왕'에게 바치는 경의였을지도 모른다. 영국 음악은

18.3 덜시머를 연주하는 여인. 14세기 시 '사랑의 실패'의 16세기 초 필사본에서. 르네상스 악기들 중에서 몇 가지가 여기 등장한다. 우아한 옷을 입은 여인은 작은 공이를 가지고 덜시머(피아노의 전신이지만 현악기에 가까우며 지금도 사용된다)를 연주하고 있다. 왼쪽 벽 귀퉁이에는 하프가 기대어져 있고 오른쪽 마루바닥에는 휴대형 오르간도 보인다. 여인의 뒤편에는 악사와 연주자들이 있다. 왼쪽부터 오른쪽으로 순서대로 살피면, 리코더(플루트의 전신으로 지금도 사용), 숌(오보에의 전신), 백파이프(1세기 무렵 로마를 통해 아시아에서 유럽으로 들어온 것으로 추정)다.

헨리 8세, 에드워드 6세, 메리 여왕 때 발전했고 엘리자베스 여왕 때는 전무후무한 절정의 수준으로 올라섰다. 영국의 무력과 경제력, 외국 인재의 영입, 여행자의 증가 등으로 결국 이탈리아 양식은 영국에 동화될 수밖에 없었다. 16세기는 영국 음악사에서 가장 돋보이는 시대였다. 튜더 왕조의 종교 음악도 훌륭했지만 영국의 세속 음악 – 마드리갈, 류트 음악, 버지널 음악, 비올을 위한 기악곡 – 은 엘리자베스 시대를 풍성하게 가꾸는 데 크나큰 역할을 했다.

영국의 세속 성악

영국의 마드리갈은 이탈리아의 '마드리갈'에서 비롯된 것이지만 나중에는 엘리자베스 시대의 영국 하면 곧 마드리갈을 떠올릴 만큼 성장하고 발전했다. 영어로 되었건 이탈리아로 되었건 마드리갈은 대개는 네 개의 성부를 갖는 반주가 안 딸린 세속 합창곡이다. 영국의 마드리갈은 다성 양식과 화성 양식의 조화를 지향하는데 명랑한 곡도 있지만 구슬픈 곡도 있다. 마드리갈은 영어의 음과 리듬, 뜻을 가지고 노는 데서 느끼는 순수한 기쁨을 제공해 주었다.

마드리갈 작곡가들은 자연어의 리듬을 좋아한다. 그들은 또 의성어, 두운법(첫소리가 같은 단어들로 문장을 쓰는 것), 은유, 직유를 가지고 장난하기를 좋아했고 동시에 두 가지 뜻을 나타내는 단어를 찾는 데서 즐거움을 만끽했다. 세 가지 뜻을 나타내는 단어라면 더 좋았다. 그들은 자연음이나 단어의 뜻과 소리를 흉내내고 암시하고

음악 11 마드리갈

티르시스? 아직도 자느냐?   존 베네트(1575~1625)

묘사하는 뛰어난 마드리갈 곡을 만들기 위해 단어 그리기라는 독특한 방법까지 고안한 정열가들이었다.

목가적 마드리갈에서 작곡자는 "티르시스? 아직도 자느냐?"라는 질문을 조용히 던진다. 그리고 티르시스가 기운찬 목소리로 일어날 때까지 그 질문은 계속된다. 뻐꾸기의 울음이 모방되고, 양치기가 "되는 일이 하나도 없어" "제발 좀 건드리지 말라면서" "한숨을 내쉬면" 음악도 한숨을 내뱉는다. "그 녀석 런던으로 돌려보내자"는 가사가 자꾸자꾸 반복되면서 마드리갈은 힘차게 끝을 맺는다(음악11 참조).

오페라

오페라는 물론 피렌체에서 르네상스 시대에 만들어졌다. 피렌체 카메라타라고 알려진 일군의 인문주의자들이 고대 그리스 음악을 재현하는 모임을 정기적으로 가졌다. 그들은 먼저 그리스 연극에서 어떤 노래가 불려졌을까를 상상하려고 애썼다. 거기서 악기 반주가 딸린 낭독조의 독창을 생각해냈다. 이것이 말에 가까운 레치타티보와 서정적인 아리아로 정착했다. 마드리갈처럼 오페라도 영국으로 전파되어 헨리 퍼셀 같은 위대한 오페라 작곡가를 낳았다. 다음은 퍼셀의 〈디도와 아이네아스〉 3막에 나오는 레치타티보와 아리아다.

레치타티보
그대의 손을 주오, 벨린다! 어둠이 나를 덮는구려,
그대의 가슴에서 쉬게 해주오,

더 있었으면 좋겠지만, 죽음이 나를 덮쳤다오.
죽음은 이제 반가운 손님이구려.

아리아
내가 땅에 묻히면,
나의 잘못으로 그대의 가슴이 멍들지 않기를 바라오.
나를 기억해 주오, 하지만, 나의 운명은 잊어 주오.

도입부의 레치타티보에 이어서 반음씩 하강하는 저음의 선이 모두 열한 번 들리면서 독립된 멜로디를 받쳐준다. 이것을 '기초 저음'이라고 한다. 이 기초 저음이 가창 멜로디의 한결같은 밑바탕이 된다.

제19장
르네상스 시대의 문학

　르네상스 시대에 쓰이던 언어의 이중성은 문학과 철학, 과학이 발전하는 데 크나큰 기여를 했다. 교회가 지켜 온 라틴어는 모든 지식인의 공통 언어였을 뿐 아니라 그리스 로마의 고전 문화 유산을 접할 수 있는 직통 회로였다. 그러니 페트라르카를 비롯한 인문주의자들이 키케로와 베르길리우스를 동시대인으로 여긴 것도 무리는 아니었다. 그들은 모두 한 언어를 썼던 것이다. 중세 시대에 보통 사람들의 구어로서 발전한 민중어는 서민 문화의 언어로 정착했다. 라틴어는 학문 언어로서 제자리를 지켰지만 민중어는 민족어로 발달하고 인정받아 문학 표현의 수단으로 수용되었다. 라틴어가 일종의 지적 통일성을 제공했다면 영어, 프랑스어, 이탈리아어, 스페인어는 민족적 응집력과 목표 의식을 강화시켰다. 근대로 접어들면서 각 민족은

〈2월〉. '베리 공작의 고귀한 성무일과' 중에서. 일부. 림뷔르흐 형제. 1413-6. 채색 필사본. 샹틸리 콩데 미술관(프랑스).

자기만의 고유한 문학적 전통을 발전시켰다. 민족주의의 부상과 언어는 따로 떼어놓고 생각할 수 없다. 라틴어를 비롯한 모든 언어 사이의 번역이 민족의 울타리를 넘어 활발하게 이루어지면서 르네상스 문학도 미술이나 음악처럼 그 나름의 방식으로 국제화되었다.

르네상스의 작가들

이처럼 간단한 개괄서에서는 문학적으로 최고봉에 도달했던 사람들만을 논의할 수 있다. 이름 있는 저자들은 비록 아마추어이기는 했을지언정 화가로서도, 음악가로서도 뛰어난 사람들이었다. 그들은 르네상스의 최고 이상이었던 보편인으로서의 자질을 어느 정도 갖춘 사람들이었다. 격동의 시대를 능동적으로 헤쳐간 지도자들이었다. 당대 최고의 지식인으로 인정받았던 에라스무스는 교황과 왕의 친구요 조언자였다. 토머스 모어와 프랜시스 베이컨은 영국에서 오늘날의 대법원장에 해당하는 대법관으로 봉직했다. 페트라르카는 인문주의자 중에서도 단연 돋보이는 존재였고 카스틸리오네와 마키아벨리는 둘 다 유능한 외교관이었다. 경이로운 재능들이 속출하던 시대에도 미켈란젤로와 셰익스피어의 업적은 예외적인 것이었다. 세르반테스는 마지막 십자군 원정에 직접 참여해 싸웠으며 해적들에게 생포당하여 포로로 지낸 특이한 경력의 소유자였다. 우리는 라블레에 대해서는 그가 한때 수도사였고 신부였고 나중에는 의사가 되었다는 사실 이외에는 잘 모른다. 그는 교회로부터 자발적으로 갈라서는 데 뻐딱한 희열을 느꼈던 사람이었다. 이 능동적인 인간들 중에서 유일한 예외가 있었다면 몽테뉴였다. 그는 자신의 서재에 틀어박혀 르네상스의 세태와 삶을 꼬집는 날카로운 에세이를 썼다.

미겔 데 세르반테스 사아베드라 – 1547~1616년

비록 늦게 나서기는 했지만 정신적으로 중세의 조종을 확실히 울린 사람은 세르반테스(1547~1616)였다. 세르반테스는 중세를 닫고 르네상스를 여는 발언을 토하기에 다른 동시대인들보다 유리한 입장에 있었다. 그는 오스트리아의 요한 공이 이끈 함대의 일원으로 최후의 십자군 원정에 참여하여 기사도의 마지막 분출을 눈으로 본 사람이었다. 레판토 해전(1571)에서 싸우면서 세르반테스는 그리스도교의 마지막 기사들을 두 눈으로 목격했다. 시인 바이런은 《돈 후안》에서 이것을 "세르반테스는 스페인의 기사도를 웃음으로 날려보냈다"고 절묘하게 묘사한 바 있다.

《돈 키호테》는 중세의 고상한 행위 방식에 대한 세르반테스의 반응이다. 비쩍 마르고 살짝 머리가 돈 주인공은 굶주림에 시달리면서도 스페인의 상야를 누비며 불의에 맞서 싸운다. 돈 키호테의 문제점은 그가 중세의 가치관을 고수한다는 데 있었다. 돈 키호테만 만나면 평범한 이발사는 사나운 기사가 되고 접대부는 번민에 빠진 요조숙녀가 되고 풍차는 거인이 된다. 돈 키호테를 비롯하여 중세적 사고에 젖어 있던 사람들에게 세상은 눈에 보이는 것과는 달랐다. 우리처럼 실용적이었던 르네상스 시대의 사람들에게 이발사는 어디까지나 이발사고, 풍차는 어디까지나 풍차였다. 그리고 우리처럼 르네상스 시대의 독자들도 벼룩에 뜯긴 지저분한 늙은 말을 타고 한심한 몰골로 달려

가는 기사를 보면 웃음을 터뜨렸다. 하지만 돈 키호테의 유일한 문제는 그가 100년 늦게 태어났다는 데 있었다. 100년만 더 일찍 태어났더라도 그는 기사도를 찬양한 영웅담의 주인공이 되었을 것이고 그가 말한 풍차는 정말 거인이었을 것이다. 세르반테스 이후로 중세 문학에서 가장 인기를 얻었던 기사도 이야기는 더이상 진지하게 받아들여질 수 없었다. 그것은 어여쁜 딸, 지불 시한이 되어가는 채무, 윤기가 흐르는 수염을 만지작거리며 군침을 흘리는 악당, 위기일발의 순간에 튀어나오는 주인공이 등장하는 멜로드라마처럼 시대에 뒤떨어진 것이었다.

  이 어리석은 망상을 포기하고 적나라한 자연주의를 받아들임으로써 우리도 무언가를 잃은 게 아닐까? 영국의 작가 체스터튼은 '레판토'라는 시에서 진정한 영웅이었던 오스트리아의 요한 공과 르네상스 시대를 살았던 다른 군주들의 초라한 모습을 비교하면서 그런 질문을 던졌다. 세르반테스도 비슷한 의문에 빠져들었던 것 같다. 그 책 2부에서 독자들은 주인공의 행동에 여전히 웃음을 머금게 되지만 작가의 웃음처럼 그것은 다분히 공감이 짙게 밴 웃음이다. 세르반테스는 시대를 휩쓸던 실용주의에 환멸을 느끼고 사라진 영광을 그리워한 건 아니었을까? 2부작으로 구성된 《돈 키호테》에 담긴 과거와 현재의 대비는 16장에서 처음 논의되었던 르네상스가 안고 있던 문제의 핵심을 찌른다. 새로운 자유, 물질적 풍요, 경제 질서, 인간의 영혼을 감각 앞에 드러나는 대상 아래의 부차적 지위로 끌어내리는 과학, 이 모든 현상들 속에서 도대체 인간이란 무엇인가? "인간은 얼마나 위대한 작품인가! … 하지만 이 티끌 같은 존재의 본질은 또 뭐란 말인가?" 셰익스피어는 《태풍》에서 이 문제와 정면으로 씨름하면서 답을 제시한다.

페트라르카 (프란체스코 페트라르카)–1304~74년

페트라르카(1304~74)는 새로운 시대의 뛰어난 시인이자 인문주의자로서 이미 당대에 평가를 받고 있었다. 1341년 로마 원로원은 고대 세계 이후 최초의 계관 시인으로서 그에게 월계관을 수여했다. 페트라르카는 라틴어로 자신이 쓴 섬세한 시를 아꼈지만 오늘날 그는 이탈리아 서정시의 창시자로서, 우아한 이탈리아 연시의 창작자로 기억되고 있다. 아비뇽 교황청의 궁정 시인으로서 그는 프랑스 교황들의 타락상에 전율을 금치 못했다.

로테르담의 에라스무스–1466~1536년

이탈리아의 인문주의는 명백히 이교도적인 색깔을 띠고 있었지만 알프스 이북으로 넘어가면 분위기는 전혀 딴판이었다. 그곳은 여전히 그리스도교가 중심이었다. 그리고 그 전면에는 "인문주의자들의 왕자"로 불렸던 에라스무스가 있었다(19.1). 진정한 코스모폴리탄이었던 그는 영국부터 이탈리아까지 전 유럽을 자신의 고향으로 삼았다. 처음에는 루터의 개혁을 호의적으로 받아들였지만 자유의지를 부정하는 루터의 생각을 에라스무스는 받아들일 수 없었다. "내가 낳은 달걀에서 루터는 전혀 종자가 다른 새를 부화시켰다"고 에라스무스는 썼다.

교회 개혁을 강력히 옹호하기는 했지만 에라스무스에 따르면 "루터는 두 가지 중대한 죄를 저질렀다. 그는 교황의 정수리를 갈기고 수도사들의 명치를 갈겼다." 에라스무스는 루터와는 다른 맥락에서

제19장 르네상스 시대의 문학

19.1 로테르담의 에라스무스. 알브레흐트 뒤러. 1526. 동판화. 24.8×19cm.
뉴욕 메트로폴리탄 미술관. 이것은 실물을 바탕으로 한 그림임을 라틴어 기록은 밝히고 있다.

교회를 준열하게 질타했다. "새로운 지식을 이단과 동일시함으로써 여러분은 정통 교리를 무지의 동의어로 만들고 있습니다." 에라스무스는 분열된 교회보다는 정화된 교회를 바람직하게 여겼다.

이탈리아에서 영국으로 여행을 가는 동안 그는 사회의 온갖 부문을 꼬집은 풍자의 글을 써보자는 생각을 굳혔다. 영국의 인문주의자 토머스 모어와 함께 지내는 동안 부분적으로 집필한 이 책을 에라스무스는 토머스 모어에게 바치면서 모어의 이름을 익살스럽게 변형시킨 '모리아'라는 제목을 붙였다. 이 책이 바로 《우신예찬》이다. 《우신예찬》은 에라스무스 생전에 이미 36판을 찍어 그 시대에 성서 다음으로 많이 읽힌 책이 되었다. 에라스무스는 찬사를 들을 만한 자격이 없는 모든 대상과 인간이 얄궂게도 찬양을 받는 고대의 역설적 찬사를 탁월한 감각으로 재창조하는 데 성공했다.

니콜로 마키아벨리 – 1469~1527년

인문주의자들이 열렬히 부르짖듯이 인간이 만물의 척도라면 인간은 도대체 무엇인가? 마키아벨리(1469~1527)는 그가 쓴 책 중에서 가장 유명하고 영향력이 컸던 《군주론》에서 임상의의 냉정한 눈으로 이 문제를 다루었다. 우르비노에서 체사레 보르자의 독재 정부가 무너지는 것을 보면서 마키아벨리는 통치자는 덕보다는 실속을 추구해야 한다고 주장했다. 이 책은 권력을 행사하는 기법들을 정교하게 분석한다. 따라서 르네상스 시대의 예술과 과학과도 상당히 밀접한 관련성이 있다. 마키아벨리는 자기 시대의 '과학적' 방법을 동원하여 수많은 통치자들의 성공과 좌절을 해부하여 권력의 작동 원리를 알아내고 성공적 통치술을 파악하려고 시도한다. 마키아벨리가 어찌나 능숙하고 솔직하게 그 기술을 묘사했던지 19세기의 역사가 야콥 부르크하르트는 예술가가 자신의 예술을 마음대로 주무르는 것처럼 르네상스의 군주는 국가를 자기 손 안에서 가지고 놀았다고 지적했다.

마키아벨리의 기본 전제는 국가의 생존과 번영을 가능케 하는 것은 무엇이든 좋다는 것이다. 또 하나의 전제는 그런 목표를 달성하는 데 기여하는 수단은 무조건 좋다는 것이다(마키아벨리는 "목적이 수단을 정당화한다"고 쓰지는 않았다. 다만, "목적은 고려해야 마땅하다"라고 말했을 뿐이다). 이 두 가지 전제를 앞세워서 그는 이상론과 감상주의를 쓸어버린다. 마키아벨리에 따르면 국가는 국민의 행복과 평안을 위해서 존재하는 것이 아니다. 오직 국가가 잘 되기 위해 존재하는 것이 국민이다. 여기서 초연하고 실제적이며 고통스러울 만큼 정확한 결론이 뒤따르지만 그 사유는 어디까지나 인간에 대한 가장 낮은 평가를 토대로 하고 있다. 마키아벨리의 분석 방법은 모든 수수께끼를 일소하고 정의와 통치력에 대한 기존의 모든 관념을 묵살한다. 우울하기는 하지만 냉정하고 명료한 그 당시 시대 정신의 전형을 보여주는 마키아벨리는 중세의 이상주의와 인문주의를 벗겨낸 인간 본성의 솔직한 모습을 르네상스 사회에 보여주었다. 그는 이렇게 말했다.

사람들은 배은망덕하고 변덕이 죽 끓듯하고 거짓을 일삼고 위험은 악착같이 피하려 들고 탐욕에 눈이 멀었으며 자기들에게 득이 될 수 있을 때만 헌신하며 내가 누누이 말한 대로 위험이 멀리 있을 때만 당신을 위해서 자기의 피를 뿌리고 재산을 버리고 자기의 생명과 아이를 바칠 각오가 되어 있다….
사랑은 의리의 끈으로 묶여 있지만 인간은 딱한 종자라서 개인적 이득을 살며시 귀뜸해 주기만 하면 그깟 사랑은 헌신짝처럼 내던진다.

마키아벨리의 진단은 인간 혐오가가 세상에 퍼붓는 독선이 아니라 행성들의 궤도를 연구한 케플러처럼 초연한 입장에서 인간사를 연구하던 사회과학자의 발언이었다. 아테네부터 자기 당대에 이르기까지 정부의 운명을 고찰한 뒤 그는 백성은 아무리 잘 봐 주어도 짐승이며 유능한 통치자는 백성에게 합당한 대우를 하는 사람이라고 결론 지었다.

제19장 르네상스 시대의 문학

르네상스의 군주

군인이며 정치가이며 성직자였던 체사레 보르자(1476?~1507)는 그 시대의 많은 사람들처럼 부패했고 배신에 능했고 잔인했다. 교황 알렉산데르 6세의 네 사생아 가운데 하나였던 그는 열여덟의 나이로 추기경이 되었다. 아버지의 후광을 등에 업고 로마냐 공이 된 보르자는 군사 정벌에 나서 많은 영토를 정복했다. 우르비노 공국 탈환을 꾀하는 반란이 일어나자 그는 반도들을 성 안으로 꾀어들인 다음 모두 처단했다. 아버지가 죽자 적들은 보르자의 영토를 빼앗고 그를 옥에 가두었다. 뒤에 나바레로 도망갔지만 카스티야 원정 길에 피살되고 말았다. 체사레 보르자는 마키아벨리가 그린 군주의 원형으로 여겨지고 있다.

은둔 : 미셸 드 몽테뉴-1533~92년

마키아벨리만 그런 결론을 내린 것은 아니었다. 몽테뉴는 이렇게 썼다.

모든 피조물 중에서 가장 허약하고 취약하지만 동시에 가장 오만한 것이 인간이다. 그는 세상의 진창과 오물에 처박혀 있는 자신의 모습을 보고 또 실제로 그렇게 느낀다. 우주에서 최악의 자리, 가장 막다르고 썩어 있는 자리, 천국의 하늘에서 가장 멀고 집에서 가장 낮은 층에서 가장 열등한 동물들과 함께 붙박혀 지낸다는 사실을 안다. 하지만 상상 속에서 인간은 달 너머로 튀어올라 천국을 자기 발밑에 둔다.

제한된 공간 때문에 이 책에는 실리지 않았지만 '식인종에 대하여'는 몽테뉴가 쓴 에세이 중에서 가장 솔직하고 흥미로운 글이 아닐 수 없다. 몽테뉴가 말한 식인종은 신대륙에도 브라질에도 있다. 토머스 모어는 자신의 사회를 비판하기 위해 유토피아를 동원했지만 몽테뉴는 더욱 직설적이다. 그는 이들 식인종이 유럽인에 비하면 약과라고 평가한다.

우리는 이 사람들을 이성의 원칙에 비교해서만 야만인이라고 부를 수 있지 우리 자신과 비교해서 야만인이라고 말할 수는 없다. 우리의 야만성은 모든 면에서 그들을 능가하기 때문이다.

우리는 르네상스의 새로운 자유에서 아주 이질적인 두 가지 태도가 나타나는 것을 본다. 하나는 앞에서 인용한 글이 취하는 입장으로 극단적 비관론과 절망을 드러낸다. 신앙이 주었던 안정감을 상실한 데서 오는 공포와 불안감이 여기에 가세한다. 또 하나의 태도는 대부분의 사람들이 르네상스에서 연상하는 내용이다. 전통과의 모든 연결 고리가 끊기고 부가 넘쳐나며 국경선이 바다 건너 미지의 땅으로 무한히 뻗어나가는 상황에서 사람들은 진정으로 자유를 만끽할 수 있었다. 자유를 손에 넣으려면 사람은 모종의 힘을 가져야 했으며 그 가능성은 무한하다는 태도였다.

프랑수아 라블레 – 1490~1553년

제동 장치가 풀린 채 힘만을 좇는 사회 앞에서 사람이 보일 수 있는 하나의 반응은 과도한 경쟁에서 한 발 빼는 것이다. 그런 반응은 현대에 들어와서도 다양한 형태로 나타나고 있다. 르네상스 시대에 씌어진 수많은 유토피아론이 상징적으로 보여주는 것은 바로 이 물러서려는 욕망이다.

라블레(1490~1553)는 《가르강튀아와 팡타그뤼엘》에 자신이 생각한 유토피아를 가공의 '텔렘 수도원'으로 설정하여 짤막하게 묘사했다. 이곳의 유일한 행동 원칙은 '청빈, 순결, 순종'이 아니라 '네가 원하는 대로 하라'였다. 텔렘 수도원은 '험한 세파'(서양 역사에서 르네상스 시대만큼 험한 세파가 몰아닥친 적도 없었다)가 넘보지 못하고 모든 사람이 완벽한 예절 속에 행동하던 고요한 은둔처였다.

카스틸리오네-1478~1529년

지체 높은 귀족이며 노련한 외교관이었던 카스틸리오네(1478~1529)는 라블레와 비슷한 세계관을 가졌지만 몽테뉴나 마키아벨리의 생각에는 반대했다.

악을 저지르는 인간의 어마어마한 능력에는 별반 관심이 없었고 대단히 현세적인 사람이었던 카스틸리오네는 예의와 절도가 있는 도시 생활을 옹호했다. 르네상스 시대의 귀족들을 위해 그가 쓴《궁정인》은 예의범절의 교본으로서 다음 두 세기 동안 널리 읽혔다.

토머스 모어-1478~1535년

토머스 모어 경(1478~1535)(19.2)은 인문주의 운동의 주역으로서 늘 빠지지 않고 거론된다. 모어는 신대륙에 대한 사람들의 호기심을 발판으로 삼아 명저《유토피아》를 썼다. 그가 이야기의 기본틀로 삼은 것은 아메리고 베스푸치와 함께 항해를 떠나 유토피아라는 새로운 땅을 찾아낸 라파엘 휘틀로다이우스라는 항해가와 주고받는 대화였다. 모어는 이 유토피아('어디에도 없는 땅'이란 뜻)를 앞세워 자기 나라를 혹독하게 비판하고 플라톤의 이상과 모어가 살았던 시대의 가장 진보적인 사상의 일부를 특이하게 섞어 완전한 정부의 모습을 묘사했다. 플라톤은 사적 소유와 공산주의가 결합된 국가 형태를 그렸지만 모어의 유토피아에서는 사실상 모든 것이 공유된다. 정치를 맡은 관리들의 대부분은 국민의 자유 선거로 뽑힌다. 그러나 모어는 군주와 노예 계급은 그대로 두었다. 그는 남자든 여자든 성직

제19장 르네상스 시대의 문학

19.2 토머스 모어 경. 젊은 한스 홀바인. 1530. 프리크 컬렉션(뉴욕). 홀바인의 뛰어난 초상화는 자신의 종교적 신념을 저버리기보다는 헨리 8세의 손에 죽는 길을 택한 양심적 인간을 생생하게 보여 준다.

자를 포함하여 사람은 누구나 일을 해야 한다고 믿었다. 특히 강조한 것은 땀흘려 일하는 노동이었다. 이렇게 모든 사람이 일을 하면 생활에 필요한 모든 일은 하루 여섯 시간 안에 끝낼 수 있고 남은 시간은 창조적 여가 활동에 쏟아부을 수 있다. 유토피아 사람들은 처음에는 농부로 일하다가 나중에 도시로 가서 도시 생활에 필요한 직업 기술을 익힌다. 이렇게 교대로 거주 지역을 바꾸는 것은 농촌과 도시의 인구를 늘 일정하게 유지하기 위해서였다.

모어의 《유토피아》는 지금까지도 진지하게 받아들여지고 있지만 국가에 대한 그의 생각은 너무 단순하다. 사실 모어가 말한 것은 자기 시대에 이루어진 진보를 흡수하면서 중세로 돌아가자는 것이었다. 우선 그는 새로운 자본주의에 반대하면서 돈이 모든 것을 좌우하는 사회에서 나타나는 해악을 비판했다. 모든 재산은 공유되어야 하고 모든 집은 (개인의 창의성이 발휘되어도 좋은 정원을 제외하고는) 똑같아야 하며 사람들은 일정한 간격을 두고 집을 바꿔 살아야 한다고 모어는 주장했다. 사람들이 재물에 혹하지 않도록 황금은 요강 만드는 데 써야 하고 보석은 아이들 장난감으로 써야 한다. 하지만 국가는 이웃 나라들로부터 상품을 수입하는 데 금과 보석을 쓸 수 있다.

라블레처럼 모어도 평등을 강조했고 스위스처럼 국민 스스로가 대표자를 뽑는 지방 정부와 연방 정부를 제안했다. 모어가 생각한 평등은 모든 사람이 소수의 성직자나 학자를 제외하고는 생업에 종사해야 한다는 것이었다. 이런 기발한 계획을 꾸민 모어였지만 그 역시 어떤 문명에서든 누군가에 의해서는 처리될 수밖에 없는 더러운 일을 그대로 방치할 수는 없었고, 결국 플라톤처럼 유토피아 주민들에게는 어울리지 않는 험한 일을 노예에게 미루어야 했다. 이것이 알량한 평등이었다.

끝없는 분쟁과 전란을 목격하면서 살았던 모어는 유토피아 주민들은 그런 끔찍한 전쟁을 겪어서는 안 되고 겪더라도 최소한으로 막아내야 한다고 주장했다. 그는 전쟁은 이웃 나라들 사이에서만 일어나야 하고 유토피아 주민들은 용병을 고용해서 대신 싸우게 하는 것이 바람직하다고 제안했다. 가장 바람직한 상황은 이웃에 싸움을 잘하는 호전적인 국민이 사는데 그들이 유토피아를 위해 희생을 감수하고 대신 싸워주는 것이었다.

모어의 유토피아는 우리에게 시사하는 바가 크다. 그가 생각한 이상적 국가는 국경선 밖으로는 뻗어나가지 못했다. 그는 유토피아 주민만 잘 산다면 다른 나라 국민의 처지는 아랑곳하지 않았다. 유토피아는 우리가 악이라고 여기는 드넓은 바다 위에 외롭게 떠 있는 섬 같았다. 유토피아와 다른 나라들은 하늘과 땅처럼 다르다. 모어는 만만히 부려먹을 수 있는 야만인들을 자기 나라의 국경선 바깥으로 밀어냈지만, 우리가 살아가는 현실은 그렇지 않다. 야만인은 우리 밖에도 있지만 우리 안에도 있다.

모어가 무엇보다도 못 견뎌한 것은 결국 모어 자신도 그것 때문에 목숨을 잃게 되지만 국민을 분열시키는 종교적 갈등이었다. 그래서 유토피아에서 그는 완전한 종교적 자유를 보장했다. 대부분의 사람들은 한 가지 신앙을 갖지만 다른 신앙을 가진 사람도, 혹은 신앙이 없는 사람도 비난받거나 처벌받아서는 안 된다. 자기 신앙만이 옳다고 우김으로써 갈등을 부채질하는 편협한 사람만 처벌해야 한다.

모어는 완벽한 문명의 청사진을 그린 것은 아니다. 현실적으로 그런 사회는 굴러갈 수가 없고 플라톤이 그랬던 것처럼 모어 자신도 그 점을 잘 알고 있었다. 그러나 개화된 사람들을 위한 유토피아의 현실적 운용을 위한 하나의 착상으로서 모어의 생각은 진지하게 받아들일 만하다. 특히 인간의 평등과 종교적 관용을 강조한 것이라든지 인생은 개개인이 즐거움을 누릴 수 있을 때만 살 만한 것이라는 그의 확고한 신념은 루소와 제퍼슨을 비롯한 후대의 사상가들이 사표로 삼았던 르네상스의 위대한 이념이었다. 사실 그것들은 지금도 우리의 이상으로 남아 있으며 모어처럼 우리도 그저 꿈만 꾸고 있을 따름이다.

윌리엄 셰익스피어 – 1564~1616년

셰익스피어는 르네상스가 안고 있었던 문제의 복잡미묘함을 단순히 이론으로서가 아니라 시대의 혼란상을 자기 내면에서 체험한 사람의 입장에서 절감하고 있었다. 그의 작품 한 편 한 편에서 우리는 르네상스 시대 사람들의 본질에 대한 셰익스피어의 반응을 읽을 수 있다. 셰익스피어가 원숙미를 더해갈수록 그의 우려의 폭은 더욱 넓어졌다. 마지막으로 완성한 희곡 《태풍》에서 셰익스피어는 자신의 소신을 더욱 확고히 굳히고 자기가 한 경험의 전부를 이야기에 담아 우리에게 전달한다.

그가 쓴 과거의 걸작들은 비극이었지만 이 마지막 희곡도 비극일까? 그렇지 않다. 작가는 비극조차도 넘어섰기 때문이다. 그는 르네상스의 모든 이질적 요소들을 결합하여 갈등을 해결하기 위해 《태풍》의 무대를 현실 세계로부터 유리된 상상의 세계로 설정했다. 셰익스피어는 주인공 프로스페로의 섬에서 눈앞의 현실을 넘어선 진실을 그려냈다.

이 작품에서 등장하는 힘들은 무엇일까? 우선 우리가 아무리 부정하려 애써도 늘 우리와 함께 있는 어두운 인간적 좌절들이 있다. 인간들 속에서 이 오래된 악은 스테파노, 트린쿨로, 세바스티안, 안토니오가 대변한다. 유령 속에서는 칼리반이 이것을 상징한다. 이것은 모어의 《유토피아》에 나오는 야만적이고 호전적인 집단이 대변하는 힘으로서 어떤 신화에서나 발견되는 힘이다. 《베오울프》에서는 그렌델과 그의 어머니이고, 프로이트의 심리학에서는 무지막지한 충동이고, 괴테의 《파우스트》에서는 마녀가 마왕과 주연을 즐기는 발푸르기스의 밤 장면과 지상의 유령이 나타내는 어두운 생명이다.

우리는 이 힘을 육욕으로 간주할 때가 있지만 이것은 너무나 협소한 해석이다. 칼리반의 추진력은 인간을 일그러뜨리고 파괴적으로 만드는 그 모든 욕망, 단테가 지옥에서 보았던 바로 그 힘이다.

프로스페로로 대변되고 그의 충복 아리엘로 상징되는 정반대의 추진력은 다양한 유토피아들의 심장부에 놓여 있는 지성의 힘이다. 프로스페로는 후기 르네상스의 인문주의가 그랬던 것처럼 기력을 잃은 인문주의자지만 뒤늦게 인류에 대한 책임감을 통감한다. 그는 스스로를 "누구보다도 자유인을 위한 학문에 정진해 온 사람"으로 묘사한다. 자연히 아리엘의 힘은 인류의 가장 드높은 본성인 지성을 대변한다. 르네상스의 관점에서는 사람을 천사에 가깝게 만들어 주는 것이 바로 지성이었다.

우리는 칼리반을 통해 악의 본성을 탐구한다. 칼리반은 자신이 언어에서 득을 본 것이라곤 욕할 줄 알게 되었다는 것뿐이라고 밝히면서 지성을 적대시한다는 사실을 노골적으로 드러낸다. 그는 또 프로스페로를 압도하고 싶거든 "그 자의 책을 불사르라"고 트린쿨로와 스테파노에게 말한다. 칼리반의 본성은 가장 속박이 심한 순간에 자신이 맛보는 새로운 '자유'를 찬미하는 데서 확연히 드러난다. 그는 술에 취하여 스테파노를 잔혹한 주인으로 맞아들인 것이다. 하지만 칼리반은 같은 악을 대변하면서도 스테파노 같은 인간들보다는 눈치가 빠르다. 프로스페로를 무너뜨린다는 사악한 목표를 이루기 위해 같이 가면서도 칼리반은 전선에 내걸린 황금옷 같은 힘의 과시와 진짜 힘은 엄연히 다르다는 걸 알기 때문이다. 하지만 어리석은 인간 주인들은 번쩍거리는 옷에 현혹되어 프로스페로와 아리엘에게 당하고 만다. 이런 일을 겪고 나서 칼리반은 이렇게 넋두리를 한다. "주인 한번 잘 두었구나!… . 이런 술주정뱅이, 바보 멍청이를 신처럼 받들어 모셨으니 나는 골백번도 더 머저리 취급당해 싸지!"

하지만 칼리반은 동전의 한 면이다. 칼리반이 없으면 프로스페로도 미란다도 존재할 수 없다. 외모나 성향으로 보면 반항하는 듯하고 그래서 미란다는 "못되어먹었잖아요, 쳐다보기도 싫어요" 하고 말하지만, 현명한 프로스페로는 이렇게 대답한다.

하지만 지금 형편으론 그 놈이 없으면 아쉽다. 불을 때지, 땔감도 해오지, 두루 부려먹을 수 있잖니…

칼리반의 본성은 인간의 의지로 지혜롭게 통제되고 사용되면 삶에서 유익한 기능을 맡을 수 있다.

셰익스피어의 주된 관심사는 국가였다. 교회가 더이상 사회를 통제하지 못하게 된 상황에서 새로운 질서가 불가피하게 요구되었다. 그것은 왕이 다스리는 세속 국가였다. 연극에서 처음부터 끝까지 정치세계는 삐그덕거린다.

올바른 군주는 왕위에 오르지 못하고 악이 선을 몰아내고 다스린다. 작품 초반부에 셰익스피어는 곤잘로로 하여금 유토피아를 제안하게 하는데, 그 유토피아는 모어나 라블레의 유토피아와 크게 다르지 않다. 하지만 그것은 우스꽝스럽게 처리된다. 곤잘로는 "만약 내가 이 섬의 농장을 소유한다면… . 여기 왕이라면," 하면서 운을 떼지만 군주는 존재하지 않을 거라면서 그대로 입을 다문다. 셰익스피어는 일거에 유토피아의 꿈을 접는다.

하지만 국가가 주민들에게 견실한 틀을 제공하면서도 살아남으려면 그 이상의 것이 요구된다. 여기서 페르디난드와 미란다가 등장한다. 그들은 연극 인에서 올바른 삶으로 일관되게 인도된다. 두 사람의 혼인은 남자의 행동력과 여자의 영혼을 결합시킨다. 플라톤이 말한 철

제19장 르네상스 시대의 문학

인왕이 연상되는 대목이지만 여기서 말하는 철학은 좀더 발랄하고 경쾌하다. 두 사람이 결혼에 성공하여 이탈리아로 돌아갈 때 우리는 하나의 질서를 예상하게 되는데, 그것은 알론소로 대변되는 마키아벨리의 질서도 아니고 프로스페로로 대변되는 이상주의적 질서도 아니다. 그것은 국가 본연의 성격이다.

셰익스피어의 결론은 무엇일까? 우선 그는 사람들이 하는 일의 대부분은 어리석다고 여긴다. 어떤 사람이 무슨 일에 성공하건 실패하건 90년 뒤에 가서는 별반 달라질 게 없다고 말한다.

우리는 꿈과 똑같은 재료로 되어 있고,
우리의 하잘것없는 인생은 잠으로 둘러싸여 있네.

우리의 현재 행동이 미래에 영향을 못 줄지도 모르지만 지금 여기서는 중요하다. 셰익스피어가 마지막으로 선택한 것은 인간이다. 선과 악이 환상적으로 뒤섞인 남녀의 세계다. 그렇지 않다면 우리가 익히 보아 온 그 모든 음모와 악행을 일삼아 온 그 인간들을 처음으로 본 미란다가 아버지와 주고받는 짤막한 대화를 달리 어떻게 해석할 것인가? 그녀는 사람들을 보고는 이렇게 말한다.

놀라워라!
여기엔 선한 사람들이 참 많기도 해라!
인간은 얼마나 아름다운가! 아, 멋진 새 세상이여,
그런 사람들을 품에 안고 있다니!

그러자 프로스페로는 대답한다. "너에게야 새롭겠지."

셰익스피어의 태풍

밀라노 공작 프로스페로는 동생 안토니오에게 배신을 당하고 추방되어 항해를 하다가 이름 모를 섬에 딸 미란다와 함께 좌초하여 그 섬의 주인이 된다. 그는 마법을 연구하여 섬에 살던 괴물 칼리반을 종처럼 부린다. 어느 날 이 섬에 나폴리 왕 알론소, 역모를 꿈꾸는 그의 동생 세바스티안, 나폴리 왕자 페르디난드, 안토니오, 나폴리 왕의 충신 곤잘로, 나폴리 왕의 광대 트린쿨로, 요리사 스테파노 등이 태풍으로 난파한 배에서 탈출하여 상륙한다.

칼리반은 트린쿨로와 스테파노를 꼬드겨 프로스테로를 죽이려다가 실패하고 세바스티안 역시 안토니오의 충동질에 이끌려 알론소를 죽이려다가 프로스페로의 지시를 받은 요정 아리엘의 훼방으로 실패한다.

어릴 때부터 사람을 못 보고 자란 미란다는 준수한 청년 페르디난드를 보는 순간 사랑에 빠지고 페르디난드도 그녀를 연모한다. 프로스페로는 페르디난드를 못마땅하게 여기는 척하지만 속으로는 두사람의 결혼을 바란다.

결국 정체를 드러낸 프로스페로는 잃어버린 땅을 되찾게 된다.

프랜시스 베이컨과 중세의 몰락

모든 균형은 무너지고 만다는 것을 우리는 그 동안 탐구한 모든 시대에서 확인했다. 《태풍》에서 제시된 섬세한 균형도 오래 가지는 못한다. 프랜시스 베이컨(1561~1626)은 척도라는 것도 결국은 무너진다고 주장했다. 그는 다방면에 능했지만 그의 가장 위대한 업적은 르네상스의 본질인 명쾌한 사실주의를 일관성 있게 밀고 나간 그의 과학적 저술이라 할 수 있다.

베이컨은 《새로운 아틀란티스》라고 하는 유토피아를 썼는데 그곳에는 예상대로 과학자들이 산다. 그들은 이성만으로 통치하는 데카르트의 길을 따르는 사람들이다. 이성은 영혼과 결별한다. 이성은 페르디난드 같은 사람이 한 행동의 무게를 잴 수 있다. 결과를 놓고서 그 행동이 선하냐 악하냐를 판정할 수 있다. 하지만 이성은 미란다의 사랑스러움을 측정하지는 못한다.

그래서 베이컨을 비롯하여 다음 시대, 즉 이성의 시대에 그를 사표로 삼았던 추종자들은 상상력이나 감정 같은 특성을 평가 절하했다. 그들은 확실성이라는 면에서는 엄청난 이득을 얻었다. 그들이 걸어간 길은 다이아몬드처럼 찬란하고 단단했다. 하지만 명료함이 사랑스러움을 희생시켜도 좋을 만큼 가치 있는 것일까?

때는 르네상스 시대였다. 르네상스의 초기 발견자들은 그 이전의 어떤 문명에서도 볼 수 없었던 새로운 사상을 대거 끌어들였다. 그 변화는 처음부터 사람들을 압도했다. 중세를 움직였던 기본 사상이 세계에 대한 엄청난 양의 새로운 지식 앞에서 전부 수정되어야 했기 때문이다. 이 변화의 혼돈 속에서 두 가지 기본 태도가 나타났다. 하나는 과감한 탐험가, 뛰어난 예술가, 부유한 자본가, 강력한 군주가

여왕과 시인

정치적으로만 뛰어난 업적을 이룬 것으로 널리 알려져 있는 엘리자베스 1세(1533-1603)는 저술과 번역에서도 재치와 재능이 돋보였다. 1558년 그녀가 여왕에 오를 때까지 엘리자베스는 수년 동안 개인교사의 지도를 받으며 꾸준히 공부를 하였는데, 영어뿐만 아니라 프랑스어, 이탈리아어, 스페인어, 독일어에도 해박했다. 더 나아가 그녀는 라틴어, 그리스어의 고대 언어까지 능통했다. 물론 그녀는 이 모든 언어로 쓰여진 대 문호들의 작품을 습득하였고, 이렇게 풍부하고 다양하게 쌓은 지식을 자신의 작품에 쏟아부었다. 그녀는 강렬한 수사학적 방법을 이해하고 있었고 수많은 시뿐만 아니라 연설문, 자신의 정치적 소견을 나타내는 정치비평에 관한 글들을 남겼다.

선호한 길로 르네상스의 영광을 찬양하는 쪽이었다. 물론 레오나르도 다 빈치나 라파엘로처럼 고결한 사람도 있었고 르네상스의 교황이나 군주처럼 부패한 사람도 있었고 영국이나 스페인 해군처럼 무자비한 사람도 있었다. 그 반대편에는 깊은 비관주의가 자리잡고 있었다. 그런 감정을 느꼈던 몽테뉴 같은 사람들은 인간의 기본 성향은 새로운 자유를 제대로 활용할 만큼 고결하지 않다고 보았다. 선한 생활을 추구하려는 이상에 이끌려 그들은 자기들의 유토피아로 숨었다. 말년의 셰익스피어는 사랑을 통해 상상력과 행동력의 통합을 한 몸에 구현한 강력한 왕에서 그 균형을 보았다고 믿었다. 그것은 계몽된 전제 군주들이 도달하려고 애쓴 지향점이었지만 아슬아슬한 균형은 쉽게 허물어졌다. 르네상스는 과학과 기술이 점점 문화의 주역으로 자리잡은 새로운 근대 세계에게 자리를 내주었다.

문헌 11 시

페트라르카

페트라르카는 서사시 '아프리카'를 자신의 대표작으로 여겼지만 정작 더 큰 영향을 미친 것은 그가 이탈리아어로 쓴 '소네트'였다. 소네트는 단 하나의 주제나 생각을 표현하는 열네 줄의 서정시로 정의된다. 그는 1327년 4월 6일 아비뇽의 성 클라라 교회에서 처음 본 로라에게 영감을 얻어 사랑의 시를 썼다. 단테의 베아트리체처럼 로라는 하나의 이상이었고 페트라르카의 일생에서 마르지 않는 시적 영감의 원천이었다. 하지만 단테가 멀리서 바라볼 수밖에 없었던 베아트리체와 달리 로라는 시인을 벗으로서 받아들였다. 물론 그 이상은 아니었다. 로라는 유부녀였고 뒤에 자식을 열이나 둔다.

페트라르카는 사랑의 열병으로 번민했지만 시인으로서는 영감을 얻기도 했다. 짝사랑은 그의 허영심을 자극하기도 했다. 로라는 1348년 4월 6일 흑사병으로 죽었다. 당시 수백만 명의 유럽인이 똑같은 병으로 목숨을 잃었다. 페트라르카는 망연자실했고 그 날은 그의 기억에 영원히 아로새겨졌다.

소네트

나의 뜨거운 환희를 불러일으켰던 그대의 두 눈이여,
두 팔, 두 손, 두 발이여, 조금 전까지 나 자신의 영혼을 홀리고 꿈 같은 딴 세상 안에 나를 가둘 수 있었던 그대의 미모여,
금빛 잔란하던 그대의 치렁치렁한 머릿단이여,
이 세상을 천상의 섬으로 바꾸어놓았던

천사처럼 부드러운 그대의 미소여…
이제는 아무것도 모르는 먼지일 뿐, 가련한 먼지일 뿐.
그런데도 난 살아 있네! 비통하고 수치스러워라,
헛되이 사랑했던 빛을 잃고서 어둠 속에 남아 있네,
폭풍우는 휘몰아치는데 버려진 범선을 타고 떠도네.
내 모든 사랑의 노래는 뿌리를 잃었네,
낡은 내 상념의 통로는 말라붙었네,
내 서글픈 악기는 오직 고통의 소리만 낼 수 있다네.

문헌 12   시

미켈란젤로

　페트라르카와 그를 추종한 작가들이 쓴 소네트의 음악성은 이탈리아 르네상스에서 수용된 양식이었지만 미켈란젤로는 조각과 회화, 건축에서도 그랬던 것처럼 시에서도 자기만의 독특한 길을 걸었다. 미켈란젤로는 자기의 소네트는 "아마추어적이고 투박하고 거칠다"라고 말했다. 미켈란젤로는 페트라르카처럼 스스로를 시인으로 여기지는 않았지만 다른 사람들은 시인으로서의 미켈란젤로를 높이 평가했다. 미켈란젤로의 성격만큼이나 강하고 특이한 그의 소네트는 르네상스 시대에 이탈리아어로 씌어진 가장 섬세한 서정시로 불리기에 손색이 없다. 시인으로서의 미켈란젤로를 알지 못하고서는 화가와 조각가로서의 미켈란젤로를 결코 이해할 수 없다. 다음의 시는 미켈란젤로가 다정한 벗이었던 톰마소 데 카발리에리를 위해 쓴 것이다.

　　만일 사랑이 순결이라면, 덕이 악을 누른다면,
　　운명이 연인을 하나로 묶는다면,
　　상대의 슬픔을 외면하지 않는다면,
　　하나의 생명, 하나의 의지가 둘을 지배한다면,
　　만일 두 몸에서 하나의 영혼이 승리를 거둔다면,
　　지상에서 천상으로 둘을 끌어올린다면,
　　사랑이 황금의 지팡이로 단 한 번에,
　　두 가슴을 찌르고 전율시키는 힘을 가졌다면,
　　만일 자기를 버리고 서로가 서로를 사랑한다면,
　　너무나 기쁘게 너무나 운치 있게 너무나 간절하게,
　　그래서 오직 하나의 목적으로 그들의 뜻이 묶인다면,
　　그들의 변치않는 사랑을 비록 털어놓지는 못해도,

머리속으로 이런 생각이 수천 번 왔다 갔다 한다면,
겨우 화 한번 냈다고 사랑의 매듭이 풀릴까요?

미켈란젤로는 시스티나 예배당에서 〈최후의 심판〉을 그리는 동안 페스카라의 후작 부인 비토리아 콜로나를 만났다. 미켈란젤로가 사랑한 유일한 여인이었던 것으로 보이는 비토리아는 작품을 보는 눈이 뛰어났지만 작품보다도 미켈란젤로라는 사람을 더 높이 평가했다. 미켈란젤로는 "여인 안에 깃든 신"으로 그녀를 받들었다. 1547년 비토리아의 죽음은 그렇지 않아도 죽음과 지옥의 공포에 짓눌려 있었던 72세의 예술가에게는 가슴 아픈 상실이었다. 비토리아에게 쓴 수많은 연시에서 미켈란젤로는 조각을 주제로 즐겨 다루었다. 하느님이 아담을 창조한 것처럼 그는 창조를 위해 조각가가 되었던 것이다.